U0135665

資本社會的17個矛盾

Seventeen Contradictions and
the End of Capitalism

大衛・哈維——著　李隆生、張逸安、許瑞宋——譯
David Harvey

目次

前言

近年來的資本主義危機

危機對資本主義再造是重要的。正由於在危機的進程裡，我們遭遇到資本主義的不穩定性，接著重新塑造及改造以創造出資本主義的新版本。許多事物被放棄和浪費掉了，好留空間給新的事物。之前的生產基地變成廢棄的工業廢址，舊的工廠被推倒或轉型作為新用途，藍領社區進行都市更新。在其他地方，小農場和其所屬財產被大規模工業化農業或嶄新豪華的工廠所取代。創業園區、研發基地、躉售倉庫和配銷中心，在郊區住家的大片土地上到處蔓延，並透過高速公路網路相互連接。各大城市競相建造高聳華麗的辦公大樓、如詩如畫的文化建物和市郊區許許多多的超大型購物中心，機場裡充斥各國無數的遊客和商務人士，某些城市規模甚至倍增。發始於美國的高爾夫球場和封閉型社區，現在也可在中國、智利和印度看到，只不過周遭被許多四散違建構成的貧民窟所包圍。

但危機的重心並不在於景觀的大幅改變，而是思想和理解方式、機制和主流意識形態、政治忠誠和過程、政治主觀性、科技和組織形態、社會關係，以及表彰日常生活的文化習俗和品味的大幅改變。危機嚴重動搖了我們對世界和在世界裡所處地位的認知。此外，作為新世界永不停息的參與者和寄居者的我們，不論是否贊同或被迫，都必須適應新的事物——即使當我們僅能透過我們所做的、思考和行動的方式，為這個混亂世界的本質產生微不足道的貢獻。

身處危機中，很難看到出口的可能位置。危機並非奇特事件，雖然自有其明顯的觸發因素，但他們所代表的結構改變卻要多年之後才會開始產生影響。一九二九年股市大崩盤危機所產生的長期效應，在世界經歷了一九三〇年代的大蕭條、一九四〇年代的世界大戰之後，最終要到一九五〇年代方才完全解決。類似的是，一九六〇年代末期國際貨幣市場騷動，以及一九六八年發生在許多城市（從巴黎、芝加哥到墨西哥市和曼谷）街頭事件所呈現的危機，之後經歷一九四四年所建立的布列敦森林（Bretton Woods）國際貨幣體系在一九七〇年代早期崩潰、一九七〇年代紛擾不安的勞工運動，以及直到發生美國雷根總統、英國柴契爾夫人、德國柯爾總理、智利皮諾切特總統，和最終中國鄧小平的新自由主義政治興起與鞏固之後，這場危機到了一九八〇年代中期方才真正落幕。

這是後見之明的好處，在危機完全發展完成之前，我們不難找出許多問題的徵兆。例如，一九二〇年代貨幣財富和所得不均的浪潮，以及美國一九二八年房地產市場爆發的資產泡沫，都諭示一九二九年的大崩盤。事實上，從某個危機逃離的方式，本身內含了下次危機的種子。一九八〇年代開始的高水準負債和日增的全球解除金融管制，原意是透過促進跨區移動，用來解決和勞工之間的衝突，但結局卻導致二〇〇八年九月十五日雷曼兄弟投資銀行的殞落。

雷曼事件發生後，轉眼已超過五年，該事件導致金融崩潰的骨牌效應。如果歷史可資參照，此時此刻可以大膽預期應會看到重生資本主義出現的清楚徵兆（如果可能重生的話），但現在對於到底哪裡出錯仍眾說紛紜，並存在各式各樣的改革方案。新思路或政策的貧乏更令人感到驚異，我們的世界即使沒有更深化強調新自由、供給面和貨幣主義者的處方——緊縮才是治癒我們疾病的適當用藥，世界如歐洲和美國廣泛兩極化了；某些版本通常片面採取凱因斯需求面和負債擴張政策（如中國），卻忽略了凱因斯對較低所得者進行所得重分配的重要主張。不論採取上述哪種政策，結果都是對富人階級有利，他們現在已在國內和全球（如媒體巨擘梅鐸〔Rupert Murdoch〕）層次建構了日益強大的權貴政治。在其他地方，富人變得愈來愈有錢，對於排名全球前一百位的巨富（從中國、俄羅斯、印度、墨西哥和印尼，以及從北美和歐洲這樣的傳統財富集中地）來說，單單在二〇一二年一年，他們的財富合計增加二千四百億美元（根據牛津饑荒救濟委員會估計，這些錢足以在一夜之間結束世界的貧窮）。相對而言，大眾的福祉最佳狀態不過是停滯不前，或甚至較為可能的是加速（即使不是災難式的）下降（如希臘和西班牙）。

中央銀行的角色，應該構成近年來重大的機制差異——美國聯準會（Fed）在全球層次擔任了領導（即使不是主宰）的角色。但從引入中央銀行的時候開始起（英國在一六九四年是最早的例子），央行的角色便是為了保護和對銀行家紓困，而不是照顧一般人民的福祉。事實上，從統計的角度，美國在二〇〇九年夏天便可脫離危機，且幾乎全球各地的股市都已光復之前的跌幅，而這些和美國聯準會的政策完全無關。這是否意謂我們的世界屬於由各國央行獨斷管理的全球資本主義？這些銀行家最重要的職責是否為保護銀行和權貴階級的權力？如果是這樣，則對於解決目前全球大眾經濟停滯和生活水準下降的問題，看起來幾乎沒有提供任何希望。

對於利用科技手段處理目前經濟難題的前景，存在非常多的討論。雖然新科技和組織形態的結合，總是對促進解決危機有很大的幫助，但這個組合從未扮演決定性的角色。近年來，「以知識為基礎的」資本主義成為未來希望的焦點（生化醫療、基因工程與人工智慧位於最前線）。然而發明總是有正反兩面的影響。畢竟在一九八〇年代，透過自動化造成了去工業化，例如，在一九六〇年代對工會勞工支付良好薪資的通用汽車。此外，取通用而代之的沃爾瑪也是如此，沃爾瑪目前是美國最大的私人雇主，雇用了大量非工會的低薪勞工。如果現今科技可以將我們帶向某個方向，則勞工雇用機會的減少和資本的智慧財產權報酬／經濟租的增加便會是唯一方向。不過，如果每一個人都嘗試尋租且無人投資於製造，那麼資本主義會清楚地將朝向一種完全不同類型的危機發展。

一方面，資本主義菁英及他們智識和學術的追隨者，看起來沒能作出根本性的改變，或是對低成長、停滯、高失業率和國家主權轉移到債券持有人的手上，這些令人不滿的危機，找不出可行的出路。另一方面，傳統左派的力量（政黨和工會）明顯不能動搖資本的力量，他們在過去三十年被右派的意識形態和政治攻擊所擊垮，而民主社會主義也已經失去大眾的信任。一九八九年以後，既存共產主義的謎樣真實崩潰和「馬克思主義的死亡」，讓事情變得更糟。殘餘的基本教義左派目前主要存在於任何機構或組織的反對管道之外，他們冀求透過小規模的行動和當地行動主義，最終能導致某種令人滿意的巨觀選項。對自由主義者、甚至對反國家主權的新自由主義產生奇特和鳴的左派，他們在智識上受惠於像是傅柯（Michel Foucault）這樣的思想家，以及在難懂的後結構主義（偏好身分認同和認同政治、避開階級分析）大旗下重新組合後現代殘片的學者。自治論者、無政府主義者和地方主義者的觀點和行動到處可見，便是明證。然而，因為左派在不掌權的前提下尋求改變世界，造成權貴資本主義階級更加團結，他們不受限制的主宰世界權力始終穩固。這個新的統治階級受到了擁有安全和監視力量的政府協助，而這些政府絕對會以反恐的名義，毫不猶豫地使用它的警察力量來鎮壓任何形態的不滿。

正是在這樣的背景下，我寫了這本書。我的取向有些不正統，雖然遵從了馬克思的方法，卻未完全接納他的處方，我們還擔心讀者會因此不能完全接納本書的論點。但是，如果人們想要跳離目前經濟思想、政策和政治的漏洞，則在此智識貧乏的時代，會明顯需要不同的探究方法和心態認知。畢竟，資本主義的經濟引擎顯然已身處困境，像蹣跚而行的老爺車，不是發出霹啪聲，就是沒有預警隨時會故障地停下來、或是到處發出間斷性的爆裂聲。對每一個處在道路上某處的人而言，危險的徵兆大量出現在豐富生活前景的所有轉折裡。對於資本主義如何、甚至是為何陷入如此的麻煩，看起來並無一致的了解。但始終一直如此，如馬克思所說，全球危機總是產生自「中產階級經濟裡所有矛盾的實質聚積和有力調整」。弄清楚這些矛盾應能大幅揭露嚴重困擾我們的經濟問題。無疑，這值得努力一試。

將本書與眾不同思考模式應用在對資本主義政治經濟的了解，以得出可能的結局和政治後果，應該也值得我們一試。乍看之下，這些後果不太可能發生，更不要說實務上可行或政治上可被接受，但重要的是提出選項（不論看起來多奇怪），而且如果條件成熟、情勢需要則加以使用。如此，我們便擁有了未曾想過、未曾碰觸的許許多多的可能性。我們需要一個開放的全球論壇，以考量資本在何處、可能流向何處和應該怎樣處置。我希望本書能對相關辯論產生一些幫助。

紐約市
二〇一四年一月

緒論

關於矛盾

應該存在掃瞄或檢視目前狀況，以顯示可能的特定未來的方式。否則，人們的渴望將明顯毫無效益……

——伊格頓（Terry Eagleton），《散步在華爾街的馬克思》（*Why Marx Was Right*）

在全球市場的危機裡，顯著揭露了中產階級生產的矛盾和對立。非但沒有探查大災禍所帶來的相互衝突元素的本質，死硬派在面對經常性和週期性的大災禍時，仍自我滿足於拒絕承認發生了大災禍，並堅持如果根據教科書進行生產，則應該永遠不會發生危機。

——馬克思，《剩餘價值理論》（*Theories of Surplus Value*）

關於英文裡的矛盾概念，有兩種基本的使用方式。最常用和最顯而易見的是源自於亞里斯多德的邏輯，也就是兩個陳述彼此完全不一致，以致兩者不可能同為真。「所有黑鳥的顏色為黑」和「所有黑鳥的顏色為白」相互矛盾。如果其中之一為真，則另一陳述為偽。

另一種使用情態源自於當兩種表面上相反的力量同時出現在某特定情況、實體、過程和事件之時。例如，我們之中許多人經歷了工作要求和建構令人滿意的家居生活之間的緊張狀態；特別是，女人持續被建議如何在職涯目標和家庭責任之間取得較佳的平衡。我們經常面對這樣的緊張關係，大部分時候，我們天天去處理，因此不會感到太多壓力和精疲力盡。就生活和工作的例子而言，我們雖然可以將這兩個相互競爭的活動放在同一個空間和同一段時間，但這不必然會有幫助——當你眼睛盯著電腦銀幕努力在時限內完成工作，而孩子們卻在廚房玩著火柴，則必定很快便產生了認知（基於此，將生活空間／時間和工作空間／時間加以清楚區隔，應該會讓生命變得更容易些）。

有組織的生產之競爭性需求和日常生活的重複需要之間，始終都有張力存在。但張力通常潛伏而非顯而易見，以致人們每天過著日子，卻未注意到這種緊張關係。此外，這兩種相反力量不一定有嚴格的定義，定義可能寬鬆，界線也可能重疊。例如，工作和生活之間的分別常常是模糊的（我經常有這樣的問題）。很大程度上類似的是，內部和外部的區分取決於清楚的邊界（但可能根本不存在這樣的邊界）。因此，在許多情況下，我們難以找出清楚的相反力量。

然而，在某些情況下，矛盾變得較明顯。矛盾變得尖銳，然後反向渴望之間的張力變得難以忍受。在職涯目標和滿意的家庭生活例子裡，外部環境改變，能讓原先可處理的張力變成危機：工作要求可能改變（工作時間或地點改變）；家庭狀況可能出現變化（突然生病、原先課後照顧孩子的婆婆在退休後搬離）。人們的內心感受也會改變：某人經歷了頓悟，發現「沒有辦法繼續生活下去」，因而放棄了令人厭惡的工作；最近皈依的道德和宗教原則，可能要求不同的人世間生存模式。不同的人口群體（例如，男人和女人）或不同的個人可能對類似的矛盾，有非常不同的感受和回應方式；針對定義和感知矛盾的力量時，存在強而有力的主觀因素，對某個人而言難以承受的，另一個人可能覺得沒什麼特別的。雖然背後的理由和客觀條件可能不同，但潛藏的矛盾可能突然強化，以致發展成猛烈的危機。一旦解決了，則矛盾就能一下子平息下來（雖然危機的出現很少不留下痕跡，有時是留下傷疤）。一如往常，通常是藉著對矛盾根源裡的相反力量，進行某些根本性的調整，讓精怪被暫時塞回瓶子裡。

矛盾絕非都是不好的，當然也不能將它和負面意義自動畫上等號。矛盾可以是個人和社會改變的推動力來源，因而讓人們過較好的日子。我們並不一定總是臣服於矛盾和因而感到迷失，我們能以開創性的方式加以利用。發明／創新為走出矛盾的其中一種方式，我們能讓自己的想法和作法適應新的環境，並且從經驗裡學會成為更好且更寬容的人。當之前分散的夥伴們聚在一起，處理工作和家庭之間的危機時，可以重新發現彼此的良善，或是形成新而長久的聯繫，彼此支持關心。這類的適應能夠發生在巨觀層次，也可以發生在人與人之間。例如，英國在十八世紀早期，發現自己處於矛盾的情境：生質燃料（特別是煤炭）和食物生產都需要土地，且當時能源和食品國際貿易的運輸能量相當有限，由於這兩種用途對土地的爭搶日益升高，英國資本主義的發展有可能停滯下來。解答在於挖掘地下煤礦，作為能源的來源，好讓土地能完全用來種植食物。之後，當石化燃料來源變得普遍，蒸汽機的發明讓資本主義發生重大變革。矛盾通常能成為「發明之母」，但請注意以下的重要概念：訴諸石化燃料，解除了某一項矛盾，但到了數百年後的今天，另一項矛盾出現在石化燃料的使用和氣候變化之間。矛盾總是難以處理，不會被解決，僅僅只是被移到別的地方。請記住這原則，因為在之後的內容裡將一再出現。

資本的矛盾常常孕育出創新，其中大部分的創新已改善了我們每日生活的品質。當矛盾轉變成資本危機時，產生「創造性破壞」的動能。能夠預先決定哪些被創造出來、哪些被毀壞，這極為少見；創造出來的都是壞的、破壞的都是好的，這也極其少見；另外，我們也極少見到矛盾能被完全解決。危機是轉型的動力，資本通常會重新投資自身，並轉換成另一種形態，即使這另一種形態的資本穩定了資本的再生，卻可能讓人們過得更糟（也可能變得更好）。當資本的再生受到根本性矛盾威脅時，危機也可能成為危險時刻。

在本書裡，針對矛盾，我使用辯證概念，而非亞里斯多德的邏輯取向[1]。這不代表亞里斯多德的定義是錯的。這兩個看起來矛盾的定義，實質上獨立存在和彼此相容，只是各自適用在非常不同的狀況下。我認為辯證概念包含各種可能性，且相當容易使用。

然而，一開始，我必須先提出或許是最重要的矛盾：現實和我們所居住的世界表面之間的矛盾。

馬克思提出廣為人知的建議：我們的工作應該是改變世界，而不是了解世界。但當我閱讀他的文集後，我必須說他花了非常多的時間在大英博物館圖書館，尋求了解這個世界。我認為原因很簡單，可使用「盲目崇拜」加以解釋，對馬克思來說，這就是對真實加上各式各樣的面具、偽裝和扭曲。馬克思寫道：「如果每一件事都如表面所顯示，則科學便不須存在。」如果我們想要在世上有條理、一致的行動，則必須看透表象。否則，回應誤導人的表象訊號，通常會產生災難性的結局。例如，科學家很早以前便教導我們，與表面不同的是，太陽實際上並未繞著地球轉動。（然而，根據美國最近的調查，二〇%的人口仍相信太陽繞著地球轉動！）醫療從業人員也認知到，症狀和真實的原因之間存在巨大差異。最好的狀況是，他們已將他們對表面和實際之間差異的理解，轉換成醫療診斷的微妙藝術。我過去有很嚴重的胸痛，曾被認為是由心臟問題所引起，但最後確診是頸部神經受到壓迫所引起，透過一些運動便解決了。對於資本流動及累積的理解，馬克思想要產生相同類型的洞見，他認為某些表象掩蓋了其下的真實。不論我們是否同意他特定的診斷，到目前為止這並不重要（雖然忽略他的發現將是很愚蠢的事），重要的是，我們認知到一般性的可能性。我們常常遭遇到症狀、而不是真正的原因，因而必須揭開雜亂無章、令人感到不解表象之下的真正面目。

讓我舉些例子。我將一百元存入銀行儲蓄帳戶，年利率為三%，複利計算，二十年後這筆錢成為一百八十・六一元。金錢似乎有著魔力，能以複利自行成長。我沒有做任何事，但我的儲蓄帳戶金額持續增加。金錢似乎有神奇的能力，孵出自己的金蛋。但金錢的增加（利息）到底來自何處？

這並不是我們周遭唯一的受崇拜物。超市充斥著拜物教的符號和偽裝。萵苣的價格只有半磅番茄價格的一半，但萵苣和番茄產自何地、由誰生產、由誰運往超市？某個物品又為何比另一件物品貴？此外，誰有權力將銷售品項貼上像是$、€或£的各種標示，又是誰將諸如一磅$1或一公斤€2這樣的數字貼在產品上面？貼著價格標籤的商品神奇地出現在超級市場裡，讓消費者得以滿足他們的想要和需求，這當然取決於消費者口袋裡有多少錢而定了。我們對這些習以為常，但我們並未留意其中大部分的品項來自何處、如何被製造出來、由誰製造、在什麼情況下被製造出來、為何商品之間有著特定的交換比率、我們所使用的金錢到底是什麼（特別當我們得知美國聯準會剛剛在轉瞬間創造了額外的一兆美元）。

當試著解決較具體的資本矛盾時，上述產生的現實和表象的矛盾，是迄今為止所必須面對最一般和最頑強的矛盾。這種方式的唯物理解並非瘋狂的想法，僅僅只是幻象或鏡花水月（雖然有時看來會是如此）。金錢的確用在購買商品。除了我們有多少錢、這些錢可讓我們買到哪些商品之外，我們也的確不必太關心其他事物便可活下來。此外，我儲蓄帳戶的金錢的確愈變愈多，然而請問問自己「金錢是什麼？」答案通常是令人困窘的沉默。神祕和遮掩經常在我們四周，當然偶爾的狀況是，在得知孟加拉的某棟建物倒塌，以致為我們製造上衣的千名勞工喪生時，我們必然感到震驚。在絕大部分時候，我們對那些製造貨物、支持我們日常生活的人們一無所知。

我們能完美地生活在充滿表象訊號和符號的唯物世界裡，不須對這世界的運作方式知道太多，大致就像我們打開開關便有光亮，卻完全不須知道電力是如何產生。只有當發生戲劇性事件時，例如：超市貨架空蕩蕩、超市價格亂糟糟、我們口袋的錢突然變得一文不值、或無法開啟電燈等，我們才會問較大和較廣的問題（超越超市門口和卸貨區的瑣事），諸如事情在「外面」為何會和如何發生，以致大幅影響了日常生活和生計。

在本書，我將嘗試繞過唯物主義，找出侵擾驅動資本主義經濟引擎的矛盾力量。我這麼做，是因為深信對目前所發生之事的大部分解釋全然令人誤解：他們複製了唯物主義，完全無助於釐清謎團。

然而，我在此要清楚區分資本主義與資本。**本書主要探究資本，而不是資本主義**，那資本主義和資本如何區分呢？我對資本主義的定義為社會形成裡的資本流通和累積過程，這些過程獨占和主宰了提供與形塑社交生活的物質、社會和智識上的基礎。資本主義充滿了非常多的矛盾，只不過其中的一大部分和資本累積並無直接關係，這些矛盾超越了資本主義之社會形成的明確性。例如：古希臘、古羅馬、古代中國、內蒙古或烏干達之父權體制性別關係的矛盾。同樣也發生在種族差異，彰顯在相對其餘人口之次群體具有生物優越性的聲明裡（因此，種族並不以具某一顯性特徵的生物群體來加以定義：在十九世紀中葉的法國，勞動和農夫階層被公開和廣泛地視為次等人類——這在許多左拉小說裡，是到處可見的觀點）。種族主義和性別歧視至今已有很長的歷史，無疑資本主義歷史也是極度的種族和性別化的歷史。因此，浮現以下的問題：為何我不納入種族和性別（以其國家主義、人種特點和宗教等等）矛盾，用以作為資本矛盾研究的基礎呢？

我將種族性別等排除在外的簡短答案為：雖然他們在資本主義裡無所不在，但他們與構成資本主義經濟引擎的流通和累積形態並無具體關聯。這不意謂他們對資本累積毫無影響，或是資本累積不會同樣受到影響（「感染」或許是較適當的詞）或積極加以利用。例如，資本主義無疑在許多不同時點曾將種族主義推向極端，包括種族滅絕和大屠殺。當代資本主義滋長了性別歧視和暴力，並且經常出現對有色人種的汙衊。種族主義和資本累積之間的交點和互動，幾乎隨處可見，但對此所做的檢視，卻對資本經濟引擎如何運作並未增添新的了解（即使指出經濟引擎的某個能量來源）。

要有較完整的答案，必須對我的目的和我所選擇的研究方法有更多的理解。同樣的，生物學家可以將某個特定生態體系隔絕出來，好像這個生態體系與世界其他部分無關，用以分析他的發展動力和矛盾。因此，我試著將資本流通和資本累積獨立出來，並視為一個「封閉體系」，以找出主要的內部矛盾。簡單說來，我使用抽象化，建構出資本主義經濟引擎如何運作的模型，並使用這個模型來探究週期性的危機為何和如何發生，以及是否就長期而言，必然存在能導致我們現今資本主義滅亡的矛盾。

生物學家能輕易找出外部力量和騷亂（颱風、全球暖化、海平面上升、空氣中的有毒汙染物或水汙染物），他們常常取代研究區域裡生態再生的「正常」發展動力；同樣的，在我的例子裡，戰爭、國家主義、地緣政治衝突、不同類型的災難，加上大量的種族主義和性別，以及性、宗教和種族仇恨與歧視，都納入資本主義動力學裡。理論上來說，在任何潛在的資本內部致命矛盾導致資本主義毀滅之前，只需一次核子大屠殺，便可結束我們的世界。

因此，我並不是說資本主義裡的所有事物都是由資本矛盾所產生。不過，我的確想要找出導致近些年危機的資本內部矛盾，以及得到以下結論：如果這些危機未先摧毀全球數以百萬計人們的生活和生計之前，似乎不存在清楚的出路。

讓我使用不同的比喻來解釋我的方法。一艘航行在海洋上的大型郵輪，是一座有著繁多活動、社會關係和互動特別而複雜的實體場所。隨著郵輪的前行，不同階級、性別、淵源和種族有時以和善的方式互動，有時則是粗暴對立。從船長以下的所有員工是採層級方式組織起來，某些階層（例如客艙乘務員）可能和上司不和，也或許和他們所服務、要求過多的乘客不和。對於甲板上和船艙裡到底發生了什麼以及發生的原因，我們或許想要詳加描述。革命可能出現在不同層船艙之間。富人可以將自己封閉在頂層船艙，完全無視於腳底下發生的事，自顧自地無止盡玩著撲克牌，並在他們之間產生財富重分配。不過，對此我並不想深入再談下去。這艘郵輪的最深處，有個一直運轉的經濟引擎，提供能量，讓郵輪能橫越海洋。郵輪上發生的所有事，都取決於該引擎的持續運作，如果引擎故障或爆炸，則這艘郵輪的運行將出現異常。

很明顯，我們的引擎近來發出斷斷續續的抱怨聲音，顯得特別脆弱。在本書，我將試著找出原因。如果引擎真的故障，那麼這艘船將不再虎虎生風，會失去水上動力，我們也會陷入很大的麻煩裡。引擎必須修理，或以不同設計的引擎加以置換。如果採用置換，則將帶來如何重新設計經濟引擎和規格該如何的問題。如果要這麼做，知道舊引擎的優缺點將是有幫助的，才能模仿良好品質，卻不會重複錯誤。

然而，資本主義的矛盾裡存在某些關鍵點，這些關鍵點有可能對資本的經濟引擎產生極大的負面作用。如果引擎受到外界事件而受損（例如：核子戰爭、全球傳染性疾病大流行導致貿易完全停頓、上層發生的革命運動對下層的工程師發動攻擊、船長疏忽以致船撞上暗礁等），那麼資本主義的引擎明顯將因本身內部以外的原因停頓下來。接下來，我將以適當方式指明以下主要重點：資本累積的引擎可能特別容易受到上述外部因素的影響。然而，我沒有打算對產生的後果詳加討論，因為我的目標在於將資本內部矛盾獨立出來加以分析，而不是審視整體的資本主義矛盾。

在某些學術圈子裡，對「資本中心」的研究加以詆毀，棄若敝屣。對於以資本為中心的研究，我不只不認為有什麼不合適的地方（當然只要對研究結果的解釋不要朝錯誤方向過度延伸便可），而且認為我們必須從事更多的複雜和深入的資本中心論研究，以促進對目前遭遇的資本累積問題有較佳的理解。否則我們如何解釋當代持續的大規模失業問題、歐洲和日本經濟發展每下愈況，以及中國、印度和其他金磚國家不穩定地蹣跚前行？如果缺乏對這些現象之下根本性矛盾的立即指引，我們將會一頭霧水。如果放棄資本中心論的解釋和資本累積經濟引擎如何運用在目前狀況的理論，即使不是危險而可笑，無疑也是眼光如豆。如果沒有這些研究，我們可能錯誤認知和錯誤理解發生在我們周遭的事物。錯誤的解釋幾乎注定導致錯誤的政策，而錯誤政策的可能結果將是深化、而非緩和危機的積蓄和從之而來的社會不幸。換句話說，我認為絕大部分的當代資本主義世界的嚴重問題是：根據錯誤理論的錯誤政策使得經濟困境更加複雜難解，並導致社會騷亂和不幸更加嚴重。對於目前日漸成形的、被認定的「反資本主義」運動，我們不僅必須更了解這是什麼、反對的是什麼，也完全必須清楚陳述：對我們的時代而言，為何反資本主義運動是有道理的；如果要讓許多人在未來艱困的歲月裡仍能過著像樣的生活，為何這樣的運動是必要的。

所以本書的目標在於對資本、而不是資本主義矛盾有更佳的理解。我想要知道，資本主義經濟引擎如何運作、為何有時會發生斷斷續續和熄火、為何有時會處於崩潰邊緣。我也想要指出，為何這個經濟引擎應被置換，以及用哪種新引擎加以置換。

第一部

根本矛盾

第一部分的七個矛盾屬於根本性的，因為資本若缺少他們，就不能正常運作。此外，這些矛盾盤根錯節，也就是說，大幅修改（更不用說是放棄）其中之一時，一定會導致其他矛盾的嚴重變化或廢棄。如果要以使用價值來挑戰交換價值的主導地位（如房地產），則代表會改變貨幣的形式和角色，並且改變（即使不是放棄）我們都太過熟悉的私有財產權制。因此，尋找反資本主義的選項似乎成為高優先次序。自動自發的轉變必須發生在許多層面。某個層面上的困難通常會受到其他地方頑強阻力的控制，才能避免普遍的危機。然而，矛盾之間的相互關聯有時會變得有害。當某種矛盾得到強化，可能變得有傳染性。當感染變多且放大（如二〇〇七至九年），則普遍危機隨之而來。這對資本產生威脅，並為系統性的反資本主義鬥爭創造機會。因此，對造成如此普遍性危機的矛盾進行分析，是非常重要的事。如果隨著矛盾開展，特別是當反抗運動和反資本主義運動能夠知道未來的大勢，則在危機形成與解決的過程裡，他們將處於較佳的位置，去利用矛盾傳播及深化（地理上和部門上）的方式，而不會感到意外或受到阻礙。如果危機處於過渡且混亂的階段，也就是資本以新的形態重新建構，則危機也同時處於以下階段：社會運動提出深刻的問題並回應，以尋求塑造不同形象的世界。

矛盾1
使用價值與交換價值

沒有什麼事情可以更簡單——我口袋裡放著錢走進超市，並購買一些食物品項。我不能以貨幣為食，但我可以靠吃食物為生，所以對我而言，食物是有用的，金錢則否。食物很快便會消費掉並用完，但作為貨幣而被接受的一些紙張及硬幣則持續流通。超市所獲得的貨幣中，有一部分以薪水的形式支付給櫃檯結帳員，他們使用這些錢來購買更多的食物；超市部分的收入以利潤的形式支付給股東，他們用之於許許多多的事物上；超市的其中一些營收流向中間人，最終流向食物的直接生產者（他們也會將收到的錢用於消費）。這個過程不停持續下去。在資本主義社會裡，這類交易每天發生的次數難以計數。像是食物、衣服和手機等商品來來去去，而貨幣則在人們或機構的口袋裡持續轉手。這正是全球絕大部分人目前日常生活的寫照。

我們在資本主義社會所購買的任何商品，都有使用價值與交換價值。這兩種形態價值的差異很大，兩者經常在某種程度上顯得不一致，這就構成矛盾，且偶爾會導致危機。即使對同一物品而言，使用價值可以有種種的變化，但在正常情況下，交換價值均一且數量相等（一美元就是一美元，總是一美元，即使歐元也與美元之間有已知的匯率）。

例如，考慮房屋的使用價值和交換價值。作為使用價值，房屋提供遮風避雨的地方；是人們可以建構家庭和凝聚感情的地方；是我們每日再生和生物繁衍的場所（在屋裡，我們烹飪、做愛、爭吵和撫養孩子）；在一個不穩定的世界裡，房屋提供隱私和安全；對某些次團體而言，房屋也能作為社會地位或社會歸屬的象徵、財富和權力的標誌、個人和社會歷史記憶的符號、建築上的里程碑；或只是一棟優雅美麗的建物（如萊特〔Frank Lloyd Wright〕的落水山莊〔Falling Water〕），讓探訪遊客發出讚嘆；房屋可以成為充滿熱情之發明者的工作坊（矽谷就是從某個車庫發展出來的）；房屋可以是隱藏在地下室的血汗工廠、被迫害移民者的安全收容所或作為交易性奴隸的基地。我們還可以列出房屋的更多不同使用方式。簡單來說，房屋的潛在用途極其之多，似乎是無窮無盡，且通常極具特色。

不過，什麼是房屋的交易價值？在絕大部分的當代世界裡，我們必須購買或租賃房子，以獲得使用的特權，但我們必須使用貨幣才能得到。問題是：為了獲得使用權，必須付出多少交易價值？這個「多少」會如何影響我們掌控自身的需求和想要的特定用途的能力呢？這聽起來像是一個簡單的問題，但答案實際上相當複雜。

曾經有一段時間，拓荒者幾乎不需負擔金錢，就可建造自己的房子：土地是免費的，他們使用自己的勞動力（或是透過鄰居們的相互幫忙——今天你幫我搭蓋屋頂，下星期我幫你完成地基），並且從周遭獲得許多的原料，如木材和泥磚等。涉及金錢的交易應該僅限於取得斧頭、鋸子、釘子、榔頭、刀和馬具等等。在發開中國家許多城市裡，許多非正式聚居地被稱為貧民窟，仍然可以見到這類房屋生產系統。巴西的狀況便是如此。一九七〇年代以來，世界銀行提倡「自力建屋」，已將這類房屋供給系統正式視為提供全球許多地方低所得人口住屋的適當方式。涉及的交易價值相當有限。

房屋也能夠「隨需隨建」。某人擁有土地，付錢給建築師、包商和建築工人，根據既定設計圖來興建房屋。交易價值取決於原料成本、勞工薪資、取得興建房屋所需服務的付款。交易價值並沒有主宰地位，但可以對使用價值的創造（沒有足夠錢興建車庫、或是貴族氣派的宅邸側廳因為經費用完而無法興建）設下限制。在先進的資本主義社會裡，許多人以這些方式（例如房屋朝水平或垂直擴建）為房產增加使用價值。

然而，在絕大部分的先進資本主義世界裡，興建房子通常是作為投機商品，為了在市場裡賣給付得起且有需要的人們。長久以來，這種房屋供給就常出現在資本主義社會裡。正是以這種方式，人們在十八世紀末建造了位於巴斯、布里斯托（Bristol）和倫敦等地著名的喬治王朝風格的連棟房屋。隨後，同樣的房地產投機實務被應用到紐約市的街區廉價公寓，和諸如費城、里爾（Lille）和里茲（Leeds）等工業城市的連棟房屋，以及典型美國郊區的庭院別墅。交易價值被房子興建的基本成本（勞力和原料）給固定下來，但還必須加上另外兩種成本：首先，投機建商的加成利潤，他們準備了最初的必要資本，並支付所涉及貸款的利息；第二，從財產所有權人獲得或租賃土地的成本。交易價值等於興建的實際成本，加上利潤、貸款利息和資本化的地租／土地價格。生產者的目的是獲得交易價值，而非使用價值，也就是為其他人創造出使用價值，作為滿足該目的的手段。然而，這種行動的投機特質意謂潛在交易價值才是重要的事。建商實際上可能得面對損失或獲利。很明顯的是，建商試著精心策畫每件事，特別是房產銷售，以確保不會發生虧損，但總是存在風險，也就是交易價值移向買方。

許多不同的社會力量和地方／中央政府理解，足夠的使用價值需求尚未被滿足，因此有時會使用公共、慈善或家長風格的資金，以最低成本來滿足低階層的住屋需求。這些社會力量包含從急切想要在本地留住員工的雇主（如吉百利〔Cadbury〕），到極端和烏托邦的信徒（如歐文〔Robert Owen〕、傅立葉〔Fourier〕主義者和皮博迪〔George Peabody〕）。如果大部分人能接受人人都有權利享有「不錯的房子和適合的居住環境」（如美國一九四九年住房法案的前言所載示），則相當明顯的是，使用價值考量再次成為房屋供給問題的焦點。這個政治立場很大程度上影響歐洲社會民主時代的住房政策，並擴及北美地區和某些開發中國家。國家涉入住房的提供，明顯在過去這些年裡有起有伏，這反應在對社會住宅的關注。但每次當政府的財政能力受到考驗，也就是日益減少的公共資金是否應用在補貼可負擔的住房時，交易價值考量常常再度悄悄登場。

有許多不同的方式，可讓住房提供的使用價值與交易價值之間獲得調和，但也可能發生體系失靈，以致產生二〇〇七至二〇〇九年間發生在美國、愛爾蘭和西班牙的房地產市場危機。這個危機並非史無前例。其他的例子還包括：美國自一九八六年起的儲貸銀行危機、一九九二年的北歐房地產市場的崩潰，以及一九八〇年代日本經濟泡沫，在一九九〇年的土地市場崩盤聲中結束。[1]

在現今主宰絕大部分資本主義世界的私部門市場體系裡，存在必須被討論的額外議題。首先，房屋是一個可供消費許多年的「大品項」，不像食物立即便可用盡。一般個人可能沒有足夠的錢可以用現金買房。如果我不能用現金買房，則我有兩個基本的選項：我可以向中間人／房東租賃（他專長於買進有利可圖的房產並靠租金維生），或是借款來買屋，也就是向朋友和親戚借錢或從金融機構獲得房貸。關於房貸，我必須支付房屋的全部交易價值，加上貸款期限內每月的利息。最後（例如三十年後）我可以擁有這棟房屋，該房產因而為儲蓄的某種形式，也就是某種可隨時賣出、具有價值的資產（至少透過每月償付貸款，我能獲得部分價值）。資產價值的一部分會因為維護成本（如牆面油漆）和更換損壞的物件（如屋頂）而減損，但隨著逐月支付房貸，我仍可期待我的資產淨值能夠增長。

然而，購買房產的貸款融資是一種非常特殊的交易。金額十萬美元、三十年期、年利率五%的貸款，還款總額約為十九萬五千美元，因此實際上額外支付了九萬五千美元的溢價，以獲得價值十萬美元的資產。這個交易很難稱得上合理，但我為何貸款購屋？答案無疑是我需要房屋作為居住的使用價值，我額外支付九萬五千美元，讓我能在完全擁有該房屋前就能住在房子裡。就像在未來三十年裡支付房東九萬五千美元的租金，但是在這個房貸的例子裡，我最終會獲得整棟房屋的交易價值。這棟房子實際上成為某種儲蓄形式，對我而言則成為交易價值的儲存工具。

然而，房屋的交易價值並非固定不變，而是根據不同的社會條件和影響力，隨時間而變化。首先，周遭房屋的交易價值會產生影響。如果我家附近的房屋狀況愈來愈糟，或是「錯誤類型」的人們遷入，則即使我的房屋維持在非常良好的狀況，但該房產價值很可能仍會下跌；相反的，周遭環境「改善」（例如，將日漸破敗的市區改造為良好的中產階級居住區），將提高我房產的價值，即使我什麼投資也沒做。經濟學家所稱「外部性」效應為房地產市場的特徵之一，屋主常常採取單獨或／和集體行動來控制這些外部性。如果在「高級」住宅社區提議蓋服刑期滿者的中途之家，則接下來可精彩了！結果就是出現許許多多「不准設在我家後院」的政治抗議活動、排除不受歡迎的人口和活動，以及幾乎只以維護和增進社區房產價值為使命的社區組織（例如，優良社區的學校能產生巨大效應）。人們採取行動，以保護他們儲蓄的價值，但如果政府或開發商接管了預定重新開發的社區，並讓該地房屋狀況持續惡化，因而損害了房產的剩餘價值，則人們會損失他們的儲蓄。

如果我的確投資於改善屋況，那麼我可能想要審慎行事，僅僅從事會明顯增加房產交易價值的事。關於這個領域（重建擁有最新科技的廚房會增加價值，但在天花板上裝設鏡子或在後院增建鳥巢則不會），市面上有許多「參考書籍」。

在全球的許多地方，對愈來愈多的人來說，房屋所有權已開始變得重要。房產價值的維護和提升已成為愈來愈多人重要的政治目標和主要的政治議題，因為消費者的交易價值與生產者賺得的交易價值同等重要。

但是，大概在過去的三十年裡，房產成為投機的物件。我花了三十萬美元購買了一棟房子，三年後房屋價值上升到四十萬，那麼我能善加利用此一額外價值，也就是透過重新融資獲得四十萬，因而取得可任意支配的額外收益：十萬元。房產所提升的交易價值成為熱門品項。房屋成為方便取用的金牛和個人的提款機，因而增加了總體需求，當然也包括進一步對房產的需求。路易斯（Michael Lewis）在《大空頭》（*The Big Short*）一書裡，解釋了直到二〇〇八年發生崩盤之前的背景事件。他有一位重要資料提供者的保母，和姊妹一起最終在紐約市皇后區擁有六棟房產。「在她們買下第一棟後，房價上揚，放款人找上門來建議她們應重新融資，因此她們獲得二十五萬美元，然後用這筆錢買下另一棟。」接著，第二棟房子的價格也上升了，姊妹花重複了整個實驗。「結果，到最後，她們擁有額外的五棟房屋，但市場持續下跌，她們再也無法支付房貸。」[2]

房地產市場資產價值投機開始蔓延，但這類的投資總是具有「龐氏」（Ponzi）騙局元素。我使用貸款買進房產，且價格上揚，然後愈來愈多人受到房地產價格上揚的影響，也想要購買房子。他們借入更多的錢（這很容易，因為放款者手上的錢太多了），買進更棒的物件，房產價格上揚更多，以致更多人和機構參與這場遊戲，結果是最終爆裂的「資產泡沫」。像房地產這樣的資產價值泡沫，如何且為何形成的？規模又是如何？破滅時將會發生什麼？這些取決於不同情況和推動力的架構。目前為止，我們只需接受：根據過去的歷史經驗（例如，美國在一九二八年、一九七三年、一九八七年和二〇〇八年發生了房地產市場崩盤），這樣的狂熱和泡沫是資本主義歷史的一部分。隨著中國愈來愈向採納資本的方式靠攏，中國也已變得日益受制於房地產市場的投機榮景和泡沫。我們將會再次回到這個問題，探討所引起的後果。

在最近美國的房地產市場崩盤裡，大概有四百萬人因為喪失贖回權而失去房子。對這些人來說，追求交易價值，摧毀了獲得房屋使用價值的機會。數目未詳的一些人目前仍處在房貸融資的困境裡，這指的是在泡沫高點時購買房產的某些人，他們現在欠金融機構的錢還高於該房產的市場價值，也就是他們必須承擔顯著損失，才能擺脫所有權。在泡沫高點，房價太高了，以致許多人若非承擔最終難以償付的貸款，便不能獲得使用價值。在崩盤後，財務支出與某些使用價值綁在一起，已造成令人注目的悲慘效應。簡單說，對交易價值的莽撞追求，摧毀了許多人獲得及持續擁有房屋使用價值的能力。

類似問題也發生在租屋市場。就紐約市而言，約六〇％的人口為租屋族，許多出租公寓在房價高點被私募基金買下，他們嘗試透過提高租金追求利潤（即使受到強力的法規管制）。這些基金蓄意地非難目前的使用價值，以合理化他們的再投資計畫，但接著卻因為金融海嘯而破產，以致讓房客住在喪失贖回權、屋況不佳、但租金昂貴的房子裡。這些出租公寓的屋主義務常常不清不楚，例如該找誰修理故障的壁爐就是一件難事。此外，幾近一〇％的租屋公司股票遇上了這類的問題。對極大化交易價值的魯莽追求，已讓大部分的人面對縮水的房產使用價值。當然，更重要的是，房地產市場崩潰，引發全球的危機，結果到現在都難以完全康復。

我們可以這樣說：**資本主義下的房屋供給已從追求使用價值，轉向以獲得交易價值為主要目的**。在一個不可思議的反向世界裡，**房屋的使用價值日漸變成儲蓄的一種方式，也成為消費者、建商、金融家和其他**（房地產仲介、放款人員、律師、保險經紀人等）**的投資工具，他們準備好從房地產市場的榮景獲利**。對社會大眾提供房屋足夠的使用價值（從傳統上的消費意義來說），已愈來愈成為持續深化交易價值考量的人質。**對愈來愈多的人來說，提供足夠和負擔得起住房的後果，竟是一場災難**。

上述的一切發生在以下的背景脈絡裡：關於政府對人民提供足夠使用價值和滿足基本需求扮演的角色上，公眾意見和公共政策已產生變化。自從一九七〇年代以來，「新自由主義」浮上檯面（或強勢主導），政府在許多不同的領域棄守了供給責任，包括住房、醫療、教育、交通和公共設施（水、能源、甚至基礎建設）。政府這麼做，是為了將這些領域開放給私部門的資本累積，以及出於交易價值的考量。這些移轉影響了住房領域的所有層面。為何朝向私有化發展，是一個很特別的問題，但我們在此時點並不須回答。我認為，重要的是，去記錄過去四十餘年間絕大部分（即使不是全部）的資本主義世界裡，這類型的移轉徹底改變了政府對住房提供的涉入（特別是管理使用價值－交易價值矛盾所代表的意涵）。

很明顯，我以房產的使用價值和交易價值為例，是因為這是一個非常完美的案例，可用於說明市場上某個商品的使用價值與交易價值之間的差異，是如何在演化成絕對的矛盾，以致產生房地產危機和擴展至整個金融／經濟體系的危機之前，便可以處於相互敵對的狀況。假想上，並不必然發生上述的演進（或是必然如此呢？——這是我們最終必須回答的重要問題），但大概自二〇〇〇年起，美國、愛爾蘭、西班牙、英國（某種程度上）和世界的許多其他地方，都循著上述的演化路徑，以致產生了二〇〇八年的總體經濟危機，而且這個危機至今仍未解決。這個交易價值面的危機，已讓愈來愈多的人不能享有足夠的住屋使用價值，也不能享有體面的生活標準。

隨著交易價值考量日益凌駕於社會生活的使用價值層面，同樣的事情也發生在醫療和教育（特別是高等教育）上。從課堂到幾乎是所有的媒體，我們到處聽到同一個故事：獲得使用價值最便宜、最佳和最有效率的方式，是透過市場體系解放企業家對利潤渴望的動物精神。基於此，過去由政府免費提供的許多類別的使用價值，在世界的許多地區已朝向私有化和商品化發展，包括住房、教育、醫療和公共基礎設施。世界銀行堅稱這才應該是全球的標準化作法，不過正是這個體系圖利企業家（讓他們很可能因而獲得高額利潤）及有錢人，但卻幾乎是懲罰了每一個人。美國約有四百到六百萬人因為付不出房貸而喪失房產，西班牙和其他國家也有類似狀況發生。我們可以有兩種政治選擇：一是好好服務有錢人的商品化體系；一則是不須透過市場，直接聚焦在為所有人生產，並以民主方式提供使用價值。

因此，讓我們針對這項矛盾的本質，以較抽象的理論方式進行反思。在個人、組織（例如商店及企業）和社會群體之間使用價值的交換，在任何秩序複雜的社會（其特徵為複雜的勞動分工與廣泛的貿易網絡），無疑都是重要的。在這樣的情況下，以物易物的方式不太有用，這是因為問題在於「想要與需要的雙重一致」。你必須擁有我想要的商品，且我必須擁有你想要的商品，這樣簡單的以物易物才能發生。以物易物鏈雖能建構起來，但仍然有限而且麻煩。因此，對市場上所有商品價值的獨立單一衡量工具，不僅僅是有益的，而且是必要的。我接著便能賣出我的商品，換得與之相當而廣被接受的價值，並使用這個價值從任何地方買進我想要或需要的東西。貨幣當然就是這個廣被接受的等值物，但這引領我們前往資本的第二項矛盾，也就是貨幣是什麼？

矛盾2 勞動的社會價值與以貨幣來表示的價值

交易價值要求量測商品之間的相對價值為「多少」，而貨幣便是衡量的標準。所以，我們每天不加思索地使用與一再使用的「貨幣」，究竟是什麼？當我們未擁有足夠貨幣時，我們會擔心，會想方設法（有時採取邪惡或違法的手段）想獲得更多金錢，甚至我們常常發現，自己奮力想要根據我們擁有多少金錢來安排生活。有時候，金錢看起來就像是商品世界裡最高階的神，我們所有人因而必須在其權力的祭壇前，對它頂禮膜拜，言聽計從。

我們清楚了解貨幣有哪些資本主義形態的基本技術功用。貨幣是流通的媒介，能解決直接以物易物制度裡「雙方利益難以一致」的問題，有助於促進交易。對於市場裡所有商品的經濟價值，貨幣提供了單一的衡量尺度，也提供儲存價值的一種方式。然而，貨幣是什麼？貨幣如何在社會和政治功能與意義上增生擴展？因而讓對貨幣的渴望好像成為推動社會和經濟世界的動力。

首先，貨幣是讓人能擁有其他人社會勞動的一種方式：換句話說，是一種所有權，可以擁有其他人在市場上生產貨物及服務的勞力。這區分了「商品」與「產品」（像是為我自己食用而種在後院的番茄），是一種不須立即執行的所有權，因為貨幣可儲存價值，但在某個時點上必須執行所有權，否則貨幣就沒有履行它的目的與功用。

在一個複雜的社會（像是資本所建構的社會），對於我們生活所需的所有使用價值，我們大幅依賴其他人的勞動。我們將擁有其中許多的使用價值視為理所當然；打開開關就有電，按下開關便燃亮瓦斯爐，窗戶能開關，衣服和鞋子總能合身，早上總能享用咖啡和茶，麵包、巴士、車子、鉛筆、筆、便條紙和書等，都為我們所用，還有牙醫、醫生、按摩師、髮型師、生產知識與規則的教師、研究人員、律師及官員，只要有錢便可以享有服務！然而，這些事物和服務都直接與間接地吸納人力，透過勞動力製造鋼鐵，用鋼鐵來製造釘子，用釘子來蓋房子。在某種程度上，大多數人直接或間接參與了對其他人提供貨物與服務的活動。

正是所有這些活動和所有這些勞動的社會價值，支撐了貨幣所代表的東西。「價值」為全球千百萬人之間勞動活動所建立起的社會關係。作為社會關係，價值是無形且不可見的（就像本書作者與本書讀者之間的關係）。然而，就像道德和倫理價值這些更普遍的價值，這個非物質的價值對社會實務有客觀的影響。針對社會勞動而言，「價值」顯示鞋子比上衣貴、房子比車子貴、酒比水貴。商品之間有價值差異，與使用價值相關的特性沒有關聯（但以下簡單事實例外：他們都必須在某時點對某人產生用處），但與生產活動涉及的社會勞動密切相關。

價值無形且不可見，需要將物質具象化，而這個具象化便是貨幣。貨幣是一種表象的形態，也是非物質社會價值的符號與具象化。但如同所有形式的具象化（如地圖），具象化與所代表的社會現實之間都存在落差。具象化能應用在捕捉某些層面上社會勞動的相對價值，但卻遺漏其他事物，甚至產生錯誤。這非常像是地圖，雖然準確呈現了這個周遭世界的一些特性，但卻在其他事物產生誤導。貨幣與其所代表價值之間的落差，構成資本的第二項根本性矛盾。

首先，我們要說的是，貨幣雖是必要的，但也與構成價值的社會勞動力之間有所區隔。貨幣將社會勞動（價值）的非物質性隱藏在它的物質形態之後。我們太容易將具像化誤以為是它所代表的現實，且基於具象化作假的程度（在某種程度上總是如此），我們最後相信並根據錯誤事物行事。同樣的，我們在任何商品裡都看不到社會勞動，因此對貨幣所表示的社會勞動本質完全盲目。請參見後述的例子。價值與其具象之間密不可分，這點很重要，且由以下簡單事實而來：如果不存在貨幣與所促進的商品交易，價值就不能以非物質社會關係的形態存在。換句話說，如果沒有物質具象（貨幣）與交換的社會實務的幫助，價值便不能形成。貨幣和價值之間的關係是辯證且共同演化的——兩者一起出現——而不是因果關係。

不過，這個關係也可能造成誤導，因為社會價值與其具象之間的「落差」受到潛在矛盾的影響，而這取決於貨幣的形式。商品貨幣（如黃金與白銀）根源於有形的商品，有定態的物理性質。另一方面，錢幣、紙幣和法定貨幣（前者由私人機構發行，後者則是由國家發行），以及最近形式的電子貨幣，都僅僅只是符號而已。為買賣時實際貨幣支付所提供的「帳戶貨幣」，偏好在一段期間結束後就淨額結算。對從事買賣的廠商來說，多重貨幣交易的淨額通常遠低於總交易金額，因為購買和賣出相互抵銷，只要實際支付剩餘的淨額。例如，銀行之間彼此清算支票（現在已電子化，但過去是在結算所以人力進行——在紐約每天五次——每家銀行派出快遞人員去付款銀行窗口存入支票）。在每日或清算期間結束時，即使發生巨量的交易，但銀行間的淨移轉仍可能接近零，這是因為要求某銀行付款的支票，被許多其他銀行存入的支票所抵銷。帳戶貨幣因而大幅減少了所需「真實」貨幣的實際數量，且這類貨幣也支撐許許多多的信用工具和貸款，這些工具和貸款被用於促進生產與消費（例如在房地產市場，開發商貸款來興建投機性房產，消費者使用貸款融資購買房產）。信用貨幣本身構成極為複雜的世界（以致某些理論家視之為完全不同的貨幣形態）。

根據上述，產生了奇特且看似重複的貨幣用途。貨幣理論上應該用來測量價值，本身卻成為某種商品——貨幣資本。貨幣的使用價值在於，貨幣能用來產生更多的價值（利潤或剩餘價值），它的交易價值則是支付的利息，也就是實際上為測量價值的工具賦予價值（一個極度累贅的命題！）因此，作為量測的貨幣變得如此特別而異常。諸如吋和公斤等其他的標準測量工具，本身並不能買賣（我只能買數公斤的馬鈴薯，不能買數公斤的句點），但貨幣本身作為貨幣資本能被買賣（我在特定期間裡可買進一百美元加以使用）。

產生價值具象化的最簡單方式，是選擇一種商品，來代表所有其他商品的價值。基於多種原因，貴金屬（特別是黃金與白銀）成為歷史上最佳的選擇，而這些原因相當重要。首先，這些金屬相對稀少，且累積的供給相當穩定。我不能在任何時間走進後院挖出黃金和白銀。貴金屬的供給相當缺乏彈性，所以在過去相對所有其他商品維持了一定的價值（雖然像是加州掏金熱這樣的生產狂潮確實產生一些問題）。全球大部分的黃金已被挖掘出來。第二，這些金屬不會氧化和衰敗（如果我們選擇蔓越莓或馬鈴薯作為貨幣商品，就有這樣的麻煩），這意謂在市場交易期間，他們仍能維持本身的物理特性，且更重要的是，他們能相對安全地作為長期的價值儲存。第三，這些金屬的物理性質已為人知，且其品質能被準確檢驗，因此量測相對容易校準，這不像俄羅斯貨幣體系在一九九〇年代崩潰、交易重回多邊以物易物體系時曾出現的商品貨幣——伏特加酒（消費者的味覺可以有很大的差異）。我們使用所謂自然世界裡這些元素的物理和物質性質，來固定且代表價值作為社會勞動的非物質性。

不過，商品貨幣非常不適用於每日的低價值商品交易上，所以在全世界各地，硬幣和代幣、最終的紙幣及接下來的電子貨幣，變得更為實際有用。如果我們在街上喝咖啡時，需要以確切重量的黃金或白銀來支付，想像一下會是怎樣的光景！因此，商品貨幣雖然可以提供堅實的物質基礎，來代表社會勞動力（英國紙幣仍然承諾「支付持有人」，即使這些紙幣很早以前就已不能自由轉換成黃金與白銀），但很快被更有彈性與更容易管理的貨幣形態所取代。但這產生其他怪異的地方，貨幣最初被要求對非物質的社會勞動賦予物質形態，但接著以符號和具象化來表示，且最終以電腦化的帳戶的數字來表示。

當貨幣商品以數字表示，這將嚴重而可能誤導人的矛盾引入貨幣體系。雖然黃金與白銀相對稀少，並有穩定供給，但將貨幣以數字表示，得以讓貨幣數量的擴展能夠不受任何技術的限制。我們因此看到，美國聯準會（Fed）在一瞬間，透過像是量化寬鬆的方式，就為經濟體注入數兆美元。似乎除了受到政府政策和管制限制外，其他就百無禁忌了。當以金屬為基礎的全球貨幣體系在一九七〇年代被完全拋棄後，我們事實上便處在一個貨幣創造和累積完全不受限制的世界。此外，帳戶貨幣、甚至是更重要的信用貨幣（從簡單的借據使用發展而來）興起，將大量的貨幣創造放在個人和銀行，而不是政府機構的手裡，這就需要政府機構實施管制與干預，政府也常常拚命努力要管理貨幣體系。通貨膨脹不乏嘆為觀止和傳奇的事蹟，如德國威瑪共和時期發生的惡性通膨，已賦予政府扮演關鍵角色，以維持對紙幣發行數量和意義的信心。當我們探討第三項根本性矛盾時，會再回到這個議題。

貨幣的三種基本功能如果要能有效運作，則會產生相當不同的要求，這是造成這些奇特之事的部分原因。商品貨幣可用來儲存價值，但一旦涉及市場商品的流通，就難以發揮功用。硬幣與紙幣是作為支付媒介的很好方式，但如果作為長期的價值儲存，就比較缺安全性。政府發行的法定紙幣具備強迫流通性質（因為必須使用該貨幣繳稅），但會受到貨幣發行當局異想天開政策的影響。例如，透過印鈔，就可讓債務被通膨消化掉。這些不同的功用彼此之間並非全然一致，但也非彼此完全獨立。如果貨幣在很短的時間裡，連一點價值都不能儲存，則作為流通的媒介便無一點用處。另一方面，如果我們將貨幣僅僅視為流通的工具，則假錢及銀幣這樣的「真」錢一樣好用。因此，黃金與白銀雖然是很棒的價值衡量和儲存工具，但反過來必須以票據、紙鈔／信用貨幣來加以代表，以維持商品的平順流通。所以我們最終有的是作為貨幣形態基礎之社會勞動的具象化的表象化！就好像是存在著雙重的物質神明（在一組兩式面具背後，隱藏著為他人勞動的社會互動）。

受到貨幣的幫助，市場裡的商品可以貼上價格標籤，不過這個價值是否為成交價格，取決於供需狀況。這個價格標籤帶來另一組的矛盾，個別買賣的實際成交價格有賴於在特定時點的供需條件，這個特別的價格因而和眾人所認知的價值之間，並不存在即時的對應。只有在競爭和完美運作的市場裡，我們才能預期所有這些各自發生的成交價格，可以大概收斂到代表普遍價值的某個平均價格。但請注意，就是因為價格可偏離價值且價格會上下游移，才能較堅實地代表可能的價值。然而，市場提供許多機會和誘惑，以致中斷了這個收斂過程。每一個資本主義者都想著能夠以獨占價格賣出產品，並且避免競爭。因此，由於有品牌名稱及繡著品牌標誌的銷售實務，讓耐吉（Nike）得以採用獨占價格訂價，以致能長期確保與運動鞋生產的合一價值標準發生偏離。這個價格與價值之間出現定量上的偏離，形成了問題。資本主義者必須回應價格，而非價值，因為在市場裡他們只看到價格，沒有能辨識價值的直接方式。就價格和價值之間的量化偏離來說，資本主義者發現他們必須回應虛幻的價值表象，而不是回應位於其下的價值。

此外，不論是否為社會勞動的產品，沒有任何事情可以阻止人們對任何東西貼上標價。我們能對一片土地掛上價格標籤，並且從其使用中獲取租金。像所有在美國華府K街從事遊說的人們一樣，我們可以合法影響國會，或越過規範出賣良心、榮譽和名譽給出價最高者。市場價格和社會價值之間，不僅存在定量、也存在定性的差異。人們能從販賣婦女、毒品或祕密銷售軍火（這是現代資本主義世界利潤最豐厚的事業）。更糟的是（如果做得到的話），人們可以使用貨幣製造出更多的貨幣，這些貨幣像是資本，但實際上卻不是。貨幣的信號與社會勞動的應有邏輯相互分離，人們能創造出虛幻資本的大水池——貨幣資本放貸給沒有產出任何價值的活動，即使這些活動的金錢收益很高，可以為我們帶來利息收入。政府借錢打仗，總是受到虛構資本流通的資助——人們借錢給政府，政府以稅收來支付利息（即使國家正遭受破壞，且完全未創造出任何價值）。

所以，還存在另一項矛盾。貨幣理論上應該用以代表創造性勞動的社會價值，竟以虛幻資本的形態出現——透過流涌最終經由從所有不同類型非生產性（不會產生價值）的活動，導致金融家和債券持有人金錢利益的一致。如果你對此有所懷疑，則你應該看看最近房地產市場的歷史，就可清楚了解我在說什麼。對房地產價值的投機並不屬於生產活動，然而在二〇〇七至二〇〇八年以前，受到高投資報酬率的吸引，大量的虛幻資本流入房地產市場。寬鬆的信用意謂高漲的房屋價格，而高的周轉率意謂有過多機會得以賺取高昂的房屋交易仲介費。將房貸綁在一起（虛幻資本的某種形態）成為債務抵押債券（collateralised debt obligations），創造出全球流通的負債工具（這屬於更為虛幻的資本）。這些虛幻資本工具中，很多最後變得毫無價值，他們被銷售給全球各地毫不起疑的消費者，因為信評機構認證這些投資工具就「如房屋一樣安全」。當時虛幻資本如野火燎原，直到今天我們依舊在收爛攤子。

因此，貨幣形態所帶來的矛盾是多重的。如前所述，甚至貨幣的具象化也在作假。以作為社會價值表象的黃金與白銀為例，我們將生產這些貴金屬的特殊狀況，視為所有商品內含價值的一般量測工具。實際上，我們將這個特別的使用價值（黃金），廣泛用在表示交易價值。特別是，我們將社會屬性的事物，以個人社會權力形式的方式加以表示。這最後一項矛盾，對資本矛盾有深遠的影響，甚至在某些層面產生毀滅性的結果。

首先，貨幣事實上讓個人擁有壟斷性的社會權力，將金錢放在許多有害人類行為的中心——對金錢的欲望和貪婪，不可避免成為資本主義政治體的重要特性，且所有不同類型的拜物行為和信念都根基於此。作為社會權力形態，對金錢的渴望成為本身的目的，並扭曲了用以促進交易之貨幣簡潔的供需關係，就好像將震撼彈投入理應理性的資本主義市場裡。

貪婪是否是與生俱來的本性，值得深究（例如馬克思就不認為如此），不過，確定的是，貨幣形態的升級和其作為私人用途的能力，已為人類行為的多元化創造空間（除美德和高尚外）。財富與權利的累積（在前資本主義社會著名的冬季贈禮體系裡，這些累積品被儀式性地拋棄）不只被容忍和歡迎，且被視為值得羨慕的事。這讓英國經濟學家凱因斯在一九三〇年寫下〈孫執輩的經濟可能性〉（Economic Possibilities for our Grandchildren），並期盼：

> 當財富累積不再具備社會重要性，則道德規範將有很大的改變。我們將能擺脫過去兩百年來，施加在我們身上許多偽道德原則的糾纏，因而將人性品質裡某些最令人反感的部分，提升到較

高德性的位置。我們將能勇敢地以真正價值來評估金錢動機：因為想擁有金錢而熱愛金錢——這不同於想要實現和享受生活而熱愛金錢——將被認知其真實面，會被視為多多少少令人憎惡的錯亂，是某種罪行和病態傾向，會被移交給心理醫生診療。現今有各種不同的社會習俗與經濟慣例，會影響財富分配和經濟獎懲，不管本身可能多麼令人厭惡和不公平，但因為他們對促進資本累積極為有用，我們便不計代價加以維護。不過，到了最終，我們應該能自由棄置。[2]

對上述這些，什麼才應該是重要的回應呢？以投機為目的之虛幻資本的流通不可避免導致崩潰，針對這件事（資本主義社會付出巨大代價，甚至是以最弱勢人口為代價），我們認為，對於過度投機與為了促進投機所衍生出（主要是虛幻）的貨幣形態進行嚴正抨擊，必須成為政治奮戰的焦點。針對這些投資形態支撐了社會、財富分配和權力分配不公平的嚴重惡化，以致出現具有主宰地位的寡頭——惡名昭彰的一%（和更惡名昭彰的〇・一%）——現今已有效控制了全球財富與權力的所有控制桿，而這也為攸關人類福祉的階層爭鬥設下明顯的界線。

然而，這僅僅只是冰山露出水面的一角。就如同交易價值與貨幣不可分離，貨幣也總是離不開價值，這三者之間的連結非常牢固。如果作為引導社會使用價值產生和分配的交易價值弱化，且最終消失不見，則對貨幣的需求、與其使用（作為資本）和擁有（作為社會權力的完美來源）有關的所有病態欲望也都會消失。雖然烏托邦目標（沒有交易價值，也因此沒有貨幣的社會秩序）仍未清楚表達，然而中間步驟已變得非常迫切，也就是設計準貨幣形式以促進交易，但禁止私人累積社會財富與權力。原則上這是可以達成的。例如，凱因斯在他著名的《就業、利息和貨幣通論》（*General Theory of Employment, Interest, and Money*）說，「奇特、過度被忽略的預言家格賽爾（Silvio Gesell）」很久以前提議，創造出如果不使用便會氧化的準貨幣形式。會毀壞之商品（使用價值）和貨幣形式（交易價值）之間有根本性的不同，並不須修正。「只有會像報紙那樣過時、馬鈴薯般腐爛、酒精般揮發的貨幣，才能經得起考驗，能夠作為馬鈴薯、報紙、鐵器和酒精的交易工具。」[3]。對於過去不可能、但現在已可以普遍使用的電子貨幣來說，氧化時程能輕易地寫入貨幣帳戶，以致未使用的貨幣（如同未使用的航空里程累積點數）在一定期間後便消失不見。這切斷貨幣作為流通工具和作為量測、甚至更重要的價值儲存（因而是私人財富和權力累積的主要工具）之間的連結。

相當明顯的是，這類行動必須對經濟的其他面向進行大範圍的調整。如果貨幣會氧化，則應該不可能用在滿足未來的需要。例如，退休投資基金應該會消失，這或許看起來是駭人聽聞的前景。首先，退休基金投資的確有可能變得一文不值（因為資金不足、錯誤管理、股市崩盤或通膨）。如同許多投資人現在體會到的，以貨幣計價的退休基金價值會隨環境變動，因而並不安全。另一方面，社會安全體系是退休權利的形式，原則上並不依靠使用金錢來作為未來的儲蓄。今天的勞工供養他們的前輩。使用這種方式組成未來收入，會遠比透過儲蓄、並希望能有不錯的投資績效要好得多。對每一個人保證最低收入（或集體管理使用價值集合中的最小持有），應可完全去除對於特定貨幣形式（讓私人儲蓄來保證未來的經濟安全）的需求。

這樣一來，焦點就必須放在真正重要的地方，也就是透過社會勞動來持續創造使用價值，並且持續消除以生產使用價值作為交易價值的主要方式。像馬克思就認為，貨幣體系內的改革本身應不能保證解除資本的權力，而且修補貨幣形式便能產生革命改變是不切實際的的想法。我認為他的看法正確，不過我認為他的分析也讓下述概念變得清楚：資本以外選項的演化應是必要但非充分條件，也就是達成交易組織方式的重組，並且最終解除貨幣作為社會生活的權力，甚至（如凱因斯所說）作為對世界心智與道德認知的權力。想像出無貨幣的經濟，是對資本主義以外其他選項之可能內容的一種測量方式。基於電子貨幣的潛能、甚至可取代貨幣的可能性，這一天或許已經不遠了。諸如比特幣（Bitcoin）這樣網路貨幣新形式的興起，顯示資本本身現在已開始孕育新的貨幣形式。因此，對左派來說，依據這個終極目標來打造政治野心與政治思想，是適當而睿智的行為。

當我們考量某個立即特別危險的問題時，這種另類貨幣政治變得更加迫切。現今的貨幣形式內涵有雙重的拜物狀態——社會勞動非物質性的具象化（如黃金和白銀）的抽象表示（儲存在電腦螢幕的數字）。當貨幣的形式僅僅是數字時，則潛在的數量便不受限制，這讓很多人產生幻覺——貨幣形式資本不受限制和無止盡的增長，不只可能發生，也是受歡迎的。但是，不必去嚴謹檢視社會勞動發展和價值增長所需的條件，就可知道，持續的複合成長是不可能的。這個不支持複合成長的見解（參見後續內容）源自於三項最危險資本矛盾之一。

當貨幣建基在物質貨幣商品的有限性和稀少性上，則不論這個連結有多微弱，仍會對貨幣的無限制創造產生物質的約束。全球貨幣供給在一九七〇年代早期放棄金屬本位，創造出一個可能矛盾的全新世界。貨幣當局可以無限印鈔，貨幣供給掌握在諸如中央銀行等會犯錯的人造機構之手，結果便是面臨通膨加速的危險。毫不意外的是，特別是在美國一九七〇年代末期以前的短暫通膨上揚期間之後，由聯準會主席沃爾克（Paul Volcker）領導的全球央行總裁，都放棄對就業和成長的責任，而採用不計代價壓抑通膨的政策。當發行歐元、設立歐洲中央銀行（ECB）時，唯一的要求只是控制通膨。當二〇一二年主權債危機的災難席捲一些歐洲國家之後，顯示出機制內出現慢性失能，包括資本無法調整自身的過剩，也難以理解現今資本所隱含而內嵌在貨幣形式的矛盾邏輯。因此，說來不令人意外，二〇〇七至二〇〇八年發生的危機，一開始便以金融的形式出現。

矛盾3
私有財產與資本主義國度

商品不會自己前往市場，買方和賣方一同來到市場，進行商品和金錢的交換。前提是，買方和賣方都必須對所持有的商品和貨幣，擁有獨斷性的處置和運用的權利。交易價值和貨幣合在一起，代表個人對商品和貨幣應該擁有私有財產權。

為了讓事情更清楚，首先我要區分出個人運用與私有財產。我們作為活著的人，在使用事物的過程中運用事物。當我吃東西時，我運用食物；當我騎腳踏車時，我運用腳踏車；當我書寫打字時，我運用電腦。許多時候，當我使用身邊的事物或處於某個過程時，其他人的使用可能性就不存在。然而，某些品項的使用並非是排他的。假設我觀看電視節目，這不會讓其他人不能觀看。還有其他類的貨物（「公共財」）通常被共同持有和使用，即使受到一定限制。我使用街道，許多人也一起使用街道，但每條街道都有最大容量，且習俗或法律會禁止某些街頭活動（例如，紐約禁止街頭便溺）。然而，對許多過程和事物來說，使用者和被使用者之間存在排他性的關係，但這卻不同於私有財產。

私人財產對某個東西或某個程序，建立了排他性的所有權，不論是否有積極使用。對於不是很想要或需要的商品，我就提供出來進行交換，這是商品交易存在的前提假定。事實上，為了其他人使用而生產東西，這正是商品的定義。私有財產權確認了將個人所擁有物品賣出的權利（所有權移轉），因而就區隔出被稱為用益物權（涉及積極使用的權利）與排他的永久所有權。這個差異常常是困惑的來源，特別是在殖民時代。例如，原住民的土地所有權經常以用益物權為基礎（對應焚林開墾耕種的遷徙農業）。殖民政府通常採用排他性所有權，這導致許多的衝突。原住民原本從某個地點遷徙到另一個地點，趕著牛羊逐水草而居，或從地力用盡之地移居到未曾使用和較富饒之地，但突然發現土地上樹立了圍牆和鐵絲網，因而遷徙受到阻攔。他們常常發現，自己被禁止使用傳統上被視為開放的土地，因為現在的土地已被別人永久擁有，即使該土地處於閒置狀態。北美原住民因此深受其害。在當代非洲，人們傳統上集體擁有資源權，這個制度目前正被毫無章法地轉換成排他性私有財產權體制。例如，這些私有財產權被許多人視為是村落酋長（傳統上他代表部落人民持有土地）和外國利益團體之間的詐欺契約。這構成一般被視為資本與外國的大型「土地掠奪」，以控制非洲的土地與資源。

私有財產權在被擁有物和個人（法律定義裡的人，是擁有者，有權利處置自己的擁有物）之間，預設了一種社會連結。基於技巧高超的法律理由，所有權發展成不只賦予像你和我這樣的個體，也根據法律賦予給像企業和其他機構的法人，即使許多人提出，企業犯錯，並不能像自然人一樣被關進監牢。在幾乎所有的布爾喬亞組織裡，都可發現這種社會連結的存在，並將個人私有財產權理想連結到個人人權概念、「身為人的權利」、這些個人權利的學說與法律保護。個人人權和私有財產權之間有社會連結，這幾乎是所有政府契約論的核心。

私有財產權原則上可永遠擁有，不會過期或因為缺乏使用而消失，也可透過繼承，從一代傳到另一代。結果是，私有財產權與貨幣的非氧化形式之間，存在內部的關聯。只有貨幣形式可以永存不朽，但紙鈔形式的演化和法定貨幣的相對價值，受制於諸如通貨膨脹帶來的貶值，因此破壞了貨幣形式之永存穩定與私有財產權之永存穩定之間最初牢靠的連結。此外，根據「無主物」主張（洛克〔John Locke〕是該學說最著名的擁護者），土地私有財產權只有在能產生生產價值（換句話說，這涉及為了商品生產而使用有生產力的社會勞動）時，才被視為合法。由於沒有產生價值與剩餘價值，不僅讓英格蘭有權奪取愛爾蘭的整片土地，也合理化了移除與剝奪「不具生產力」的原住民，以轉移資源給「具生產力」的殖民者（特別是美洲全境和現在大部分的非洲）。在先進資本主義社會，此一學說的現代版本就是徵用權，徵用土地這種私有財產，以產生較多及較佳的使用狀況，受到法律的認可。因此，土地與貨幣的私有財產權的永久性是有條件的。

私有財產權的實施，取決於政府權力和法律體系（通常和貨幣徵稅安排配套）的存在，編撰、定義和強化了私有財產權和法人權利之間的契約義務。非常多的證據顯示，政府強制的力量扮演重要角色，在私有財產機制能產生主導力量之前，讓資本有空間得以繁榮興盛。同樣的事也發生在對歐洲從封建主義過渡到資本主義，以及中國於一九八〇年之後在南部設立經濟特區，從事資本主義活動。不過，用益物權與私有財產權兩個極端之間，存在許多的公共財或習以為常的權利，這些公共財及權利常常限定在某個特定的政體（如村社或範圍較廣的文化區）。這些權利不一定讓每個人都可以擁有，但都預設政體成員之間，存在分享和合作的治理形式。用益物權消滅，圈地的過程並不名譽，已導致政府支持、作為交易關係和貿易基礎的個人化私有財產權體系成為主流，而這個形式正巧與資本流通及累積一致。

然而，私有財產的前提是，事物或過程必須清楚加以限定、可命名和可辨識（以土地為例，這奠基在地籍製圖和土地登記的建構上）。並非每件事都會受到上述狀況的影響，幾乎很難想像空氣和大氣層可被分割成能供買賣的私有財產個體。然而，值得一提的是，資本將個人化私有財產權體系大幅延伸到包括生物過程的核心，以及社會和自然世界的其他層面，以建立所有權。例如，目前對於自然過程知識是否可以擁有所有權，存在非常大的爭議，另外，特別在智慧財產權領域，目前也正充斥著爭論和衝突。知識是否應普遍讓所有人皆可使用、或是讓私人擁有？

個人化私有財產權體系為與資本有關事物的基礎。這是某種必要條件和建構基石，也就是如果沒有法律架構，則交易價值或貨幣就不能以我們今日所見的方式運作。但這個權利體系受到各種矛盾的困擾，如貨幣這個例子所示，存在多重而非單一的矛盾，部分原因在於，使用價值和交易價值、以及社會勞動和代表社會勞動貨幣之間的矛盾，外溢到個人化私有財產權體系的方式。

第一個和最明顯的矛盾出現在理應「自由」行使個人私有財產權、政府行使集體強制性的管制、使之緊密結合的社會連結之間，這是因為政府可以定義及編撰這些權利，並且賦予法律形式。個人的法律定義和因而產生的個人主義文化，與交易關係多樣化、貨幣形式崛起和資本主義國家演化一起發展起來。然而，除了最瘋狂的自由意志主義人士與最極端的無政府主義者之外都會同意，某些政府權力的外在形式必須存在，才能維持個人化財產權與法律結構，如海耶克等理論家所主張，這樣可以保證非強制性個人自由的極大化。但這些權力必須強制實行，而這正會讓對合法使用武力和暴力擁有獨占權的政府，被要求去壓抑和監管任何違犯私有財產權體系的行為。資本主義政府必須使用所獲取對暴力方法的獨占地位，以保護與維繫透過自由運作市場來彰顯自身的個人化私有財產權。政府的集權力量用來保護分權式的私有財產體系。然而，保護從人格與法人地位延伸到強有力的企業與機構，明顯腐化了中產階級完美世界的美夢，也就是以民主分散化所有權制為基礎而讓人人都享有個人自由。

市場交易領域裡存在許多問題，而這些問題促使政府的角色遠遠超過只是扮演簡單「守夜者」（也就是只作為私有財產與個人權利的守護者）的角色。首先，對於提供集體和公共財（例如高速公路、港口、自來水和廢棄物處理、教育和公共醫療）出現了問題。實體和社會基礎建設的範圍龐大且是必需品，政府必須涉入直接生產，或強制要求和管制這些財貨的提供。此外，政府工具本身必須建立起來，這不只是為了行政需求，也是為了確保政府必須保護的機制（因而建立軍警察數量和力量，並透過徵稅為這些行動提供資金）。

重要的是，政府必須找出治理和管理民眾（多元且常常易怒而任性）的方法。許多資本主義政府最後透過民主程序機制與治理性機制以獲得共識，而非訴求強制和權力，這讓某些人認為，民主化和資本累積之間有內在的連結，但我認為這個觀點是錯的。不過，不可否認的是，一般而言，在資本主義體系中，某些中產階級民主的形態確實是較為有效率和效能的政府治理形態。只是這個結果不必然是導因於作為推動社會形成之經濟引擎的資本興盛。社會形成的動力來源包括較廣泛的政治力量，以及長久以來對找出集體治理形式的努力，以有效降低兩者（政府專制權力的潛在任意性與人民對於個人自主／自由的渴望）之間的緊張關係。

因此，該如何處理市場失靈，成為到處可見的問題。市場失靈源自於所謂的外部效應（其定義是：基於某些原因，以致未能納入市場裡的真實成本）。汙染是最明顯的外部性例子，也就是廠商和個人並未支付他們行動對空氣、水和土地品質所造成的有害效應。還有其他正面及負面的外部效應形式，常導致要求集體而非個人的行動。例如，住房的交易價值便受制於外部效應，這是因為左鄰右舍買賣房產時，對鄰近地區的房產價值有正向或負向的影響。土地使用分區為政府干預的其中一種形式，設計的目的在於處理這類的問題。

大部分人承認政府或其他形式集體行動的合法性，因為政府和這些行動是用來控制和管制會產生強大負面外部性效應的行動。在所有這些外部性例子裡，政府必然有必要去侵犯個人自由和私有財產權的履行。使用價值和交易價值之間的矛盾擴散，對極權化政府權力和自由行使分散化個人私有財產權之間產生深遠影響。唯一有趣的問題是，政府可以涉入多深，以及對自由和財產權的侵犯有多少程度是基於強迫，而非建構在共識上（這個過程不幸地代表國家主義的強化）。不管如何，政府必須對合法使用暴力擁有獨占性地位，以執行這些功能。

這個獨占也顯現在以下層面：政府作為資本家前身和資本家的化身，始終是涉及全球地緣政治對抗和經濟策略行使的卓越戰爭機器。在新興和持續不斷演化的全球跨國體系架構下，資本主義國家正捲入追求外交、貿易和經濟優勢與合縱連橫，並透過提升該國財產權持有人的能力來積蓄愈來愈多的財富，以確保自身的財富和權力（或更準確地說，政府領袖和至少該國部分國民的財富、地位和權力）。如此做，戰爭——傳統上被定義成其他手段的外交——成為地緣政治和經濟定位的一個重要工具。在前述定位裡，在政府統治領土內，財富累積、競爭力和影響變成獨特目標。

然而，為了作戰和從事這樣的操縱，政府必須有足夠的經濟資源。從十五世紀以來，國家戰爭行為貨幣化，成為經濟歷史學家口中建構財政軍事國家的基礎，而這類國家的重心在於我稱之為「國家財政連結體」（state-finance nexus）的建構。以英國為例，政府工具和倫敦商人資本家的聯盟是最清楚不過的象徵了。這些資本家透過擔保國家債務，以換取在一六九四年透過組成英格蘭銀行，因而獲得獨占和管理貨幣體系排他性的特許，來對國家的戰爭製造權力有效提供資金。這是全球第一家中央銀行，後來成為其餘資本主義世界遵循的模式。

這突顯了國家和貨幣之間的關鍵關係。我認為格賽爾說得很對：

> 貨幣需要國家，若無國家，則貨幣不可能存在。事實上，國家的基礎可以說從引入貨幣開始。貨幣是國家最自然和最強力的黏合劑……貨幣是不可或缺的，國家對貨幣的控制也是必要的：此一事實讓國家對貨幣擁有不受限制的權力。而在不受限制的權力前面，金屬貨幣就像風中的糟糠。貨幣材質免於國家權力濫用的保護極少，就如同寫在羊皮紙上國家憲法免於受到任意權力侵犯的保護一樣少。只有國家本身和掌權者（獨裁者或民代）的意願，能保護貨幣免於受到笨拙者、騙子和投機者的操弄，但前提是這些掌權者能夠有目的地使用他們的權力。只不過，到今天為止，很不幸的是，從來沒有掌權者擁有這些能力。[1]

然而，格賽爾出人意料地認為，「紙鈔的安全性高於金屬貨幣。」正是如此，因為「利益與理念將人們與國家結合在一起，也確保了紙鈔的地位。國家發行的紙鈔只可能和國家一起沉淪。」國家常被定義為對暴力使用具有獨占的合法權，還需要另外一項重要功能：必須對貨幣具有獨占力量。

上述觀點存在兩項限制條件。首先，此一獨占力每個國家都有，不是特定現象。全球貨幣體系本質上有階級性。自一九四五年以來，美元就擔任全球貨幣體系的儲備貨幣，且美國擁有對該貨幣鑄幣稅的排他權。由於國際負債常以美元計價，也必須以美元償付，因此其他國家的貨幣權力屬於從屬地位。個別國家不能透過印鈔將負債貨幣化，這是因為該貨幣將立刻相對美元貶值。還有其他貨幣可用於全球貿易，包括英鎊（過去曾是全球儲備貨幣）、歐元、日圓及人民幣（未來有可能）。但這些貨幣到目前為止，還未威脅到美元的地位，且偶爾出現以市場一籃子貨幣取代美元的提案（如凱因斯在一九四四年布列敦森林〔Bretton Woods〕的最初提案），到目前為止都被美國否決。畢竟，美國從控制全球儲備貨幣獲得相當大的利益，美國帝國力量直接或間接透過美元外交得以伸展。美國在全球體系享有霸權地位，主要受到對全球貨幣的控制及印鈔能力所支撐。例如，印鈔來支付本身過高的國防支出。面對這樣的狀況，個別政府可以放棄他們對本身貨幣的角色。例如，厄瓜多爾使用美元。歐元問世時，個別國家將本身對各自貨幣的獨占權，轉移給一組超國家的機構，也就是由德國（主要）和法國（次要）主導的歐洲中央銀行。

第二項限制條件是，政府對貨幣的獨占權能像過去一樣，透過特許給名義上獨立於直接民主或政府政治控制的央行，分包給商人和銀行資本家。英格蘭銀行、美國聯準會和歐洲央行便是很好的例子。這些強有力的機構存在於政府與私營銀行之間的有限空間裡，與政府機構的財政部共同形成國家財政連結體。長期以來，這個連結體的功能一直是管制和促進資本的「中央神經系統」，並具有封建機構的所有特性，因為它的操作通常隱身幕後，為謎團所覆蓋，也就是運作方式比較像梵諦岡或克林姆林宮，而不像是公開和透明的機構，只有在艱困時期，才會戴上人臉面具。例如，在二〇〇八年九月受到雷曼兄弟（Lehman Brothers）崩潰的衝擊時，美國行政部門與國會顯得恐懼而不知所措，當時的財政部長鮑爾森（Hank Paulson）和聯準會主席柏南克（Ben Bernanke）聯手上電視頻道宣導國家政策。「當金融體系及國家財政連結體失靈時，如同發生在一九二九年及二〇〇八年的狀況，每個人都認知到資本存續和資本主義正受到威脅，因此人們努力尋求恢復一切，會不遺餘力去檢視所有方案。[2]」

然而，資本主義政府和私有財產權之間的關係，並不總是和諧的。就政府擁抱某種形式民主的層面來說，目的是對抗絕對主義者和獨裁政府形式（這些形式可能具有任意性的敵意，或是對資本的某些必要條件產生排斥，例如資本的自由移動），因而讓種種不同類型的民粹主義影響乘機而入。有時便是如此，如果政府受到有組織勞工和左派政黨的掌控，那麼政府的權力可能用來抑制作為私有財產權的資本力量。在經濟的許多領域裡（勞動市場、勞動過程、所得分配等等），資本就不再能自由運作。政府發現自己被迫在特定架構下運作，處於真正的管制叢林之內，自由受到限制。因此，政府與私有財產權之間的矛盾偶爾會提升到絕對矛盾的層次，因此讓大眾反對私有，讓政府反對市場。由於這個矛盾，狂亂的意識形態與政治對抗因此爆發出來。

不過，讓我說得清楚些：在此，我並未嘗試寫下關於資本主義國家的一般理論。我想要的只是強調國家特定的層面與功能，因為他們必須以特定方式運作，以支持資本的再生。鑒於政府擁有課稅的權力，又容易受到政治影響和利益的干擾，政府權力有時可透過政治手段重新導向經濟目的，強調私人創業行動和利益。在社會民主政治控制期間（如第二次世界大戰之後的英國和部分歐洲國家一樣），以及在種種不同的統制（dirigiste）治理性形式下（例如，戴高樂治理下的法國、李光耀治理下的新加坡，和包括中國在內的許多東亞國家），可創造組織用來處理經濟事務的政府機構，這些機構負有監控經濟或引導投資決策的使命。不同層次上的政府規畫（總體經濟、都會、區域和城鎮）成為焦點，有時與私部門和企業活動相競爭，但更常見的則是與之共利共榮。有很大一部分的資本累積透過政府傳送，不一定導向利潤的極大化，而是朝向社會或地緣政治目的。即使政府大致採取私有化和新自由化的原則，但軍事工業綜合體仍是獨立於經濟的其餘部分，軍事工業提供了對民間承包商自由輸送利益的高獲利管道。

從政治光譜的另一端，政府財務組織的方式，無疑會被自由主義者視為與個人自由和自主全然牴觸。政府將對貨幣和信用的獨占控制，轉移給由中央銀行家領導的一組未經選舉的不民主機構。因此，諸如格列科（Thomas Greco）會如此評論：

> 貨幣、銀行和金融的政治化（現已盛行於全球各地）讓權力與財富集中在少數人手中，而這對社會、文化、經濟、民主政府和環境都極具破壞力。中央政府擅自讓自己擁有幾乎不受限制的支出權力，得以將財富移轉給特定族群、從事大規模的戰爭、顛覆民主機制和大眾意志。享有特權的民營銀行已成功獨占所有人的信用，讓少數人得以透過他們分配信用的優先權來獲利，放高利貸（以「利息」作為偽裝）或收取日益高漲的手續費，並且酬勞為他們的利益提供服務的政客。[3]

自由主義者主張（絕非不合情理），這顛覆了自十七世紀以來真正中產階級民主（特色是個人自由的極大化）的可能性。這個體系除了強迫追求複合成長外，也導致「破壞環境，撕裂社會結構，但日益助長權力和財富的集中，並創造出經濟和政治的不穩定，具體現象就是不景氣與通貨膨脹一再復發、國內與國際衝突、社會錯位。」[4]基於這個理由，不論是美國政治光譜的左派或右派，都傾向反對像是聯準會和國際貨幣基金（ＩＭＦ）這樣的機構。

一方面是私人利益和個人自由，另一方面則是政府權力，這兩者之間的矛盾天平近年來已經非常明確移向不民主、獨裁和專制政府工具，並受到社會控制日益集權化和軍事化的支撐。這並不代表個人財產擁有者的分權化權力被瓦解，甚或處於搖搖欲墜的狀態。事實上，隨著資本日益受到保護，因而免於來自勞工和環保主義者等各種社會形式的挑戰，這些權力反而受到強化。在任何情況下，分權常常是維持中央控制的一種最佳策略。中國最近有意識地採用了這個原則，非常有效。最明顯可見的例子是，商品市場裡貨幣權力的政府組織。

我在之前的內容裡，經常舉例提到房地產市場和其危機，所以讓我簡要解釋一切在此脈絡下如何運作。私人財產權支撐房屋所有權，且資本主義政府有系統地透過種種不同方式（從積極補助到廣告和對擁有房屋美夢的頌揚），讓愈來愈多的人能擁有房產。部分原因是為了確保房地產市場持續成長（以作為積極而高利潤的資本累積），但這也執行了一項重要的意識形態功能，鞏固了民眾及民粹主義者對政府策略的支持：透過交易價值機制來提供使用價值，也就是對資本主義方式的支持。基於政治和經濟理由，美國政府積極支持房屋所有權，因而助長了次貸危機，不但造成某些主要民營投資機構的崩潰，還導致像房利美（Fannie Mac）和房地美（Freddie Mac）這樣的準國營機構幾近破產，以至於必須暫時被國有化解救。

因此，針對政府和私有財產之間的矛盾，應該採取怎樣的政治策略？嘗試重新回復平衡和強化個人自由（近來似乎受到政治光譜兩端許多人物的認同）此一簡單論點並不夠，部分原因在於均衡點已大幅朝向政府擁有任意的權力，也因為愈來愈多人不相信政府可以扮演好潛在有益的角色。政府回到純粹「巡夜員」的角色，將只會讓已經大致不受管制的資本獲得更大權力，不再受制於任何社會或長期的限制。

唯一可行的另一種政治策略微：解構私有／個人利益和政府權力／利益之間的矛盾，並以其他事物加以取代。正是在這個脈絡下，目前左派人士對於重建與再造「公共財」的關切，便會顯得非常合理了。為了集體管理公共財而將私有財產權納入詳盡縝密的計畫裡，並且將獨裁專制的政府權力融解變成民主集體管理結構，成為唯一有價值的長期目標。

這些目標適合用在貨幣和信用。如果想要扭轉朝向獨裁和貨幣專制的趨勢，矯正貨幣和信用（作為受到民主管制的公共財形式）是極為重要的。基於強化和民主化集體自主和自由的理由，有必要分離貨幣創造活動與政府工具，這是因為資本主義政府的權力受到以下兩根支柱的支撐：對使用暴力的合法獨占，以及對貨幣事物和通貨的獨占權。打破對貨幣的獨占，最終應該會導致資本主義政府權力的解構（而非「摧毀」）。一旦政府被剝奪了所擁有的貨幣資源，則政府訴諸軍事暴力對付自身鼓譟不安人民的能力，也應該會消滅。雖然這或許看起來只是不切實際的想法，但部分理念已經實現：例如，希臘、義大利和西班牙政府債券持有人擁有主宰政府政策的權力，現已轉向這些國家自己的人民。如果以人民權力取代債券持有人的權力，則這個輕易可見的趨勢也能輕易反轉。

如前所述，政府權力是一般而非特定的。因此，政治必須用以解構所有的國際貨幣機構（例如ＩＭＦ），因為創造出這些機構，就是為了支撐美國的美元帝國主義，好讓美國維持在全球體系裡的金融霸權。這個政策工具目前正摧毀希臘人民的日常生活，還有許多因為ＩＭＦ干預而受害的人們（ＩＭＦ常常與其他跨國機構聯手，就希臘這個例子來說，就是與歐洲央行和歐盟執委會合作），因而同樣必須被解構，以讓位給對人民公共財富集體管理的務實作法和機構。考慮目前的作法，這個解決方案可能顯得抽象而不實際，但對於另類的政治選項而言，懷抱這樣的願景和長期想望是非常重要的。如果不希望文明被這個矛盾（一方是冷酷而不受管制的私有財產，一方則是全力支持資本、而非人民福祉的日益軍事化獨裁政府權力）所摧毀，則不論是革命者或改革者，都不能不採取激進主張。

矛盾4

私人占用與公共財富

社會勞動創造出公共財富，有數之不盡的各種不同使用價值——從刀叉到整理過的土地、整個城市、搭乘的飛機、駕駛的汽車、所吃的食物、所住的房子和所穿的衣服等等。對於這些公共財富的私人占用和累積、凍結於其中的社會勞動之間，存在兩種相當不同的方式。首先，有許多我們現今視為違法的行動，例如：搶劫、偷竊、詐騙、貪汙、高利貸、攻擊、暴力和恐嚇，以及市場上種種不同令人起疑和曖昧不明的作法，例如：獨占、操縱、市場壟斷、聯合定價和老鼠會等等。其次，透過在自由市場裡雙方合意的合法交易，來累積個人財富。資本流通和累積的理論學者常將第一種行動排除在外，視之為資本主義市場「正常」和合法運作的多餘物質。他們將資本流通和累積的模型建立在以下的假設：只有第二種社會財富的私用和累積模式，才合法且適當。

我認為是時候了，我們應該拋棄經濟學教科書裡簡易但嚴重誤導人的想像，並且認知到：社會勞動和社會勞動產物之間，兩種占用形式出現共生的關係。我之所以形成上述的論點，部分是基於簡單的經驗事實：如果不了解毒品王國、武器走私、黑手黨及其他犯罪組織在世界貿易所扮演的重要角色，便難以理解全球資本。此外，也不可能將大量的掠奪性作法視為意外的多餘物質，將之擱置一旁。這些掠奪性作法很容易在美國最近的房地產市場崩盤中見到（也出現在最近揭露的系統性銀行瀆職行為，如銀行投資組合的錯誤資產評價、洗錢、老鼠會融資、利率操縱等等）。

除了這些明顯的實證原因之外，還有很強的理論基礎讓我們相信，建構在剝奪之上的經濟，是資本本質的核心。對社會勞動生產時產生價值的直接剝奪，是餵養和維續私「人」（也就是包括企業這樣的法人）占用和累積大部分公共財富的重要力量。

原則上，銀行家完全不在意他們的利潤和過高的紅利來自何方——來自將錢借給對房客收取過高租金的地主、從顧客搾取高額利潤的商人、從使用者身上搾取利潤的信用卡和電話公司、從不法取消房屋所有人贖回權的放貸公司，或從殘暴剝削勞工的製造商。受到馬克思政治經濟學啟發的政治左派理論家通常會認為，在某種意義上，廠商剝奪勞工形式的占用形式比其他形式來得更根本。然而，資本的歷史演化已經顯示，資本具有巨大彈性，能夠以無數的種種方式來占用公共財富。如果勞工通過勞動場所階級鬥爭而獲得較高薪資，也很容易被地主、信用卡公司、商人、更不要說稅吏給掠奪走財富。銀行家甚至可以建構他們自己的騙局，從中獲得巨大的利潤。即使他們被逮到，在絕大多數的情況下，遭受損失的是銀行（也就是股東），而不是銀行家本身（只有冰島的銀行家最後進了監獄）。

如前所述，貨幣代表和象徵社會勞動（價值）的矛盾，是私人占用公共財富過程的核心。貨幣站在它所表彰的社會價值的對立面，本質上可被私人占用，這事實代表私人可以不受限制地累積貨幣（只要該貨幣具有價值儲藏和價值衡量的良好功能）。由於貨幣可以儲藏社會權力，當貨幣累積並集中在一組人手中，就會產生重要影響，不論是對個人貪欲的社會建構，或是對或多或少一致的資本主義階級權力的形成。

認知到前述對社會的危害，前資本主義社會努力建立障礙，避免對公共財富的魯莽私人占用，且同時抗拒所有事物的商品化與貨幣化。他們非常了解，貨幣化會消滅形成和諧社會的其他方式，結果將如馬克思所說的：「貨幣成為共同體。」[1]，我們目前仍得面對這項轉型的後果。舊社會雖然最終輸了戰爭，但這不應該阻止我們找出可能的方式，以抑制私人對公共財富的占用，這是因為這仍帶來巨大危險——不顧環境或社會後果魯莽占用和投資，甚至威脅到創造資本再生的條件。

雖然這些都不言可喻，但在貨幣微積分裡，還有更邪惡的推動力，也就是資本的剝奪本質覆蓋在政治和累積過程之上。檢視貨幣如何運作時，我們看到價值和價格的區分如何產生間距，橫阻在社會勞動的實現與替所有東西貼上虛構的價格標籤（不論是否為社會勞動的產品）之間。荒蕪土地與良知皆有標價！因此，價值和價格的差距不僅只是定量的（價格可以立即上下變動，以回應供需的不均衡），也是定性的（例如，價格標籤甚至可以貼在像榮譽、忠誠和忠貞這樣的非物質特徵上）。隨著時間流逝，資本日益擴展了廣度及深度，以致這個距離成為很大的鴻溝。

在所有作家中，波蘭尼（Karl Polanyi）或許最了解這個現象的本質，及對「社會的危險」。波蘭尼是匈牙利裔的社會經濟歷史學家和人類學家，在美國麥肯錫主義高漲時期在美國居住與寫作，很有影響力的大作《大轉變》（*The Great Transformation*）最早於一九四四年出版，到今天仍被視為經典。他指出，對資本運作及價值生產來說，勞動、土地、貨幣市場是非常重要的。

> 但勞動、土地和貨幣明顯不是商品……勞動只是與生命連結之人類行動的另一個名字，而生命本身的生產絕非為了銷售，而是為了全然不同的理由，且這些行動也不能與生命的其他部分區隔開來、被儲存或移動。土地只是自然的另一個名字，不是人所創造出來。最後，貨幣僅僅只是購買力的代幣，從規則上來講，完全不是生產出來的，而是透過銀行或政府財政機制創造。勞動、土地和貨幣不是為了買賣而生產出來，以商品來描述他們完全是無稽之談。[2]

如果讓土地、勞動和貨幣這樣的虛構商品不受限制地發展，則套用波蘭尼的觀點，這將會「導致社會的毀壞」。為了「處置人類的勞動力，這個體系會順帶處置附加在勞動力上之『人』的物質、心理和道德實體。如果剝除文化機構的保護層，則人類應該會因為社會暴露效應而毀滅，應該會成為惡行、變態、犯罪和飢餓所帶來的嚴重社會錯亂的受害者，並因此而死亡。大自然應該被分解成只剩組成元素，四周和景色變得髒汙，河流被汙染，軍事安全處於危境，生產食物和原物料的力量被毀滅」。到最後，「貨幣的短缺和過量將危害商業，就如水災和旱災對原始社會產生的災害一樣」。

波蘭尼的結論是，沒有任何社會「能承受（即使只是很短的時間）如此粗糙虛構體系的影響，除非人、自然的實體與商業組織都能免於撒旦磨坊的蹂躪。」[3] 就新自由政治體和政策來說，人們在早先數十年裡辛苦建立了許多保護，已在最近的數十年裡被拆除，人們現在發現，他們已經日益暴露於「撒旦磨坊」（如果置之不理，資本就會創造出來）一些最糟的特徵之下。我們不僅見識到周遭出現許多波蘭尼所擔憂的崩潰證據，並且隨著愈來愈多的人性遠離令人厭惡的野蠻主義（是建構並且支撐文明的力量），普遍異化的高漲意識就顯得更有威脅性。我的結論是，對於資本和資本主義的永遠存續，這是最危險、甚或會致命的三項矛盾之一。

如馬克思在《資本論》中對於資本「原始累積」的簡史中所描述，勞動、土地和貨幣商品化的完成，本身便是一個長期的痛苦故事。勞動、土地和貨幣轉換成商品，奠基在暴力、欺騙、搶劫、詐騙等等之上。公有地被圈地、被分割、像私有財產一樣被買賣。黃金和白銀形成最初的貨幣商品，是從美洲被偷走。勞動力被迫離開土地，成為「自由」薪資勞工，如果沒有被公然奴役或簽下賣身契，仍會受到資本的隨意剝削。上述形式的剝奪，構成資本創造的基礎。但更加重要的是，這些事從未消失。他們不只是殖民主義的可鄙層面的重要部分，且到今天為止，對剝奪土地、水源和自然資源使用權的政治體和政策（主要受到企業和政府權力邪惡聯盟的掌控），正激起全球各地大規模的騷亂。在整個非洲、拉丁美洲和大部分的亞洲地區

（包括中國目前正發生的大規模剝奪事件），所謂的「土地掠奪」，剛好是透過剝奪而累積的政治體最明顯的症狀。這種現象如何蔓延，甚至連波蘭尼都想像不到。在美國，私人產業被徵用，加上殘酷的取消贖回權浪潮，已導致民眾的巨大損失，不僅是喪失使用價值（數百萬人無家可歸），還包括辛苦賺來的儲蓄和房地產市場所蘊含的資產價值損失，更不要說退休金、醫療和教育權利與福利的損失，上述一切都指出，完全剝削的政治經濟體仍然存在，也仍然位於資本主義世界的中心。當然，吊詭之處在於，這些剝削形式目前正日益受到撙節政治良善偽裝的掩蓋，據說這樣才能讓生病的資本主義恢復到原先理論上的健康狀態。

波蘭尼批評，隔絕大自然，「以及從大自然形成市場，或許是我們祖先所有事業裡最瘋狂的事情」，而「將勞動從生命其他活動區隔出來，並且受到市場定律的約束，就是消滅所有的有機生命形式，並代之以一種不同的組織類型、一種原子論和個人主義的事物。」[4] 對我們正在檢視的矛盾結構如何運作，這個最後的結果至關重要。很明顯的，政府和私有財產的矛盾合體（這是構成資本第三項基本矛盾）變得很重要，不是因為作為透過剝削以促進累積的根本性工具，而是作為剝削暴力後果之事後合法性和機構的合理性。一旦土地、勞動和貨幣被客體化、被粉碎化，並且從原先嵌入的較廣闊文化生命及生命物質流動之中脫離而出，則他們在憲法權利與法律的保護下就能被再度縫合。這些權利和法律奠基在**「由政府保證的私有財產及個人權利」**的原則之上。

例如，土地不是由社會勞動產生的商品。但土地是英國圈地運動的核心，而且各地殖民地的作風是對土地進行分割、私有化和商品化，以致對權力日益高漲的地主階級來說，土地市場成為資本累積和財富獲得的一個重要場域。同樣的，所謂的「自然」資源即便不是社會勞動的產物，也能被接管。自然的商品化有其限制，因為某些東西（像是大氣和波濤洶湧的海洋）並不容易被私有化和圈圍起來。雖然從海洋中捕獲的魚能被輕易地商品化，但魚類所生活的水域卻形成不同的問題。不過，透過用益物權概念可以創造出市場，例如對大氣層和海洋的汙染、或擁有在某些海域捕魚的排他性租賃權（例如，西班牙拖網漁船在南大西洋特定海域擁有排他漁權，但是阿根廷卻宣稱擁有主權）。

將土地、勞動（透過對詳盡社會勞動分工的延展）和貨幣權力（特別是虛構貨幣和信用貨幣資本）通通圈圍和包裹在一起作為商品，對過渡到私有財產權制（這是資本運作的法律基礎）極為重要。因此，政府－私人財產權矛盾取代了與大自然之間生氣蓬勃關係的概念，讓海德格（Heidegger）產生以下的抱怨，大自然是以作為「巨大的加油站」而被建立起來。[5]同樣的，這個矛盾排除了所有依附在公共財產體系及習俗權利（這比較像是之前生產模式的特性）的文化假設。我想要強調，這並不意謂必然是對社會秩序（內含上述權利及作法）的濃厚懷舊之情。這個矛盾以普遍、不證自明和個人化的「人權」為原則，定位了世界上所有的生物，為的是產生價值，因此能以普遍和自然化的法律教條，在剝削原住民時，有效掩蓋伴隨而來的聳人聽聞的暴力痕跡。然而，到了今天，對所有上述事項的反對者和異議者—愈來愈多被視為恐怖分子——比較可能被關在監獄，而比較不可能生活在中產階級郊區的迷你烏托邦裡。

在這個被建構的世界裡，某些事實顯得不證自明，其中最重要的事實為：太陽下的所有事物只要是技術上可行，原則上就必須被商品化、貨幣化與私有化。我們之前已據理評論過，住屋、教育、醫療和公用事業已朝這個方向發展，而隨著愈來愈多的國防、甚至是政府本身外包給私人企業，這些活動也正朝著上述方向前進。至於擁有足夠貨幣權力的幸運人士，可以買下（或偷竊）幾乎所有的東西，但是大眾因為欠缺足夠貨幣權力、顛覆性詭計或政治／軍事影響，以致無法競爭，而被排除在外。然而，現在已經可以買下基因序列的智財權、汙染排放權和氣候期貨，因此根據波蘭尼的警告，我們無疑應暫時停下來。然而，問題在於，所有的這一切似乎都內嵌在「自然」和不可動搖的中產階級事物順序裡，以致看起來不僅可以理解且不可避免的是，即使完全與商業不相干，但商業也能一如往常，在社會和文化活動圈子裡主宰社交生活。交易價值在所有地方都是主人，而使用價值則為奴隸。正是在此脈絡下，社會大眾以缺乏擁有基本使用價值為由進行反抗，變得非常迫切。

接著，這個迫切性與現行政治（由剝削產生的私占和累積）所引發的系統性批評和反抗相結合。這些政治行動和私有財產權的普遍法律原則之間，存在令人困惑和全然矛盾的關係，因為私有財產權制度原本應該管制政府和個人之間的關係，讓強迫性的剝削、偷竊、搶奪和欺騙不再存在。如果考量過去幾年金融市場和房地產市場所發生的事件，則資本主義的合憲性和法制似乎是奠基在謊言之上，或充其量是建立在令人困惑的虛構之上。然而，我們對於這個謊言的確切特質，目前仍缺乏理解。結果是，我們通常將剝削導致的累積問題，簡化成沒有足夠能力，所以無法應用、實施和管制市場行為。

從上述的簡潔陳述，我們可以得出另外兩項洞見。首先，對於大量掠奪和侵犯公共財富的人士，如何才能保證他們會集體行動來確保公共財富的再生產？如果個人或企業依據短期的自利動機行事，即便不是毀滅，也會常常破壞他們自身的再生產條件。農夫耗盡他們土地的地力，有些雇主讓其員工過勞死，或疲累到無法有效工作。這個難題在環境損害和品質降等的層面上特別嚴重，如英國石油公司二〇一〇年在墨西哥灣漏油事件所顯示。第二，當遵守市場規則的利潤相當低，而即使在考慮不良行為可能遭致巨額罰款後，違法、掠奪、偷竊和欺騙的報酬率仍非常高時，則個人有何動機必須遵守良好市場行為的規則呢？最近幾年，匯豐、富國（Wells Fargo）、花旗、ＪＰ摩根等等金融機構被處以巨額罰款，而且證據指出金融瀆職事件仍持續發生，在在顯示，這對於公共財富的再生產來說，是一個進行中的問題。

只有當我們清楚了解到所謂的「目標」僅是完全對土地、勞動和資本等這樣非商品的貨幣化、商品化和私有化的虛構調解（透過法律之外的強迫方式來運作和支持），並且了解這些虛構調解構成了資本主義合憲性偽善的根源，我們才能知道憲法和相關法規如何將違法納入核心。這些虛構和拜物主義有系統地圖利特定個人，因而構成資本階級權力建構的重要基礎，這不再是偶然事件：對資本所建構的整個政治和經濟大廈來說，這就是根本的存在價值。勞動權力的關鍵商品化、貨幣化和私有化，最能彰顯資本階級權力和這些虛構／拜物主義之間的內在關係，我們接著就討論這個議題。

矛盾5 資本與勞動

某些人占用和剝削其他人的勞動力，已是人類組織長久以來的特徵。執行權力來這樣行事，必須建構不同的社會關係，從強迫奴隸、農奴制和將婦女（有時還有小孩）視為財產的人口交易，到神權社會裡出於自願對上帝或神明的崇敬來行事，或以尊敬的領袖、族長、君主或當地領主的名義，順服忠誠的子民參與戰爭或被動員興建金字塔（舉例來說）。這種主宰、占用與剝削的社會關係能被種族化、道德化及性別化，針對在文化上、宗教上、從屬上或理論上生物層次較低等的族群，這也已經是長久以來的慣例。很明顯的是，他們能被貨幣化和商品化。奴隸可被直接買賣「嫁妝」（以像是牛或金錢這樣的重要商品加以測量）附加在女人的交易之上，雇傭兵取代了原本重要的宗教信念和個人忠誠。此外，不論是過去或未來，陷入日益快速增加的負債裡（勞務償債或類似的形式像是分成制）都是陰險有害的方式之一，讓勞動或其他人勞動的產物，被擁有社會力、政治力和財富力的人們所占用。

不過，作為商品的勞動力，是資本買賣的標的，這正是這種生產模式的獨特之處。勞動者成為商品的承載者，並在理論上應該「自由」的勞動市場裡，將商品賣給資本家。當然，勞動服務的交易早在資本主義興起前就已經存在，且在資本已不再是可行的生產和消費方式之後，這樣的交易也完全有可能繼續存在一段很長的時間。但我們從資本學到的是，資本能創造出自身再生的基礎——希望是在一個永久的基礎之上——透過對勞動力有系統的連續使用，以產生剩餘（也就是在某一生活水準下，超過勞工生存所需的部分）。剩餘是金錢利潤的根本。

這個體系了不起之處在於，看起來不須依賴欺騙、偷盜、搶劫或剝削，這是因為是以勞工的「公平」市場價值（「目前薪資率」）來支付他們，且同時他們被放在工作崗位，用以產生資本存續所需的剩餘價值。上述「公平」建立在以下的華麗詞藻之上：勞工對他們作為商品、所提供給資本的勞動力（一種對於資本而言具有使用價值、能產生價值和剩餘價值的商品），擁有個人化的私有財產權，也就是勞工能「自由」選擇賣出勞動力的對象。當然，如果勞工不能擁有土地、甚或任何生產的手段，則對資本來說是最為方便的。這樣一來，勞工為了存活，除了出賣他們的勞動力以外，將沒有任何其他選項。資本家將會確保，勞工所生產出來的商品價值，要高於他們勞動力的市場價值。也就是說，勞工所增加的價值必須高於所獲得的薪水，才能創造與再生資本。資本以利潤形式獲得附加價值，並且可以儲存此附加價值，導致貨幣力量日益集中。

勞動力商品化，是解決資本流通裡看似不可解矛盾的唯一方式。在一個正常運作的市場體系裡，也就是不存在強迫、欺騙和搶奪的體系，交易會根據平等原則——我們和其他人交易使用價值，且這些使用價值的價值應該約略相等。這與所有資本家擁有較多價值的前提產生矛盾，因為在一個良好運作的資本主義體系裡，所有的資本家都應該獲得利潤。因此，當市場體系原則上有賴於交易的公平性時，為確保產生利潤的這個額外價值來自何處呢？必定存在某種有能力產生高於本身價值的商品。這個商品就是勞動力，也就是資本賴以再生的力量。

效果便是將我們為其他人所做的社會勞動，轉化成為異化的社會勞動。工作和勞動被完全組織在商品交易價值的生產之上，產生金錢報償，讓資本得以建立該階級主宰的社會權力。換句話說，勞工被放在以下位置：除了透過工作、一再重製他們自身能掌控的條件外，便不能做任何事了。這正是在資本規則下，所謂的勞工自由。

雖然勞工和資本家之間的關係總是個別的契約關係（憑藉勞動力的私有財產特性），但不難了解的是，在勞動市場和勞動過程裡，資本和勞動會產生一種普遍的階級關係，且這個關係像所有私有財產關係一樣，不可避免讓政府和法律成為仲裁者、管制者或強制者。原因在於，個人私有財產權和政府權力之間，存在系統性的矛盾。沒有任何事情可以阻止勞工（個別或集體地）為獲得更多而激動奮戰，也沒有任何事情可以阻止資本家（同樣是個別或集體地）不努力嘗試以低於公平市場價值支付勞工、或試著降低勞動力的價值（透過縮減勞工生存所需的一籃子市場貨物，或降低目前該籃子的成本）。關於這些議題，資本和勞動都在它的權力內進行鬥爭，一如馬克思的名言：「相同權力之間，力量決定勝負。」[1]

資本對勞動的鬥爭愈成功，利潤就愈大；勞工愈成功，則生活水準愈高，在勞動市場裡的選擇也愈多。同樣的，資本家常常努力嘗試，想要增加勞動過程裡勞工的工作強度、生產力和／或工作時間；而勞工則是努力要降低工時和工作強度，以及內含在勞動行為裡的實體風險。政府的管制力量——例如，立法限制每天的工作時間，或限制對危險工作條件，和原物料的暴露——通常會牽涉在這些關係裡。

關於資本和勞動之間矛盾關係的形式和有效性，相關的研究汗牛充棟，且長期以來扮演重要角色，可以定義革命及改革分子政治鬥爭的必要性。因此，我很幸運可以簡要說明就好，因為我假設本書大部分的讀者對上述意涵已有廣泛了解。對某些左派分析師（特別是馬克思主義者）來說，正是資本和勞動之間的這個矛盾，構成了資本的主要矛盾。基於這個原因，此一矛盾常被視為所有有意義政治鬥爭的支點，也是所有反資本家革命組織和運動的溫床。這個矛盾也被一些人認為是所有危機形式的唯一真正來源。在過去某些時點，所謂的危機形成「利潤壓榨」理論，看起來曾是主流意見。這個理論認為，當勞工力量壓過資本，則他們很可能將薪資推升到某個程度，以致降低了資本的利潤。在這種情況下，資本通常的因應方式是罷工、拒絕投資或再投資，以及蓄意創造失業，作為馴服勞動的一種手段。前述論點應該適用在一九六〇年代末期到一九七〇年代的北美、英國和歐洲。[2]但當資本輕易地駕馭勞動時，資本也常常會陷入困難，正如二〇〇八年崩盤後的情況所顯示。

然而，從解析甚或最後分析的政治角度，資本－勞動矛盾不可能是導致危機的唯一原因。這個矛盾埋藏在與其他資本矛盾（例如，甚至是使用價值和交易價值之間的矛盾）的關係之中，而且依賴這個關係。從這個觀點來看，反資本家運動裡所有政治工作的本質與概念都必須改變，這是因為外部的限制——如當貨幣力量過度集中時，資本通常會聚在一起以追求它的進程並確保其利益——常常對職場上資本－勞動關係根本轉型可行性的條件設下限制。即使另類政治熱望的唯一終極目標，在於最終壓抑了資本－勞動矛盾，並且建立非異化（相對於異化）勞動條件的動機，但如果沒有納入相關的其他矛盾（如貨幣形式和私人占用社會財富能力之間的矛盾），則這些目標便不能完成。

對資本－勞動矛盾的考量，無疑會導向下述的政治意向：在勞動市場和工作場合裡，透過組織形式，由勞工集體控制他們自己的時間、自己的勞動過程和自己的產品，來取代資本相較勞動占優勢的狀況。為其他人而做的社會勞動不會消失，但異化的社會勞動將不再存在。嘗試創造出某些這樣的選項（藉由勞工合作社、勞工自主管理、勞工控制和最近的團結經濟體）的久遠歷史顯示，這個策略基於前述理由，只能獲得有限成功。國營選項來自於生產工具國有化與中央集權式規畫，即使不是會誤導人的烏托邦，也同樣是問題叢生。我認為，難以成功實施從資本－勞動矛盾方式而來的這些策略，是因為資本－勞動矛盾與其他資本矛盾有所連結，且內藏在這些矛盾內。至於這些非資本家組織的勞工組織形式，如果目的仍然是交易價值的生產，且如果私人占用貨幣社會權力的能力未受管制，則不論是聯合勞工、團結經濟體或中央集權規畫政體，最終都將失敗，或是變成自我剝削的同謀。朝向建立非異化勞工的努力，就此功虧一簣。

對資本和勞動之間矛盾的複雜領域，也出現了一些不幸的錯誤認知。左派觀點的傾向為重視勞動市場和工作場域，視之為階級鬥爭的兩項重要領域。因此，他們也是建構資本主義組織形式其他選項的重要場址。正是在這些場址，無產階級先鋒理應改變自身，引導產生社會主義革命。如下文所示，當我們檢視資本流通生產和實現之間的矛盾合一時，會發現還有其他與上述兩項同等重要、甚至更重要的鬥爭領域。

例如，美國勞工通常在住房上，支出約三分之一的所得。如前所述，房屋供給已愈來愈受到投機交易價值操作的驅使，而且是抽取租金（土地和房產）、利息（主要是房貸付款形式）和財產稅的場所，同時是工業資本投入房屋建築的利潤所在。房屋也是大量掠奪活動（例如，必須支付法律費用和各種費用）的市場。勞工或許透過在勞動市場和生產地點進行鬥爭，獲得顯著的薪資提升，但在投機驅動的房地產市場條件下，遭遇無所逃避的掠奪作法之後，可能必須將幾乎所有的職場獲益，都用在取得房屋的使用價值之上。勞工在生產領域獲得勝利，被地主、商人（如電話公司）、銀行家（如信用卡費），以及律師和抽取佣金的仲介人士給偷走了，至於剩下的部分，其中一大塊也給了稅務人員。與住房的例子類似的是，醫療、教育、水和汙水、其他基本服務的提供之私有化和商品化，減少了勞工的可支配所得，並讓資本再次取得價值。

但這不是一個完整的故事。所有這些作法組成了集體的場合，剝削進行累積的政治已變成主力，從包括勞工階級（不管如何定義）在內的弱勢族群獲取所得和財富。受到新自由主義，以及現在更透過以財政正義為名實施撙節政治，偷回了勞工階級曾擁有的權力（如支撐令人滿意的社會薪資之退休基金、醫療、免費教育和充足的服務），這已經成為剝削的明顯形式。因此，組織起來對抗這種剝削的累積（如反撙節行動的形成），以及追求較便宜和較有效的住房、教育、醫療和社會服務的需求，對階級鬥爭來說相當重要，就像反抗勞動市場和工作場所的剝削一樣重要。但是，左派沉迷於工廠工人作為階級意識表徵和社會主義意志代表的形象，因而在很大程度上，未能將這種其他階級實踐的領域納入本身的思考與政治策略裡。

資本矛盾和資本主義矛盾之間的互動複雜，也在這裡顯得更清楚。我將在後續內容對此詳加討論。但如果不提及資本－勞動矛盾為內藏於其他資本矛盾關係裡，且也明顯與資本主義矛盾（特別是與種族化、性別和其他歧視形式有關）相糾纏，就對資本－勞動矛盾的討論遽下結論，將是愚蠢的不明智策略。例如，根據人種、民族和其他準則，來分割和隔離勞動市場和房地產市場，是所有資本主義社會形成中惡名昭彰的普遍特性。

雖然資本－勞動矛盾無疑是一項重要而根本的資本矛盾，但並非是——即使是只從資本本身的觀點——主要矛盾，並非所有其他矛盾在某種意義上顯得層次較低。從資本主義的觀點，由資本所構成經濟引擎裡的這個重要而根本的矛盾，顯然必須扮演重要的角色，但其有形體現，則是透過諸如所屬人種、民族、性別和宗教等社會區隔的其他形式來過濾，相互調解且又糾纏在一起，因此，相較於單獨從勞動－資本關係的觀點來看，資本主義內實際的政治鬥爭變得複雜許多。

上述所說的一切，並不是要使用資本矛盾裡的華麗詞藻來降低資本－勞動矛盾的重要性，因為資本－勞動矛盾無疑是具非凡特徵和重要性的關鍵矛盾。畢竟，在工作場所和透過勞動市場裡，資本的力量直接侵犯了勞工本身，以及勞工所撫養人口的生存機會及福祉。對許多人來說，這種經驗裡的異化特質（勞動過程裡經常受到野蠻對待和勞工家庭成員吃不飽的經驗）總是大眾異化的主要所在地，因而也是革命憤怒一觸即發的爆發點。但我認為，如果過度強調和對待這一點，彷彿這是自發運行、並獨立於其他資本矛盾之外，會有損於對資本（以及資本主義）其他選項的熱情革命性追求。

矛盾 *6*

資本是過程或東西？

在很久以前，物理學家無止盡地辯論，光線究竟是粒子或波動的概念。在十七世紀，牛頓發展出光的微粒子理論；與此同時，惠更斯（Christiaan Huygens）則是主張波動理論。在此之後的看法，則在上述兩者之間擺盪，直到量子力學之父波耳（Niels Bohr），藉著訴諸互補性原則，解決了所謂「波動－粒子雙重性」的問題。在這個解釋下，光是粒子也是波動，兩種描述都有必要，才能讓我們的理解更完整，但我們不須同時使用這兩種描述。然而，某些物理學家將這個雙重性視為同時發生，而非互補。此外，對於這個雙重性到底是源於自然，或是反映觀察者所受到的限制，仍然有相當多的辯論。不論是哪一種狀況，顯然這樣的雙重性目前已被接受，成為自然科學許多領域理論建構的基礎。再以心－腦的雙重性為例，就是位於當代腦神經科學思想的根源。所以，不要再說自然科學天生便是敵視某些辯證推理、或沒有矛盾想法。（不過，我要趕快補充說明，他們的辯證推理本質遠遠不同於恩格斯〔Engels〕和之後史達林單調乏味且自相矛盾的版本。）可惜的是，傳統經濟學一心想成為科學，卻並未跟進！

資本應該被視為是一種過程？或是一個東西？如我所主張，資本必須被視為兩者皆是。而且，關於雙重性如何作用，即使為了闡述的目的，常常必須選擇兩者其中之一的觀點，但我仍較為偏好同時性而非互補性的解釋。一方面，資本作為過程和流量以持續流通，另一方面，資本涉及不同的物質形式（主要是貨幣、生產活動和商品），這兩者的合一造成矛盾的合一。因此，我們探究的焦點必須在這個矛盾的本質上，以及這個矛盾如何成為創造性、改變、不穩定與危機的所在。

考慮一個簡單的流量模型，也就是行為良好的誠實資本家（也就是遵守資本主義政府對市場行為的適當管制）可能如何工作：資本家以一定數量的金錢展開一天（不論這筆錢是借來的或是自己擁有的，都沒有關係），這筆錢用來購買生產工具（對土地及所有相關資源的使用，以及部分完成的投入、能量和機械等等）。資本家也找到可用的勞動市場，並以特定工作時限的契約雇用勞工（如一天八小時，每週工作五天，以換取週薪）。在生產發生前，就必須獲得這些生產工具和勞動力。然而，通常在生產發生之後，勞動力才獲得支付，但生產工具常常在生產之前便須支付（除非是以信用付款）。簡單說來，勞工生產力取決於科技（例如，機器）、組織形態（例如，在勞動過程裡及合作形式的勞動分工），以及由資本家定義的勞動過程的強度／效率。這個生產過程的結果是一個新的商品（大部分是東西，但有時是過程，像是運輸及服務），商品被送往市場，賣給消費者，價格應該讓資本家獲得以下的總額：最初的投入加上構成利潤的額外總和。

一天結束時獲得了利潤，是經歷所有困難從事此一過程的動機。在接下來的日子裡，資本家一再重複這個過程，以持續維持生計。但在下一個日子，資本家通常取出昨日賺得的部分利潤，用來擴張生產。資本家基於許多原因才這麼做，包括為了追求更多金錢的慾望和貪婪，但也是出於懼怕：如果沒有將昨日利潤的一部分用於擴張，則新銳資本家的競爭可能讓這個資本家關門大吉。

這個過程還有違法的版本。最初的金錢可能來自於搶劫和暴力，土地和資源可能用強迫方式取得，投入可能是用偷竊方式而非從公開市場以公平價格購買。勞動合約裡的規定可能違反法律既定準則，而所有的違反事項——不支付薪資、強迫超時工作、對一些假定的錯誤行為開罰——可能普遍散布。勞動過程條件可能變得讓人不能忍受，甚至有害（暴露於有毒物質、超越人類合理能力之外的工作強度）。市場欺詐透過虛假的圖案、獨占定價、銷售瑕疵品／甚至是危險商品，完全能普遍流傳。競爭者可被擊垮，獨占定價變得可能。政府認知到所有這些事情都可能發生，因此已進行監管與干預，如對職業安全和健康的管制法規、消費者產品安全保護等等。這樣的保護措施在新自由主義政權下大幅弱化（代表人物有美國總統雷根與英國首相柴契爾夫人，三十多年以來一直是顯學）。

我們探查資本主義世界就會發現，幾乎在任何地方都明顯有違法之處。合法資本流通的常態定義，看起來大幅受到非法行為領域的影響（即使不是由其定義）。因此，這個合法－違法雙重性對資本主義的運作方式，也產生重要影響。顯然的，有必要讓政府權力涉入，對個人的行為設下限制。沒有政府的資本主義是難以想像的（參見第3項矛盾）。然而，政府如何干預，取決於階級對政府工具的控制及影響。以近年來華爾街的違法作為來說，如果沒有政府工具層面的某些疏忽或同謀，就不可能發生。

不過，這裡的主要重點是資本作為過程的定義，也就是透過許許多多不同時刻，以及跨越從一種物質形式到另一種物質形式的種種不同轉換，來作為價值的連續流動。在某個時刻，資本採取貨幣的形式，在其他時刻，資本是某種生產手段的存量（包含土地和資源），或是走過工廠大門的一大群勞工。在工廠內，資本涉入具體的勞動和商品製造，以致讓潛在尚未實現的價值（社會勞動）和剩餘價值凝結在一起。當賣出商品，則資本報酬再次回到貨幣形式。在這個連續的流動裡，過程和東西彼此相互附屬。

過程－東西的雙重性並不只限於資本，我認為這普遍存在於自然界。既然人類是自然的一部分，在所有生產模式裡，過程－東西雙重性是社會行動和社會生活的普遍條件。我以過程的方式過生活，即使我擁有像是名字和數字這些東西的性質（藉著這些性質，政府定義我是誰）。但資本以某種特別方式面對和發動這個雙重性，也正因如此，才需要我們的密切注意。透過我們所辨識出不同的物質狀態（以及其他沒有被考慮的因素），資本以價值的連續流動存在，而這個流動的連續性正是資本存在的主要條件。資本必須連續流動，否則便會死亡。流動的速度也很重要。如果我能讓我的資本流動比你快，那麼我會有一定的競爭優勢。因此，競爭的壓力相當大，都是為了加速資本的翻轉。從資本的歷史，很輕易便能發現加速的傾向。科技和組織創新，是用來加速事情進行，並且減少實體距離的阻礙，這樣的創新幾乎不可勝數。

然而，這一切都假設，從某個時刻到另一個時刻之間的轉換是平順無波的。不過，事實卻非如此。我有錢，想要製造鋼鐵，因而必須立刻準備出所有的成分（勞動力和生產方式），才能生產鋼鐵。但鐵礦石和煤炭仍埋在地底下，需要很長的時間才能挖掘出來，附近也沒有足夠的勞工願意出售他們的勞動力。我還必須建造高爐，但這也需要時間。同時，我為鋼鐵生產準備的貨幣資本閒置未用，因此不能產生任何價值。透過生產，從貨幣轉換到商品，受到所有這類潛在障礙的困擾，且隨著時間過去，資本貶值，甚至完全損失價值。只有當所有這些障礙被超越，資本最終才能流入實質的生產裡。

在生產過程裡，也有各種不同的潛在問題和障礙。生產鋼鐵需要時間，而運行過程的強弱，會影響生產鋼鐵所需的時間。雖然可以尋求不同的組織和科技創新，以縮短運行時間，但受到實體障礙影響，運行的時間不可能縮短到零。此外，勞工也不是機器，在勞動過程裡，他們可能放下手上的工具或放慢速度。為了持續生產，有必要對勞動力建立控制，讓勞動力之間相互合作。

一旦完成鋼鐵製造，必須出售，而且，再一次，這個商品在買主出現前，可能在市場上閒置一些時間。如果每個人手上的鋼鐵都可以用個好幾年，則一段時間內不會有任何買主，因而該商品資本變成死的資本，因為已停止流通。生產者要確保和加速消費的周轉時間，才能從中受益。其中一種方式是生產很快便會生鏽的鋼鐵，因此必須快速替換。不過，對於手機和電子裝置而言，降低消費的周轉時間就容易多了。精心設計讓產品變得容易過時、創新、改變流行等等，在資本主義文化裡已經根深柢固了。

當資本不顧一切尋求超越或繞過流通障礙，並且要平順而且加速周轉時間，各種策略和捷徑都出籠了。例如，生產者可能想要立即賣出商品，因而比較容易的是，將商品以全部價值的打折價賣給商人，這讓商人有機會為自己賺進盈餘。商人（躉售商和零售商）付出成本，並承擔將產品賣給最終消費者的風險。透過追求效率和經濟規模，並同時剝削他們所雇用的勞動力，他們能以較低的成本，也就是低於生產者自己從事行銷的直接銷售成本，將生產者和最終消費者連結在一起。這讓流動變得平滑順暢，並提供生產者一個更確定的市場。但負面影響則是，到最後，商人能對直接生產者施加相當大的力量，迫使生產者接受較低的報酬（這正是沃爾瑪〔Walmart〕的策略）。另一個選項是，生產者可以對未賣出的貨物取得貸款，但銀行家、金融家和折扣商擁有自主權力，也會對資本流通和累積扮演積極的角色。社會策略是為了維持資本持續流動，但也構成兩面刃。雖然這些策略可以成功地很快順暢且促進流通過程，但也同時在商人（如沃爾瑪）和金融家（如高盛〔Goldman Sachs〕）之中，創造出活躍的力量集團。這些集團可能追求他們自己的具體利益，而不是為了社會大眾的資本利益服務。

還有其他更純粹的實體問題，讓資本移動裡固定性和流動性之間的緊張關係更形惡化，而這些問題的重心歸屬於固定資本的長期投資。為了讓資本的流通不受空間和時間的限制，實體基礎建設和良好環境的創造必須固定在某個空間上，例如：以道路、鐵路、通訊塔、光纖纜線、機場、港口、工廠廠房、辦公室、房舍、學校、醫院等等形式錨定在土地上。其他較流動的固定資產形式有相當長的生命期，包括：船隻、卡車、飛機、火車頭、機器和辦公室設備，甚至包括我們每日使用的刀、叉、盤和廚具等小東西。所有這一切的大部分——當我們凝視諸如巴西聖保羅、中國上海、美國紐約曼哈頓的都會景觀——是如此巨大和難以移動，而替換可以移動的部分時，會造成價值損失。這是資本累積的矛盾之一，也就是隨著時間過去，就生產和消費而言，這種大量長生命週期和實體難以移動的資本，會比持續流動資本的增長還要來得快。資本因而永遠處於隨著時間變得愈來愈僵固的風險裡，這是因為所需固定資本的數量會隨著時間增加。

固定資本和流動資本之間存在矛盾，但兩者又是共生關係。如果流動資本的移動速度增快，則有助於流動的這部分資本就必須降低流動速度。然而，不具移動性的固定資本（如港口的貨櫃裝卸碼頭）有多少價值，只有去使用才能實現。如果沒有船隻進港，則裝卸碼頭將毫無用處，以致資本投資被浪費掉了。另一方面，如果沒有船隻載運和碼頭裝卸設施，商品無法自己來到市場上。固定資本所構成的物質世界，為的是支持資本流通的過程，而透過資本流通的過程，讓固定資本投入的價值得以回收。

前述固定資本和流動資本的內在矛盾，接著導致了另一層面的困難。當社會策略是用來讓資本流動順暢（例如，商人資本家的行動，甚至擁有更大權力的金融家的行動），加上固著在土地的實體問題，則導致讓土地所有權有空間得以獲取一部分的剩餘。即使這個獨特屬性的資本殘忍地投機於土地、自然資源及房地產資產價值時，都是在抽取經濟租，並且改變對土地的投資。

回到一九三〇年代，凱因斯興高采烈地認為，未來將出現所謂的「食利者的安樂死」（the euthanasia of the rentier）[1]。當然，凱因斯應用在所有資本家的這個政治理念，至今從未實現。例如，作為虛構資本形式的土地，甚至已經變得更形重要，且所有權（或未來租金收入的股份）可以在國際間交易。「土地」這個概念現在無疑包括過去到現在所累積的所有基礎建設和人類改造物（例如，倫敦和紐約在一百多年前建造的地鐵隧道），以及最近一些尚未還本的投資。食利者的潛在束縛力量，以及經濟活動的既得利益，現在甚至形成更大的威脅，特別是目前受到金融機構的支持，而金融機構沉醉於未來租金、土地和財產價格高漲所帶來的高報酬。如前所述，房產價格的泡沫和破滅正是典型範例，但有趣的是，這樣的作法並未消失。他們現在已變形為驚人的「土地掠奪」，在全球各地到處可見（從資源豐富的印度東北部地區到非洲、大部分的拉丁美洲）。機構和個人透過擁有土地及所有相關資源（包括「自然」與人力資源），以尋求確保他們的金融前景。這顯示，土地和資源稀少的體系即將到來（這很大程度上是自我實現的條件，而且源自於如石油公司長久以來所施加的獨占和投機力量）。

即使食利者階級使用金融的流動力，以在國際販賣它的產品，但他們還是將權力重心放在對固定物的控制上。最近在房地產市場所發生的狀況，正是典型的例子。美國內華達州房地產所有權在全球進行交易，賣給了毫無警覺的投資人，他們最終被詐騙了數百萬美元，但華爾街和其他金融巨獸卻享有紅利和不義之財。

接下來的問題是，固定性和移動性／過程和東西之間的張力，何時及為何會發展成絕對的矛盾（特別是以食利者階級過度權力的形式），因此產生危機？很明顯，這個矛盾可以是當地壓力和危機的軌跡。如果商品不再流動，那麼能促進流動的東西會變得沒有用，因此必須拋棄，而且造成經濟租報酬崩解。去工業化是一部長期的痛苦歷史，即使像是中國深圳和孟加拉達卡（Dhaka）已經成為活動樞紐，想達到經濟上的成功，就必須產生大量的固定資產投資需求，並結合經濟租的抽取及房地產市場榮景，但也已經導致底特律這樣的城市喪失生氣，進而喪失價值。資本的歷史充滿了地區泡沫和破滅的故事，其中，固定和流通資本／固定和移動之間的矛盾彼此重度牽連。正是這樣的世界，資本作為創造性破壞的力量，在我們居住的實體景觀裡，成為最顯而易見的東西。創造和破壞之間的平衡經常難以辨識，但由於去工業化、房地產價值和土地租金盤旋向上、撤資和投機性建物，產生的成本由所有人承擔，這一切都源自於固定和移動兩者之間基本而永久的張力，並且不時發生在特定地區，強化成為絕對矛盾，進一步導致嚴重的危機。

所以，從這個分析，我們能獲得怎樣的另類政治理念呢？一個立即和明顯的目標是：廢除房地產從所控制的固定物抽取租金的權力。近年來，房貸已被結合成擔保債務憑證（collateralised debt obligations, CDOs），並可在全球各地交易，食利者對不具移動性土地和不動產，順暢地跨越空間進行合法交易，這樣的能力必須受到抑制。土地、資源和分期建構的環境應該被歸類及管理，作為公共財資源，提供給使用與依賴此維生的人們。整體來說，人們並沒有從土地和房地產最近的價格快速增長撈到好處。金融投機和對實體基礎建設／固定資產的其他形式之間的連結，同樣必須否決，好讓金融考量不再主導生產和實體基礎建設的使用。最後，提供基礎建設的使用價值層面必須優先，這讓社會秩序只能有一種選項：針對政治集體部分，探究理性規畫實務領域，以確保能產生及維持必要的實體使用價值。在這樣的方式下，雖然過程和東西／固定和移動之間的關係總是很複雜，卻能被規畫用於公共財，而非活化以求無止無盡地累積資本。

矛盾7 生產與實現之間的矛盾統合

資本流動時，會通過兩個重要的檢查點，以檢視表現是否達成一定數量的增長（這是利潤的根本）。在勞動或類似的過程裡，透過工作來增加價值。但要等到在市場完成銷售後，這個附加價值才會真正實現。資本的連續流動有賴於成功通過兩個時期（以利潤率來衡量成功）：首先是勞動過程的生產，接下來是在市場裡加以實現。然而，在資本流通過程裡這兩個時期間，矛盾的統合為達成統合的必要條件。因此，這個矛盾的主要形式是什麼呢？

馬克思在對資本進行史詩般分析的第一卷裡，假設不存在市場實現問題，以研究支撐利潤的剩餘價值如何產生。如果其他因素維持不變（當然，我們知道實際上不可能會是如此），我們應該會預期，資本有很強的動機，去盡可能減少對勞工的支付、盡可能讓他們長時間專注工作、盡可能讓他們自行負擔本身再生的成本（透過家庭活動和工作），並且盡可能讓他們在勞動過程裡保持溫順和服從（如果有必要，也可使用強制手段）。針對上述目的——也就是控制住雇工的渴望——資本如果能擁有大量受過訓練但未使用的勞動力（馬克思所稱的「工業預備部隊」），即使不是必要，也是極為有利。如果這樣的勞動剩餘並不存在，則資本必須創造出來。例如中國的狀況所示，在過去的三十餘年裡，顯現出兩種攣生力量的重要性：技巧地誘發失業，並且打開新勞動力的供給管道。對資本也很重要的是，要盡可能預防所有或任何勞工集體組織的形式，並且不擇手段掌控任何驅動力，不讓勞工集體組織對政府工具施加政治影響。

就資本來說，這些作法的最終結果，如馬克思在《資本論》（*Capital*）第一卷所說，一方面造成財富增加；另一方面，導致實際生產財富的勞動階級日益貧窮、社會地位降級、喪失尊嚴及權力。

在《資本論》第二卷裡——即使知名的左派學者也很少拜讀該卷，馬克思假設生產面沒有產生任何問題，以研究實現的條件。由於第二卷並未完成，所得到的一些理論性結論只能暫定但令人不安。如果資本根據第一卷的分析，採取所有行動以確保剩餘價值的產生和私用，則市場裡勞動力所產生的總合需求，即使不是有系統地削弱，也往往會受到限制。此外，如果勞工社會再生產的成本被迫由家戶承擔，那麼勞工將不會在市場上購買貨物和服務。諷刺的是，如果愈多的勞工自己承擔起再製的成本，那麼他們愈少有動機為資本工作。此外，大型的失業儲備大軍並不是總合需求快速增加的來源（除非受到政府慷慨所得補助的支持）。同樣的，薪資持續下跌（包括政府對社會薪資提撥的減少），不是市場持續擴張的基礎。

以下顯現了嚴重的矛盾：

> 勞工作為商品的買方，對市場是重要的。但勞動力作為他們本身商品的賣方，資本主義社會往往以最低價格來限制他們。進一步的矛盾在於：當資本主義生產很規律地發揮所有力量時，會發現自身處於過度生產的狀況，因為對生產力應用的限制，不僅只限於產生價值，也限制它的實現。然而，商品銷售、商品資本的實現和因此而來的剩餘價值，並不受制於社會消費者的一般需求，而是受限於不能產生足夠的社會消費者需求，因為這個社會裡絕大多數的人始終很窮，而且必須總是持續很窮。[1]

市場缺乏有效的總合需求（相對於貧困人口對於必須使用價值的社會需求），對資本累積的連續性來說，形成嚴重障礙。這導致利潤下跌。勞動階級消費力構成有效需求的重要成分。

資本主義作為社會形態，永遠都會受到這個矛盾所困擾。資本主義能將剩餘價值的生產條件極大化，因此威脅到實現市場剩餘價值的能力；或是藉著讓勞工擁有權力以維持市場強大的有效需求，因而威脅創造生產剩餘價值的能力。換句話說，如果根據第一卷的處方而讓經濟運作良好，則從第二卷的觀點便很可能陷入麻煩；反之亦然。在先進資本主義國家，從一九四五年到一九七〇年代中期，資本往往朝向與第二卷處方一致的需求管理立場靠攏（強調價值實現的條件），但在過程裡想要產生剩餘價值時，碰到愈來愈多的困難（特別是組織良好和政治勢力強大的勞動階級運動）。在一九七〇年代中期（與勞工發生激烈爭鬥）之後，因而移向與第一卷較為一致的供給面立場。透過降低實質薪資、摧毀勞工階級組織和減少勞工的一般權力，以強化孕育產生剩餘價值的條件。從一九七〇年代中期以來，新自由反革命（我們現在的稱呼）解決了剩餘價值生產的明顯問題，但代價卻是在市場裡創造出實現問題。

上述的一般理論無疑是粗略的過度簡化，但卻簡潔說明了歷史上生產與實現如何進行矛盾統合。這例子也很清楚地顯示，透過危機從生產到實現反覆來回出現的方式，危機形成和解決的過程兩者綁在一起。有趣的是，經濟政策與理論之間出現平行的移轉。例如，凱因斯學派的需求管理（大致符合馬克思第二卷的分析）主宰了一九六〇年代的經濟思潮，而貨幣學派的供給面理論（大致符合第一卷的分析）約在一九八〇年之後成為主流。以生產及實現的矛盾統合（如《資本論》前兩卷所示）觀點，來處理想法與公共政策的歷史，我認為是很重要的。

不過，生產和實現之間的矛盾，能以一些方式加以調和。首先，面對薪資下跌，增加需求的方式有許多種，包括擴張勞動力的總合人數（例如，大約在一九八〇年之後，中國開始啟動蟄伏中的多餘勞動力）；也可以擴張中產階級觸目可見的消費；或透過不從事製造但有相當購買力的人口階層（例如：政府官員、軍人、律師、醫師、老師等等）的存在與擴張。甚至還有更重要的方式來反制矛盾：訴諸信用。原則上，沒有任何東西可以阻擋信用應用在下列情況：同時維持價值／剩餘價值的生產及實現。最顯而易見的例子是，金融家借錢給開發商大批興建投機性房地產，又同時提供房貸給購買該房地產的消費者。問題無疑在於，這種作法太容易產生投機泡沫，並導致二〇〇七至二〇〇九年房地產市場的崩盤，主要發生在美國，但也出現在西班牙與愛爾蘭。建築業的繁榮、泡沫和崩盤具有悠久的歷史，驗證了資本歷史裡這類現象的重要性。

然而，干預信用體系，已證明在某些方面有用，並且在艱困時期對維續資本累積扮演了正面角色。結果是，生產和實現之間的矛盾，被置換回貨幣和價值形態之間的矛盾。生產和實現之間的矛盾，被內化在信用體系之內，這代表一方面從事瘋狂的投機行為（這類投機導致房地產泡沫）；另一方面，解救了維持資本穩定和連續流動的許多困難，以致跨越生產和實現的矛盾統合。對信用體系的限制，惡化了生產和實現之間蟄伏的矛盾；而放鬆和減少信用體系的管制，導致了不受拘束的投機行為（特別是相對於資產價值）。深層的問題永遠不可能消失，使用和交易價值之間的矛盾、貨幣和貨幣代表的社會勞動之間的矛盾，始終都存在。正是由於這些不同矛盾之間的相互關聯，引發了經常性的金融和商業危機。

在生產－實現關係裡，還有一些次要的矛盾。雖然生產行動毫無疑問會產生附加價值，而且加值的多寡，大致取決於在勞動過程裡對勞工的剝削，但在流通過程中，由於流動的連續性，得以在一些不同時點實現價值及剩餘價值。資本主義體制下的生產者組織了價值和剩餘價值的生產，但不一定能實現該價值。如果我們引入商人資本家、銀行家、金融家、地主、房地產業主、稅吏等人物，則在某些不同的地點，就能實現價值和剩餘價值。此外，實現形態有兩種基本的形式。透過對資本主義體制下生產者施以巨大壓力，則諸如商人資本家和金融家，能讓直接的生產者報酬率降至極小值，而為他們自己獲得主要的利潤。例如，這正是沃爾瑪和蘋果在中國的營運方式。在這樣的狀況下，實現不僅發生在不同的部門裡，也飄洋過海出現在另一個國家（創造大規模跨地理區域的財富轉移）。

減弱生產－實現矛盾的另一條路徑，是減少勞工為自己賺到的剩餘，也就是藉著索取過高的價格，或對勞動階級徵收費用、租金和稅金，來大幅降低他們的可支配所得和生活水準。類似的結果也可透過對社會薪資的操縱來達成，因此從退休權利、教育和醫療的提供和基礎服務所獲得的利益，能被回復成為藉著剝削產生累積之政治計畫裡的一部分。目前政府訴求撙節政治相當普遍，這正是這些訴求想達成的目標。在生產這個環節上，資本可能屈服或對勞工需求讓步，但透過在生活空間裡過高的價格，便再次獲得之前讓步或損失的部分利益。租金和居住成本高、信用卡公司／銀行／電話公司的收費昂貴、醫療和教育民營化、使用者付費和罰款等，都讓弱勢群體承受金融重負，即使這些成本並沒有因為掠奪性作法、任意和遞減稅、過度的法律費用等措施而增加。

重要的是，這些行動是積極而非被動的。在資本主義歷史裡，透過高檔化、換置和有時採取暴力清場，將低所得和弱勢族群從高價值土地和地點驅逐出去，已是長久以來的作法。巴西里約熱內盧貧民窟被趕出的居民、南韓首爾自建房屋的前居住者、美國境內因徵收而移居的人們和南非棚戶，因此而連結在一起。此處的生產意指空間的生產，而實現是以對土地租金和房地產價值之資本利得的形式出現，因而相對其他資本層面，這讓發開商和食利者獲得更多權力。

生產和實現之間的矛盾統合，因而同等應用在勞工的命運和資本的命運之上。合乎邏輯的結論（大致上，左派往往即使不是加以忽略，也是視為次要）為，在跨越工作和生活層面的階級衝突和階級鬥爭之間，存在必要的矛盾統合。

從這個矛盾而來的政治理念，就是去反轉生產和實現之間的關係。實現應該代之以發現及表達大多數人所需的使用價值，然後再組織生產以滿足這些社會需求。這樣的反轉很難一夜之間完成，但逐漸讓基本需求供應商品化，是個可行的長期計畫，乾淨俐落地符合以下想法：經濟活動的基本驅動力應該是使用價值，而不是對於增加交易價值的永恆追尋。如果這看似嚴苛的要求，那麼回顧一下歷史是很有用的：一九六〇年代以來，歐洲的社會民主國家（特別是北歐國家）就將經濟重新導向需求面管理，以作為穩定資本主義的一種方式。雖然並非全心全意，但他們仍部分達成了生產–實現關係的反轉，也就是過渡到反資本主義經濟應該會要求的反轉。

第二部

移動的矛盾

資本的根本性矛盾彼此之間相互關聯，並以種種不同的方式交錯纏繞，對資本累積提供基本的結構。使用價值和交易價值之間的矛盾（一），取決於貨幣的存在，而價值作為社會勞動，與貨幣形成矛盾關係（二）。交易價值及其衡量標準（貨幣）預先設定，從事交易的人士之間，存在特定的法律關係。因此存在的包括個人法定的私有財產權，還有成文法或習慣法架構以保護這些權利，而這導致個人化私有財產和資本主義政府集體性之間的矛盾（三）。政府擁有合法使用暴力的獨占權，以及發行法定貨幣作為主要交易手段的獨占權。貨幣形式永續性和私有財產永續性之間，存在深遠的連結，也就是其中之一的存在意含另外一方的存在。藉由交易，私人可以為了自己的利益，合法且自由占用社會勞動（公共財富）的果實（四）。這構成了建構資本階級力量的貨幣基礎，但只有透過勞動力的商品化，資本才能系統性地進行自身再製，因而解決了以下的問題：在基於平等原則的市場交易體系，如何產生利潤不平等。這個解決方案意謂將我們為其他人所做的社會勞動，轉換成異化的社會勞動，也就是純粹只為資本生產及再生產所做的勞動。結果便是資本和勞動之間的根本性矛盾（五）。從動態觀點來看，這些矛盾定義了資本累積裡，歷經不同物質形態的連續過程，因而意謂在資本的可見特徵裡，固定性和移動性之間存在持續加深的緊張關係（六）。在資本流通範疇裡，資本的生產與實現之間，必須存在矛盾的統合（七）。

這些矛盾定義了一個政治領域，對資本所創造世界的另類選項能依此而界定。政治取向必須朝向使用價值，而非交易價值，朝向以下的貨幣形式發展：能遏止財富和權力的私人累積，以及打散政府－私有財產的紐帶，變成集體管理公共財產權的多重而相互重疊的政體。私人占用公共財富的能力必須受到管制，階級權力的貨幣基礎必須受到削弱。資本和勞動之間的矛盾必須被置換，代之以強調勞工從事非異化勞動的權力，也就是在為其他人生產所須使用價值的同時，也能決定自己的勞動過程。固定性和移動性之間的關係（因為是人類存在的普遍條件，這個關係永遠都不可能被廢棄）必須受到管理，以反抗食利者的權力，並促進能持續確保滿足所有人的基本需要。最後，應該捨棄為生產而生產、因而導致瘋狂和異化消費主義的牽強世界，轉而追求理性組織的生產，以對所有人提供達成足夠物質生活標準所需的使用價值。此外，實現應該轉換成以想要和需要為基礎，生產再來回應此一需求。

關於如何建構資本的另類選項，長期的政治思潮存在一些普遍的取向，特定策略和提案應該依據這些取向的背景來評估。

不論何時何地，這些根本性的矛盾持續是資本的特徵。對於接下來我們將考慮的矛盾，唯一不變的是他們並不穩定且總是在變化。這造成對於政治經濟學的理解，本質上脫離了自然科學的模型。在自然科學裡，可大致假定，原則一旦闡明，就適用於所有的時間和空間。正如亞瑟（Brian Arthur）在他允滿動見及教育意義的《科技的本質》（*The Nature of Technology*）一書中所說：「基本定律」（以我的語言來說，就是「根本性矛盾」）的表達方式，「隨著時間改變，而且他們的形態模式也會隨著時間的演進變化與重新形成。接著，每一種新模式和每一組新的安排都會產生經濟的新結構，取代舊結構，但組成本質成分——基本定律——總是維持不

變。」——[1]

就移動性矛盾而言，在綜合評估目前被認知的形態之前，必須先描述矛盾的基本特質，藉著了解它的演化軌跡，來預測未來展望和可能性。這個演化並非事先決定，也非隨意和意外，但因為演化改變的步調往往比較緩慢——涉及數十年、而非數年（隨然有證據顯示正加速中）——接下來才可能談論未來展望和目前的困境。

捕捉運動的意義，在政治上是很重要的，因為不穩定和運動提供了政治機會，同時也帶來嚴重的問題。在某個時點有道理的政治想法和策略，不必然可應用在不同的時間和空間上。許多政治運動之所以失敗，是因為所訴諸的想法和理念已過了保鮮期。我們不能塑造我們目前的政治策略，以及雕琢我們當代的政治理念，以求符合某些早就離世之政治理論家的陳舊想法。這並不代表我們不能從過去的研究學到東西，也不代表過去的記憶和傳統完全不能對現在提供靈感。真正的意涵在於，面對現今資本快速演化的矛盾背景，我們有責任寫下關於自己未來的史詩。

矛盾8
科技、工作與人的可丟棄性

在傳統馬克思學派的社會主義／共產主義概念中，理論上應該解決的最重要矛盾，就是生產力不可思議地增長（大致被視為技術能量和權力）與資本無法利用生產力增進共同福祉之間的矛盾，這是因為資本承諾的對象為現有的階級關係，以及階級再生、階級主宰和階級統治等相關機制。這個理論主張，如果不去管理，資本注定會產生日益脆弱的寡頭和財閥階級結構。在這個結構下，全球眾多人口被迫窮忙或飢餓致死。受挫於充裕社會裡日益增加的不平等，反資本主義革命運動自發組成（由列寧主義裡所謂的先鋒黨所領導），將在社會大眾中興起，以解除階級統治，接著重組全球經濟，將資本令人驚異的生產力所帶來的好處，分享給地球上的每一個人。

雖然這個分析不能說全無道理——例如，我們近來似乎正朝向產生全球富豪階級的道路前進——加上一絲絲對轉型機制寄予希望的革命狂熱，但對我來說，這個陳述即使沒有根本性的缺陷，也似乎太過簡單。然而，清楚的是，資本導致生產力戲劇性增長，形成矛盾動態發展的其中一個面向，而矛盾總有可能爆發成為危機。然而，並不完全清楚的是，什麼才是真正的對立面，我們接下來將討論這個問題。

科技可以定義成：為了人類的目的，使用自然過程和東西來生產產品。在它的底層，科技定義了與自然的具體關係，這個關係既充滿動力又矛盾。我們隨後將深入討論這個極為重要的矛盾（參見矛盾16）。到目前為止，重要的是認知到這個矛盾的存在，以及它的流動性和動態性。利潤是資本（例如相對於軍隊、政府工具和公民社會裡許多不同的機構）立即而特殊的目的，並轉換成社會上對資本持續的累積，以及資本主義階級權力的再生產——這是資本全心全意的目標。對這個目的而言，資本家適應並重塑科技硬體（機器和電腦）、軟體（機器使用的程式設計）及組織形態（特別是對勞動使用的命令和控制結構）。資本立即的目的是增加生產力、效率和利潤率，如果有可能，還要創造利潤更高的新產品線。

當考慮科技改變的軌跡時，重要的是要記住，在每一個層面，軟體、組織形態都與硬體一樣重要。組織形態（像是當代企業的控制結構、信用體系、即時運送系統）及軟體（被內建在機器人、資料管理、人工智慧和電子銀行），就如同機器上的硬體一樣，對獲利來說非常重要。以當代事物為例，雲端運算是組織形態，微軟Word是軟體，我打字用的蘋果Mac電腦是硬體。所有這三項元素——硬體、軟體和組織形態——結合在電腦科技裡。在這個定義下，貨幣、銀行、信用體系和市場都是科技。這個定義可能顯得過度寬廣，但我認為絕對應該維持這樣的定義。

透過個別生產者之間的競爭，資本科技最初受制於內部轉型（至少理論上是如此）。資本主義廠商相互競爭，試著提高各自的效率和生產力，以追求比其他競爭者獲得額外的利潤。能成功做到的廠商則繁榮興盛，其他廠商則被拋在後面。但如果競爭優勢（較高的利潤）來自於優越的組織形態、機器或較嚴格的存貨控制，通常持續不了太久。競爭廠商能很快適應新的方式（當然，除非該科技擁有專利或受到獨占力量的保護），結果就是科技跨部門的跳躍式創新。

我的說法聽起來有懷疑主義的味道，這是因為資本的歷史顯示偏好獨占而非競爭，而這應該不會太有利於創新。相反的，我們發現強大的群體偏好——就因為這是一種文化——出現在資本家之中，不管是否有競爭的驅動力，都是為了跨越所有資本主義企業來增加效率和生產力。如果創新發生在供給鏈的某個點上（例如為織布機生產棉布提供動力），就需要在其他地方也產生創新（如軋棉機），才能改善整體的生產力。然而，不論過去或現在，有時都必須花些時間，才能讓經濟活動的全部領域以新的科技基礎加以重組。最後，但絕非不重要的是，個人資本家和企業開始認識到生產創新的重要性，因為創新至少在一段時間裡，可賺取獨占利潤和獨占租（當受到專利法保護時）。

資本過去不是、現在也不是追求科技進步的唯一媒介。不同部門的政府工具向來涉入很深。當然更明顯的是，軍方一直在尋求較佳的軍備和組織形式。戰爭和戰爭的威脅（軍備競賽）總是和科技創新風潮產生極大的關聯。在資本主義早期歷史裡，這種創新的來源或許扮演主導性的角色。但長久以來，政府治理中，種種不同的其他面向都涉入發展新的科技形式，包括稅的收支、土地、財產權的定義、合約的法律形式，以及建構掌控所有人民的科技，包括貨幣管理、繪製地圖、監控、維持治安和其他程序。他們的重要性即便不如資本主義下的廠商和企業，至少也同樣重要。關於軍事、醫療、公共衛生與能源科技，政府和私部門之間的研究發展合作到處可見。公部門創新利益對資本運作的外溢效果數也數不盡，反之亦然。

資本主義中的科技變化是由資本所貢獻，也是資本狼吞虎嚥的來源。簡單來說，科技變化是來自於一些不同機構與單位的活動。對資本來說，這些創新創造出持續變化的可能性，範圍極廣，可以維持或增加獲利能力。

科技改變的過程已隨著時間改變特性，科技成為企業的一個特殊領域。這最早明顯出現在十九世紀，也就是工具機產業的興起階段。像蒸汽引擎和其後續改進品發展問世之後，這樣的通用科技就能應用在許多產業上。重要的是，蒸汽引擎製造者是否獲利，而非使用蒸氣力量的不同產業（如運輸、棉花工廠和礦業）是否獲利。但很明顯的是，蒸氣機製造業的獲利有賴於其他應用產業。緊接著，不只是針對蒸汽機，即使在能源與動力的應用方面，都持續研發更新和更佳的形式。

通用科技幾乎能應用在各個地方，相關的研發——想想近年來的電腦、即時運送系統和組織理論——變得很重要。為了迎合所有和各式各樣的需求，大量的發明和創新企業變得很興盛，提供新的消費科技，同時還有生產、流通、治理、軍事力量、監控和管理的新科技。科技創新成為大型商業——「大」不一定是指巨大的集團企業（雖然在農業、能源和製藥業都不乏這樣的例子），而是指廠商眾多，其中包含許多的小型新創企業和創業投資／風險投資，他們為了創新的緣故而從事創新。資本主義文化開始迷戀創新力量。科技創新成為資本家渴望的戀物對象。

十九世紀中葉以來，不論如何，這種對新科技形式的拜物驅動力還有助於科學和技術的融合。自此之後，科學和技術以擁抱辯證的方式發展。對科學的了解總是依賴新科技，例如望遠鏡和顯微鏡，但將科學知識納入新科技，已成為科技創新企業的核心所在。

這個大型商業愈來愈精通於將昂貴的新科技強加在不情願的消費者身上。這種現象常常受益於政府管制，但政府管制往往有利於大廠商，而不是中小企業，這是因為隨著營運規模增加，遵從管制的成本通常會降低。舉個例子來說，歐盟的管制已經迫使小店主和餐廳採用電子機器，來處理現金交易（為了稅務和記帳的目的），讓他們面對連鎖店競爭時，處於不利的成本劣勢。新科技混和了同意與強迫的手段，得以普及。另一方面，軍事科技的發展已成為醜聞的代名詞，巨大的軍事工業複合體興起，在為了創新而創新的同時，需要公共財務無止盡的餵養。

科技演化的路徑，從來不是任意或隨機的。例如亞瑟在《科技的本質》（*The Nature of Technology*）一書中所指出，新科技成為「建構接下來新科技」的基石，「這些新科技中，一部分接著成為創造更新科技的基石。在這種方式下，隨著時間進展，從最初的一些科技逐漸發展成許多科技，從使用較簡單的科技作為零件，形成較為複雜的科技。整體科技的集合體從少到多，從簡到繁，引導自身向上。我們可以說，科技從自身創造出自己。」亞瑟稱這個過程為「組合演化」，我認為這個命名很恰當。然而，新科技是「在具有實體之前，已先在腦中成形」，當我們探究所涉及的心智和概念的過程，我們看到科技演化如何從解決心智問題變成實務。問題產生後被發現，因此需要解決方案，而這個解決方案不可避免會結合早先其他問題的解決方案，形成新的架構。新架構通常會產生外溢效果，因為會創造出亞瑟所說的「機會利基」，也就是一個地方的創新或許可以有意義地應用到其他地方的場域。[1]

創新中心自發性發展（一些區域、城市和城鎮擁有極佳的創新紀錄）會出現，正如很久以前雅各布斯（Jane Jacobs）這樣的評論者所說，是因為不同的技巧和知識（亞瑟視之為創新發生的必要條件）剛好共同存在，且這些創新比較可能發生在表面上混亂的經濟裡，它的特色就是有無數小企業和勞動分工。[2]從歷史上來看，相較只有一種類型公司的城鎮，這樣的環境更有可能產生新的科技組合。不過，近來的發展則是，在特定地區精心設置研究型大學、研究機構、智庫和軍事研發單位，已成為基本的商業模式。透過這個商業模式，資本主義政府和企業為了競爭優勢而追求創新。

亞瑟對於科技演化的邏輯提供了有益的資訊，但奇怪的是，對於科技理論上應該服務的人類目的範圍，他完全沒有討論這個關鍵議題。例如，他以抒情的筆調描述F-35閃電II戰鬥機的複雜設計，卻完全沒有提到F-35與戰爭的關係，也沒有提到地緣政治主宰的「人類目的」。對亞瑟來說，這型飛機僅僅代表了有待解決的困難技術挑戰而已。

同樣的，亞瑟並沒有批判經濟所採取的具體資本主義形式，也絕對沒有質疑資本主義將利潤極大化、促進無止盡的資本累積，以及資本家階級力量再生背後的驅動力。然而，亞瑟相對自發性的科技演化理論，對了解經濟的資本引擎如何運作，有深刻的意涵。對於科技變化現在所產生的資本永續和資本再製之間的矛盾，該理論提供相當多的洞見。目前某些重要的轉變正在發生。

經濟模型從機械觀到有機觀的轉變，影響了經濟理論。「作為形成解釋方式裡的秩序、封閉性和均衡，正讓位給開放性、未定性和持續創新的出現。」[3] 亞瑟在此以直覺的方式，呼應懷德海（Alfred North Whitehead）的睿智觀察：「自然本身（人性本質也不例外）總是永遠在追求新奇。」[4] 結果是，亞瑟繼續說：「科技正獲得與活生生有機體有關的性質。隨著科技能感知及回應本身所處的環境，並且變得能自我組合、自我成形、自我療癒和『認知』，就愈來愈像活生生的有機體。科技變得愈複雜和愈『高科技』，就愈來愈像是生物。我們開始體會，科技的代謝性質和機械性質同等重要。」

從機械的隱喻轉向有機的（或化學的）隱喻，這個轉變有重大意義。相較於啟蒙運動以來強加在世界的機械理性，亞瑟眼中的「新經濟」顯得更自然。這無異是逆轉（或許「回復」是更適當的用詞）到較古老的方式，來理解科技與自然的關係。但這並非向後看或懷舊，也避開了所謂「新時代」文化思想的感傷和神祕主義。亞瑟暗示，「新原則」必須納入經濟學，這是思考和論理的有機形式，以程序為基礎。諷刺的是（亞瑟聽到以下的陳述時，一定會感到震驚），這個新原則正是馬克思在很久以前率先在《政治經濟學批判大綱》（*Grundrisse*）裡談論的政治經濟形式！亞瑟建議，只有透過這種方式，才能夠掌握「現代科技的品質、它的連結、它的適應能力、它演化的趨勢、它的有機品質和凌亂的活力。」[5]

上述關於科技分析的意涵，對於我們如何理解經濟引擎（也就是資本）的演化特質，有非常深遠的影響：

> 新科技的到來，不僅只是藉著發現新組合的較佳版本，破壞我們使用貨物和方法的現況，還建立了科技調適和新問題的列車，並因而創造出新的機會利基。這個新利基需要有全新的組合，接著引入了更新的科技——和更新的問題……因此，經濟總存在於持續改變的開放性裡——在持續的創新裡。經濟永遠存在於自我創造的過程裡，總是難以滿足……經濟永不停止地建構自身。」[6]

新科技架構取代舊架構，因而進入了經濟學家熊彼德（Joseph Schumpeter）有名的形容：「創造性破壞的風暴」[7]階段。存在與思考的整個生活方式和模式都必須徹底改變，以舊方式為代價來擁抱新方式。去工業化結合了戲劇性的科技重組，近年來的相關歷史正是明顯的例子。科技改變並非沒有成本或沒有痛苦，但成本和痛苦並不是由所有人平均分攤。總會提出的問題是：誰從創造裡獲益？誰又承擔了破壞的創傷？

資本有獨特的需求和要求，在這個過程裡扮演怎樣的角色？奇怪的是，亞瑟的研究很敏銳，但卻忽略了這個問題的特殊性。我認為，在資本的歷史和邏輯裡，有五項重要但重疊的科技規律，以下將簡要加以探討。

一，合作組織和勞動分工能極大化效率、獲利性和累積的方式。從亞當斯密（Adam Smith）的大頭針工廠這個最早例子開始，隨著時間演進，成長為包含現今絕大部分的管理和組織理論，同時出現在最適企業管理技巧的術語裡。至於亞瑟所說的日增的複雜度和流動性，目前到處可見，且其所涉及的科技正持續改變中，愈來愈強調當代資本形態所採取的軟體和組織形式。指令、控制和市場的協調相混合，雖然不穩定，但卻有效果。

二，對資本流動的所有階段來說，都有必要推動加速進行，也有必要「以時間換取空間」，這已產生令人驚豔的科技演化範圍。縮短資本在生產和市場上的周轉時間，並且縮短消費產品的壽命（最後是從生產耐用的東西轉向生產短暫的奇巧物品），主要是受到競爭所驅迫，這已成為資本歷史的必要條件。正因如此，科技和生產自然的關係變成最為清楚可見：羊一年便可宰殺取其肉，而不需三年，豬隻也能加速長大。運輸和通訊的速度日益加快，降低了地理距離的摩擦力和障礙，讓資本的空間性和時間性變成動態而非固定的社會秩序特色。從字面上來說，資本創造出自己的空間和時間，以及自己獨特的本質。至於不同形式資本（生產、商品、貨幣）與勞動力量的流動性，也永遠會受制於革命性的變革。我們將（在矛盾12）再回到這主題。

通訊領域和運輸領域同時發生了革命性變革，且最近變革的快速發展超乎想像。隨手可及的即時資訊和新聞成為影響政策和政治的強大力量。對於資本階級權力的再生產而言，對通訊手段的控制已成為重要層面，且新媒體科技（特別是社交媒體）對階級鬥爭的動態力量來說有利有弊，明顯的例子包括近年來開羅、伊斯坦堡和全球其他城市的騷動。

三，針對數據和資訊的儲存／取得，知識生產和傳播的科技極為重要，有利於資本的存活及永續，不僅提供價格信號和其他形式的資訊，用以引導投資決策和市場活動，也保存和促進這個世界所需的心智概念，有助於生產活動、引導消費者選擇和刺激新科技創造。

資本的記憶庫不可或缺。這個記憶庫已經非常巨大。記憶庫飛速成長，必須搭配飛速成長的複雜科技，以運用、處理與採取因應行動。土地登記、合約、法院判例、教育和醫療紀錄等包含了基本資訊，長久以來對資本的運作極為重要。此外，這類資訊提供原始數據，讓人們得以建構國家經濟的運作（但在許多層面上是虛構的）模型。這些數據（失業、貿易赤字、股價指數的變化、經濟成長數據、製造業活動、產能利用等等），讓人們得以評估國家經濟的健康狀況，而企業和政府機構在做策略決策（不論是好是壞）時，也都有所依據。像是世界銀行和國際貨幣基金這樣的機構，有時似乎淹沒在他們自己所生產出來的巨大數據裡。一大群的「專家」問世，以幫助我們了解未來的趨勢。新資訊處理科技出現，像是華爾街電子交易（還有目前很夯的奈米科技），已對現今的資本運作產生極大的影響。

四，金融和貨幣為形成資本運作所需的非常重要領域（參見矛盾2）。只有在貨幣形式下，才可能精確計算利潤和損失，且大部分的經濟決策是從金錢觀點來制定。雖然貨幣科技在過去很長的一段時間裡都沒有什麼改變，但無疑從一九三〇年代起，貨幣創新這領域的發展極為快速。隨著電腦化、電子貨幣和虛擬銀行，以及各種全新投資工具的蓬勃發展，最近幾年裡，金融和銀行的創新呈現銳不可擋之勢。創造可自由流通虛構資本的趨勢已加速進行，與此同時，信用體系內種種不同的掠奪作法，已發展出透過剝削及投機資產價值而產生的資本累積風潮。新硬體可能性、新組織形態創造（私募企業、避險基金和一些複雜的政府管制機構）與軟體極速發展之間，激烈互動的程度前所未見。全球貨幣和金融體系的科技一方面是壓力的尖銳來源；另一方面是這個時代裡資本家努力的結果，在重要性和「凌亂活力」方面無可超越。

五，關於工作和勞動控制的問題。這是資本非常重要的競技場，詳見後述。

科技的演化是否必須遵循過去的模式？過去清楚曾出現某些決定，讓科技創新避開早期妨礙新科技使用的限制（例如，中國過去無法運用自身的科技發展，這就是一個明顯的例子）。此外，當然還有出於道德和倫理因素、強烈抗拒新科技結構的例子，包括從勒德分子（Luddites）抗拒引入機器的鬥爭，到物理學家反對核子武器的可能性。到了現代，基因工程和基因改良食物是否合乎倫理，是否明智，有激烈的爭議。然而，這樣的問題似乎沒有阻礙科技改變的演化路徑，因此我將這類矛盾稱為「移動的」——這並非穩定而永恆的，而是持續在改變位置。基於這個原因，重要的是評估科技變化的過程目前位在何處，以及未來可能移向何處。

例如，亞瑟問：「科技常態演化的這個過程和經濟的重塑是否會停止？」答案是：原則上是的。但實際發生停止的前景極度遙不可及。科技演化的去中心化動力學太過強大，而且可能發現自然界永恆新奇的範圍太過廣泛，因此近期不可能出現科技和經濟演化的任何停止情形。

> 未來十年的科技狀況是可以合理預測的。此外，目前科技的未來改善路徑或多或少也可以預測。但整體來說，就如同遙遠未來的生物物種集合有哪些，不可能從目前的集合加以預測，經濟未來的科技集合也同樣不可預測。我們不僅沒辦法預測會是怎樣的組合，也無法預測會創造出哪些機會利基。此外，由於潛在的組合極速成長，這個不確定性隨著科技集合的發展而增加。在三千年前，我們可以有自信地說，已使用一百年的科技應該會相當類似目前所使用的科技。但是，現在要預測五十年後的科技狀態，已幾乎變得不可能了。[8]

因此，在這個「組合演化」的過程裡，在何處會有矛盾？這個或這些矛盾是否可能威脅獲利性和持續的資本累積？我認為，對於資本未來的展望，有兩項非常重要的矛盾。第一項是有關科技和自然之間的動態關係，這將是矛盾16的主題。第二項是關於科技變化、未來工作、勞動角色與資本的關係。這是我們將在此處加以檢視的矛盾。

控制勞動過程和勞工，始終都是資本維持獲利和資本累積能力的重點。在資本的全部歷史裡，資本發明、新創和採用了一些科技形式，主要目的在於增強資本對勞動的控制（不論是在勞動過程或勞動市場）。這些控制的企圖不僅聚焦在實體效率，也著重在所雇用勞工的自律、市場的勞動供給品質，以及勞工的文化意識和心智（與他們被預期要做的工作和預期收到的薪水相關）。

許多工業創新家將勞動控制作為他們主要的目標。在法國第二帝國時期，有位工業家以在工具機產業的創新而聞名。他公開宣稱，他的三項目標是增進勞動過程的準確度、增加生產力，以及減少勞工權力。毫無疑問，正是基於這個原因，馬克思認為，科技創新是階級鬥爭裡的重要武器，而資本採納許多創新的唯一目的便是破壞罷工。對於資本來說，自然出現了以下的唯物信念：獲利能力持續增長的解答在於，無止盡的科技創新，方向是對勞工施以紀律要求，剝奪勞工的權力。為了回應這個渴望，有了工廠系統、泰勒主義（嘗試讓勞工退化成「受過訓練的大猩猩」）、自動化、機器人化，以及最終達成取代所有活生生的勞動。機器人不會（除了在科幻小說裡）抱怨、回嘴、提告、生病、怠工、分心、罷工、要求較高的薪資、擔心工作條件、想要喝下午茶或僅僅只是拒絕上班。

資本對於勞動和勞工完全掌控的幻想源自於重大情況，特別是階級鬥爭在生產過程內外所有示威活動展現的動力上。科技引發失業在調節薪資率所扮演的角色、勞動力為了維生而追求愈來愈便宜的貨物（沃爾瑪現象）讓較低薪資變得可容忍，以及認為對基本社會薪資的任何聯想將會鼓勵勞工懶惰等等，形成了階級鬥爭的領域，其中科技的干預和調節變得極為重要。這正是讓亞瑟的說法顯得奇怪，因為這些基本而明顯的歷史事實（卓別林在《摩登時代》〔*Modern*

Times〕裡對此有奇妙的譏諷），從未納入他對組合演化的解釋裡，但這些歷史事實的確對科技變化的細節產生關鍵的影響。

因此，以下是重要的矛盾：如果社會勞動為價值和利潤的最終來源，則從政治上或經濟上來說，代之以機器或機器人將毫無意義。然而，我們能清楚了解到，是何種機制將這個矛盾提升到產生危機。個人企業家或企業在面對競爭者時，將節省勞力的創新視為他們獲利的重要來源。這種集體性的競爭會削弱獲利的可能。

福特（Martin Ford）在最近出版的一本書裡，提出他對這個問題的論點。他認為，隨著科技動態主義的最新發展，競爭優勢從機械和生物系統移向人工智慧，因而我們將見到，這對製造業、農業、服務業、甚至是專業人士的工作職缺，都會產生巨大的衝擊。隨著工作和所得消失，對貨物和服務的總合需求將因此而崩潰。除非政府找出一些方法進行干預，對已變成多餘而可丟棄卻又占人口相當大比例的人們，採取目標明確的重分配刺激支付方案，否則，這將對經濟產生毀滅性的效應。

高茲（André Gorz）雖然採取不同的政治觀點，但較早便提出完全相同的論點：

> 有些公司以較低的成本生產，較有「競爭力」，能夠（在特定條件下）賣出更多的產品，對於這些已達成經濟制度的公司來說，個體經濟學邏輯應該會想讓他們在工作期間的儲蓄，轉換成工資的儲蓄。但從總體經濟學的觀點，如果一個經濟體使用愈來愈少的勞動、分配愈來愈少的薪

資，不可避免會沿著失業和貧困化的斜坡一路向下滑。為了防止經濟下滑，家戶的購買力必須停止依靠經濟所消耗的工作量。雖然家戶的工時日益減少，但人們仍必須賺到所需的金錢，以購買日益增加的貨物產出：工作時數減少，必須不會帶來購買力的減少。[9]

福特引用非常多的細節，來支持他的主要論點。電腦的能力和速度極速成長，無可抵擋，便是清楚明顯的實證證據——在過去的三十多年裡，大約每兩年就成長一倍。電腦效能成長，並不是靠著建構一個讓電腦有能力像人類一樣思考的科技，僅是出於以下事實：電腦是「難以想像的快速」，且持續變得愈來愈快。如前所述，從資本的角度，加速總是科技創新極為重要的目標，而電腦的世界也不例外。電腦能力高速成長，結果便是，「在不太遙遠的未來，所有傳統工作類型都有可能處於高度自動化的風險中。」新科技創造工作的步調足以彌補損失，這樣的想法「純粹是幻想」。此外，會被消除的只有低薪重複性工作，但不包括高薪的技術性工作（放射科醫生、醫生、大學教授、飛機駕駛等等），這樣的想法也是錯誤的。「在未來，自動化將大幅影響知識勞工，特別是高薪勞工。」福特的結論是：「讓數以百萬計的工作被消滅，但卻欠缺任何具體計畫來處理這個議題的後續事件，這明顯將造成災難。」[10]

不過，可能會是什麼類型的災難？從資本勞動生產力的觀點，全球的人口裡，有愈來愈多的人將被視為過剩而可被拋棄，不論在物質上和心理上都將難以存活。他們遭到異化，在資本定義的必要勞動領域裡，無法發現任何意義的存在，將必須因此放眼他處，來建構有意義的生活。另方面，產出將持續增加，但相應的需求增長將從何處而來？這正是最困擾福特的議題：

誰將站出來，並購買所有額外增加的產出？……自動化準備好讓所有的一切都滑下深淵——幾乎是每一個產業、非常廣泛的職業種類、研究所程度的勞工，以及沒有高中學歷的勞工。自動化將席捲已開發國家和開發中國家。至於驅動我們市場的消費者，實質上要不是有工作的人，就是要依賴有工作的人。當這些人裡面有顯著的一部分失去了工作，則市場需求將從何而來？[11]

這是關於需求管理的典型凱因斯風格問題，且預示會發生像一九三〇年代破壞全球經濟一樣的資本危機。當我們以生產和實現之間矛盾統合的觀點來重述福特的主張時，將發生什麼事？有意思的是，馬克思發現類似的困難，但他是根據生產的觀點。當使用愈來愈多的節省勞力工具，讓產生的價值媒介——社會勞動——也會隨著下跌，最終摧毀了社會必要的勞動、價值生產和連帶的獲利能力基礎。同樣的結果也來自於生產和實現之間矛盾統合的兩個面向。在這兩種狀況下，獲利能力被侵蝕，且持續的資本累積崩潰了。福特在附錄裡承認，他的論點可能略微類似馬克思的論點，但他不了解這些類似性的確切內容，當然會煞費苦心，讓自己遠離這種連結的任何不好結果。然而，反制力和解答的潛在可能範圍，看起來與矛盾統合裡的兩項觀點相差甚遠。

例如，福特極度關心如何讓資本免於屈服於日漸逼近的潛在災難。他實際上偏好消費主義的傳播（不論如何粗心大意和疏離），以吸收所有自動化資本生產出的日益跌價的產品。他希望藉由創造出政府強制實施的賦稅體系，以調節新科技產生的生產力獲益，來弭平供給和需求不相等的循環。以激勵作為前提，這些資金接著重新分配（以購買力形式）給受剝削的人們。為了回報獲得的資金，人們被預期從事創造性或有價值的社會活動，並且奉獻於公共財。這類計畫早就存在。阿根廷和巴西實施貧困補助，將金錢重新分配給貧窮家庭，只要他們能證明他們的孩子有去上學。有效建構這樣的激勵性重分配，可能非常困難，但從福特的觀點，這對於避免依賴文化是極為重要的，因為依賴文化通常與直接的福利支出、或直接的保證所得連在一起（不論這個人是否工作）。然而，重分配和購買力的創造，是創造足夠需求的唯一手段，以符合持續上揚的貨物和服務供給。高茲也同意，這是「對減少社會必要工作數量賦與意義的唯一方式。」[12]

另一方面，馬克思針對勞力節省創新產生的利潤率下滑傾向，看到了一些可能的解決方案：開設全新的勞力密集生產線；同時能節省勞力與資本的創新模式；進一步剝削仍受雇中的勞動力；之前就存在或打造出不事生產的消費者階級；即使資本個別的報酬率下降中，但靠著驚人的總勞動力成長率，應該能強化產生出來的大量資本。不清楚的是，馬克思是否認為這些反制力量足以永久避開下跌的生產價值和利潤。

到目前為止的某些時間裡，上述的發展路徑已經有效拖延了利潤的下跌。大約自一九八〇年起，中國、印度和絕大部分的東南亞（以及土耳其、埃及和一些拉丁美洲國家，但非洲仍具有大量未開發的勞動力儲備）的農民被吸納進入全球的勞動力，加上整合了前蘇維埃集團，就代表全球支薪勞動力巨幅成長（而非減少），已遠超越人口供給的成長。中國、孟加拉、越南和其他地方的勞動條件極糟，明顯顯示剝削日益增長，而需求問題主要以信用大幅擴張的方式解決了。

所以，不論從生產或實現的觀點來看，似乎沒有恐慌的立即理由。但從資本長期未來的觀點，確實顯得我們處於全球資本主義裡勞動吸納的「最後防線」。在先進的資本主義國家，過去的五十餘年裡，我們看到大量的女性進入職場；但在國際上，只剩下主要是非洲、南亞、中亞等少數地方，還有大量有待發現的勞動力儲備。近年來，全球勞動力巨量擴張，未來將不可能再出現這種現象。與此同時，過去數年自動化和人工智慧應用於例行服務（如航空公司櫃檯報到和超市結帳）加速發展，似乎只是開端而已。自動化現在已明顯應用在諸如高等教育教學、醫療診斷等領域，而航空公司已經在實驗無人駕駛飛航。價值生產和失控的節省人力科技創新之間，所產生的矛盾正朝向愈來愈危險的領域發展。我們所面臨的危險，不僅只是愈來愈多的可丟棄人口正面對看不到未來的就業機會，也出現在資本本身的再生上（甚至如福特都能清楚理解）。

例如，美國從一九九〇年代早期開始，發生了三次經濟衰退，緊接著出現美其名的「無就業復甦」。最近的一次嚴重衰退，已經導致美國的長期失業，規模為一九三〇年代以來僅見。類似的現象還出現在歐洲，而中國對勞動吸納的能力——中共非常重要的政策導向——也似乎受到限制。有關最近趨勢的證據和對未來展望的評估，都指向一個方向：不再被需要的多餘人口可能躁動不安，而且數目龐大。

從理論和政治的角度，這都產生需要多加注意的嚴肅意涵。貨幣（參見矛盾2）是社會勞動價值的代表。社會勞動被價值視為我們透過價值交換的市場體系，對其他人供給的勞動數量。如果我們朝向不再有這類社會勞動的世界發展，則不會再有需要被代表的價值。歷史上價值的表達——貨幣形式——將被完全免除義務，以致貨幣僅僅只是代表自身。新古典經濟學家認為（當他們必須回答這個問題時），馬克思勞動價值理論是無關的，因為資本只回應貨幣訊號，而不是價值關係。即使價值是一個合適的概念（儘管大多數人們不表認同），但新古典經濟學家仍主張，沒有必要涉及價值概念。我相信，他們這樣的判斷是錯誤的。但如果上述發展確實發生了，那麼反對價值理論的新古典論點將變得愈來愈正確，以致即使最正統的馬克思學者，也都必須放棄價值理論。傳統的經濟學家無疑會因而沾沾自喜，但他們不明瞭的是，這意謂某個限制條件（避免讓資本墮落成完全無法無天的狀況）會死亡。最近關於資本主義裡傳染性掠奪式違法的證據，成為社會勞動管制角色持續弱化的徵兆。這個弱化現象已經持續了好一段時間。在一九七〇年代早期，全球貨幣體系放棄金屬本位，是其中的一個關鍵轉折。自此之後，全球貨幣和社會勞動的關係最多只是一種表面的關係，且從一九七〇年代中期之後，發生一連串的金融和商業危機，就是最好的證明。

在過去的四十餘年間，貨幣形式已經獲得很大程度的自主權。全球中央銀行創造出的法定和虛構價值已掌控全局。這導致我們重新省思，我們在本書所描述的科技演化路徑和貨幣科技演進之間的關係。在某些情況下，諸如比特幣（Bitcoin）這樣的虛擬貨幣興起，似乎是為了違法行動洗錢目的而建構出來，成為貨幣體系不可避免朝向混亂發展的開端。

科技問題產生的政治問題，對反資本主義鬥爭而言，或許是最難去對抗的事。一方面，我們非常清楚，科技演化（由亞瑟描述的這類大量自發性「組合」邏輯所標示）是大型商業的一種形式，在其中，就維持軍事強權、階級力量和永續的資本累積來說，階級鬥爭、跨資本主義和跨國競爭扮演領導的角色。我們還看到，資本行動正駛向社會勞動損失的深淵——社會勞動作為管制原則的支撐力量，能用來防止資本墮落成無法無天的狀態。另一方面，我們還知道，任何反抗全球環境惡化、社會不公和貧窮化、反常的人口動態、全球健康／教育／營養赤字，以及軍事和地緣的緊張情勢，都將要求動員我們目前可用的許多科技，以達成非資本主義的社會、生態和政治目的。就既存的科技組合來說，雖然已沉浸於資本尋求階級獨霸的心態和作法，但仍然包含解放的潛能，在某種程度上必須加以活化，以用在反資本主義的鬥爭上。

當然，短期而言，左派注定必須維護受到威脅的工作和技術。但一九七〇年代和一九八〇年代的悲慘歷史（抵抗去工業化的高貴後衛行動）顯示，要對抗新興的科技結構，這很可能打從一開始就是一場敗戰。對於資本主義經濟引擎的運作，社會勞動正變得愈來愈不重要，因此反資本主義運動目前面臨緊要關頭，需要重新組織它的思想。左派目前嘗試護衛許多服務業、行政管理和專業工作，但這些工作正在消失中。從資本觀點來看，全球大部分的人口正變得可被丟棄而無關緊要，但資本日益依賴虛構形式資本的流通，以及唯物價值的建構（聚焦在貨幣形式及信用體系裡）。一如我們所預期，有些人被視為較為可被丟棄，結果是女人和有色人種承擔起目前大部分的重負，且在可預見的未來，可能更是如此。[13]

福特提出了正確的問題：在這樣的條件下，所造成的可被丟棄和無關緊要的人口將如何生活（遑論提供一個市場）？可行的長期而有想像力的答案，必須由任何反資本主義運動來設計。為了滿足新的可能性和提供足夠的使用價值，必須透徹思考出相稱的有組織行動和規畫，並且漸次實施。與此同時，左派也必須發起後衛行動，來對抗藉由剝削進行累積之日益升高的掠奪性科技、進一步的去專業化、永久性失業的到來、持續增加的社會不公和加速的環境破壞。資本所面對的矛盾，轉換成為必須內化於反資本主義政治的矛盾。

矛盾9 勞動分工

勞動分工絕對應該定位為資本的一項根本特徵，指的是人類分解複雜的生產和再生產活動，成為特定但較簡單的工作，而這些工作能被不同的個人完成（在暫時或永久的基礎上）。專門化的工作由許多人負責，藉著有組織的合作，重新合成為完整的工作。在整個歷史上，勞動分工一直都在變化和演進，取決於影響特定社會的內外部條件。勞動分工產生的重要問題，為部分和全體之間的關係，以及誰（如果有的話）為整體演化負責。

在資本的所有歷史裡，資本已經掌握住勞動分工，並為了自身的目的，去大幅重新塑造。正是出於這個原因，我將這個矛盾放置於「移動的」標題之下，因為在資本主宰的世界裡，勞動分工永遠處於演化的過程。例如，勞動分工目前的狀況，和一八五〇年時的狀況有天差地遠之別。然而，和其他事情一樣，在資本之下的勞動分工演化有非常特別的特徵，主要被導向維持競爭優勢及獲利能力——除了巧合之外，這與改善工作和生活品質、甚至或是增進較一般的人類福利毫無必然關聯。如果出現工作和生活上的根本改善（事實上的確是發生了），則這要不是附帶效應，就是來自於躁動不安的不滿人士發出政治需求和壓力。畢竟，以更有效率的勞動分工生產實體產出，價格愈來愈便宜，必須以某種方式、在某地被消費掉，否則生產價值便不能實現。另一方面，許多附屬的損害（如環境條件）也須納入考量。

勞動分工裡的矛盾多如牛毛。然而，技術勞動分工和社會勞動分工之間，存在一般性和重要的區分。就前者來說，我指的是在複雜的一連串操作中的某項工作，且如同看顧機器或拖地，原則上每個人都能勝任；而後者指的是諸如醫生、軟體工程師或五星級餐廳的女老闆這樣的專門工作，只有受過足夠訓練或具社會地位者方可擔任。我引用上述最後一個例子，是想強調，既存的分工和定義常常取決於社會、文化、人際技巧和自我呈現，就如同取決於技術專長一樣。

還有其他各式各樣的區分方式，例如，出於自然（如生育）或出於文化（如女性在社會的地位）；城市（都會）與鄉村（郊區）之間；勞心和勞力；社會（一般指的是整體社會）和詳細分工（在一家廠商或企業內部）；藍領和白領；有技術和無技術；有生產力和無生產力；家庭的（家戶）相對支付薪水的；象徵的相對實體的等等。接著，還有以下的部門別分類：初級（農業、林業、漁業和礦業），次級（工業和製造業）、第三級（服務和金融、保險和房地產——FIRE——最近竄起的火紅產業），以及一些人歸類為第四級，也就是日益重要的文創和知識產業。如果這還不夠，工商業普查裡對不同產業和企業進行分類，項目通常超過一百個。

結果這樣的區分和對立成為緊張和敵意的來源，他們能開始捲入並升高成矛盾，而這些矛盾在危機的形成和分解上扮演某種角色。當然，當我們考量反抗運動時，實際上很難不想找出原因和積極的參與者，這些參與者來自於某些反抗陣營或某些產業。無疑在社會學理論裡，在整體勞動分工裡，工業無產階級（具「生產力」的勞工）傳統上被當成革命變革的前鋒。銀行行員、家庭工作者和清道夫從未被視為是革命代理人；而礦工、汽車廠工人、鋼鐵廠工人、甚至包括學校老師，都被視為革命前鋒。

這些雙重性大多只是粗略分類，對我們了解持續經歷革命變革的日益錯綜複雜世界，最後只會產生有限的幫助。然而，如果一開始就注意到這些區分的技術與社會基礎如何互動，還是有用而重要，因為勞動分工定義所涉及的分類，已經總是弄混了技術和社會因素，因此常常造成混淆，令人誤解。例如，技術性勞動長期以來以性別加以定義，以致任何女性可以勝任的工作——不論是多麼複雜或困難——都被歸類為非技術性，原因僅僅是因為女性能夠接得下這份工作。甚至更糟的是，女性常常基於所謂的「自然」原因（從敏捷的手指一直到被自然而然視為服從和耐心的心性），而被分配給這些工作。基於這個原因，法國第二帝國時期，在作坊工作的男人強烈抗拒雇用女性，因為他們知道，這應該會導致將男性的工作重新分類成非技術性，因此只值得較低的金錢報酬率。雖然這個議題在當時是非常特定的，但對於決定現代全球勞動市場的不同報酬率，這幾乎已是一個關鍵的因素。就低薪資勞動和全球貧窮化來說，已經有廣泛的女性化現象。此一事實清楚顯明了這類判定的重要性，即使毫無技術的根據。性別問題也已進入以下議題的廣泛討論：女性負責家事相對於受薪勞工的角色。雖然這是資本主義內的一項重要議題，且也無疑涉及家戶裡的許多個人危機，但卻對資本的發展沒有太大影響，唯一例外是藉著將愈來愈多的家事商品化（例如：煮飯、打掃、洗頭、修剪指甲），來擴展市場此一長久以來的一般趨勢。在任何情況下，對家事給付薪水的主張，似乎從反資本主義的觀點來看是受到嚴重扭曲，這是因為這僅僅只是深化了貨幣化和商品化對每日生活親密性的滲透，而非嘗試將家事作為去商品化的槓桿，以盡可能達成社會供給的種種形式。

正是在這個地方，資本矛盾和資本主義矛盾相互交會。例如，長久以來，特定貿易經常強烈地、有時甚或排他地限定於特定人種、宗教或種族。性別並非僅涉及在勞動分工裡塑造出差異性，這些一直顯而易見的連結不只是複雜過往的殘餘而已。許多軟體工程師（一個全新的職業類別）來自南亞，而菲律賓專精於提供和出口女性幫傭到全球許多不同的國家，如從美國到波斯灣國家和馬來西亞等國。不論是過去或最近，大規模的勞動遷移發生，已經約定俗成，將特定來源國連結到接受國的特定職業。如果沒有來自前大英帝國種種不同群體的移民，英國的全民健保（ＮＨＳ）就不能運作。在最近幾年，主要是來自東歐（波蘭、立陶宛和愛沙尼亞等國）的女性移民已經集體納入絕大部分歐洲地區（包括英國）所謂「休閒」產業的各式部門裡，從旅館清潔到餐廳服務與調酒無所不包。在美國東岸和西岸，來自墨西哥和加勒比海的移民專長是種植穀物。

將不同工作分配給不同的人，給予不同的薪資報酬率。關於整體勞動市場如何區隔和破碎化，薪水又是如何決定，人種、民族、宗教和性別的偏見及歧視開始深深捲入。例如，被視為骯髒和下賤的工作，通常是低薪的，且保留給最弱勢和易受傷害的移民（特別是非法移民），而技術勞工資格常常自動給予來自南亞的軟體專業移民。最令人反感的是，即使是同樣職業裡的相同工作，薪資報酬率也會根據性別、民族和人種而有所不同。

勞動分工裡的地位鬥爭和對技能的承認，實際上是勞工對於不同生命可能性的鬥爭。推而廣之，這也是資本家獲利能力問題的核心。從資本的觀點，即便不具關鍵性，讓勞動市場變得區隔化、破碎化和內部高度競爭化，也是相當有用的。這對一致和統一的勞工組織構成了障礙。例如，資本家可以（也常常如此做）藉著促進和激起種族緊張，蓄意操弄分而治之的政治。勞動分工裡社群之間不擇手段的卡位競爭，開始成為減少整體勞工權力的主要手段，也讓資本得以對勞動市場和工作場所施加較大和較完整的控制。貿易公會組織的典型形態是根據產業別，而非地理位置，也抑制了勞工的聯合行動，即使當該公會努力嘗試，不僅只是為了服務自身會員利益時也是如此。

針對技能、技能的規格和技能的報償率，資本主義內階級鬥爭的整體歷史性動力，是從批判觀點，仍未有適當評價的一段歷史。以下的評述因此只是初步而已。

當資本成為累積的重要而非偶然形式，且資本在工業生產裡已是對掌控勞動過程的必需之物，我們便能了解，在貿易裡的勞動分工和技能結構根深柢固，是建構在工匠之上。「屠夫、麵包師傅和蠟燭製造者」這樣的職業，讓從業勞工能磨練他們的技能，並尋求確保他們未來的社會地位。在資本主義早期，歐洲大部分的人口屬於農業人口（作為有土地或無土地的農夫），或對僧侶、擁有土地的貴族和商業資本家提供服務（主要擔任家庭奴僕）。前述在職勞動需要屬於他本身的人際問、家庭和社會－政治技巧的印記，而貿易體系內城鎮裡的工匠，有種種不同的職業，其中一些職業受到公會和學徒體系的管制。公會體系授予獲得某樣技能的獨占力量，而該技能是根據某個特定的技術專業。像珠寶工匠、製鐘者、鐵匠、織工、壁毯藝術家、製鞋者、釘子和槍砲製造者等等一樣，木匠學會如何使用他們的工具。透過社團主義的公會組織，勞工群體能確保和維持較高的社會地位，並且為他們的工作獲得較高的報酬率。

針對生產和勞動過程的條件，資本明白必須與勞動的獨占力量進行戰鬥。資本在兩個戰場發動戰事。首先是逐漸將在私人財產的獨占力量施加在生產方式上，以剝奪勞工在資本監控之外得以再生產的手段。許多不同的技術勞工能在資本家的指示下，集結納入集體勞動的過程裡，以生產從釘子到蒸汽機和火車頭的所有物品。雖然狹窄的科技基礎和個人工作的相關技巧並沒有改變太多，但透過合作和勞動分工的生產組織將這些不同的工作集結在一起，以獲得效率和生產力大幅的增長。市場裡商品的成本快速下跌，以戰勝生產上的傳統工藝和工匠形式。

亞當斯密（Adam Smith）出版於一七七六年的《國富論》（*The Wealth of Nations*），不只廣泛分析了勞動分工，也對此讚揚有加。在大頭針工廠這個著名的例子裡，亞當斯密強調，在生產過程裡組織勞動分工，如何導致在科技效率和勞動生產力上的巨大改善。藉著利用勞工不同的技巧和才能，確保了廠商生產力和獲利能力整體增加——之後的馬克思稱之為「精細的勞動分工」。在這個基礎上，亞當斯密進一步推斷，在廠商之間和跨部門之間，廣泛訴諸社會的勞動分工，將注定產生類似的效應。在這樣的狀況下，也一如馬克思之後相當痛心指出，協調機制不再是個別資本家根據理性設計原則來組織合作行動，而是較為混亂和無政府主義的合作模式，以致市場裡多變的價格信號變得至關重要，可以在不同廠商和產業裡，決定定量的理性生產活動分工。亞當斯密認知到這一點，敦促政府大致上不要進行干預來固定價格（除了針對公共設施和天然性獨占）之外，並且遵從自由放任的政策，確保市場看不見的手能以最大的效率完成工作。直到今天，在二〇〇八年九月「效率市場假說」如此不符事實之後，理論家和政策制定者仍持續錯誤地堅信，效率市場能用在生產和金融活動的協調之上。馬克思的結論是，市場出現混亂的無政府狀態，應該是打亂均衡價格的恆常來源，因而即使不會引發危機，也應該會讓勞工的社會分工變得不穩定。

對於源自於資本主義激勵下科技變遷的演化路徑，所產生對勞動潛在獨占力量的攻擊，我認為有更為重要而深遠的意義。這個演化的絕大部分，直接或間接朝向破壞勞工在工作場所和勞動市場的力量。科技變遷的偏差總是有損於勞工的利益，特別是用於對付勞工透過獲取稀少和可獨占技能而來的力量。資本勞動關係裡的一個重要方向，就是朝向去技能化發展，對這個現象的描述，可參見馬克思的《資本論》，以及之後布雷弗曼（Harry Braverman）在一九七四年出版富影響力和引發爭論的《勞動與獨占資本》（*Labor and Monopoly Capital*）。[1]布雷弗曼主張，資本（特別獨占形式）對貶抑技能具有既定利益，因此特別是在生產期間減少勞工權力之時，摧毀了為資本效力的任何可能相關驕傲感。對此，產生了長時期的鬥爭。十九世紀的資本思想家——特別是巴貝奇（Charles Babbage）和尤爾（Andrew Ure）——常被馬克思引用，作為資本去技能化傾向的證明。同樣的，布雷弗曼也常提到泰勒（Frederick Taylor）在科學管理的成就，泰勒將生產過程分解成連「受過訓練的大猩猩」也能承擔的生產工作。前述提到的「科學」指的是集當時動作研究大成的專門化技術，針對任何既定的產業或個別廠商，來簡化所有的工作、極大化效率和極小化生產成本。

馬克思和布雷弗曼都認知到，為了實施對涉及眾多勞工去技能化的大規模組織和技術變革，某些新技能的學習變得必要。生產組裝線賦予負責安裝和管理的工程師權力，就如同涉及部署機器人或電腦的工程師一樣，必須獲得新技能以承擔他們的工作。馬克思和布雷弗曼的批評者正確指出，基本上，巴貝奇、尤爾和泰勒的作品是從未完全實施的烏托邦通道，部分原因在於來自勞工的強力抵抗，部分則是因為不論過去或現在，科技變遷的演化路徑都不是只專注於控制勞工。

新科技通常要求重新定義技能，因而讓特定勞工類別享有優勢，而這比馬克思或布雷弗曼的認知來得重要許多。在資本的議程裡，本質上並非要根除技能，而是禁止可獨占化的技能。當諸如電腦程式這樣的新技能變得重要，則對資本來說，不必然是棄絕這些技能（最終可能藉由人工智慧來達成），而是藉由大開訓練之門，以破壞他們潛在的獨占特性。當擁有程式技能的勞動力從相對少數成長到非常充沛，則會打破獨占力量，讓相關勞動成本降至相較之前低很多的水準。當電腦軟體工程師變得非常普遍時，則即使須支付較高的薪資報酬和給予較多尊重，資本家也將樂意視之為技術勞工的一種形式。

同樣的，科技演化的走向為透過自身自發的動力，隨著時間朝向愈來愈大的複雜性，以致讓勞動分工快速精細化，且出現定性轉變。這不是一個簡單的線性演化，部分原因是階級鬥爭使用的動力。例如，就美國鋼鐵產業來說，專業技能的數目（某種程度上因而是可獨占的）在一九二〇年代的確非常大，但特別是在一九三〇年代的勞動立法創造出國家勞工關係委員會之後，數目已變得少很多了。國家勞工關係委員會擁有權力，得以解決在特定產業某項技能可以如何應用的跨域爭端。相較之前，當代的鋼鐵產業有更簡單和更精簡的技能組合。另一方面，諸如醫藥或銀行／金融的專業已經激增，而與電子和計算機有關全新部門出現，已發展出眾多的新職業和工作規範。在政府管制機構內（在食品藥物管理局〔FDA〕內或諸如貨幣監理署和證券交易委員會〔SEC〕）的專業範圍，最近幾年也出現了快速成長。

細節和社會勞動分工複雜性的快速擴張和爆炸性成長，已成為現代資本主義的基本特徵。此一演化的出現，並非來自整體有意識的設計和決定，並不存在像是可發布命令的勞工分工部這樣的機構。這種演化與科技和組織改變同時發生，並受到前述的系統力量推動。儘管在某些產業部門（如鋼鐵和汽車）出現了職業規範的簡化，以及一些不合時宜的職業（如先進國家裡的點街燈者、運水者和拾荒者）消失了之後，透過上述方式，勞動生產力、生產的數量和種類大幅增長。接下來，我們看到經濟的相互依存度日益增加，出現在愈來愈大的地理範圍，並影響愈來愈多的人口。此外，國際勞動分工的出現也值得我們的注意。這意謂社會勞動分工協調的問題日益嚴重，而且為回應混亂市場信號所導致瓦解的可能性也日益增加。透過命令、控制和落實到商品供應鏈契約供給關係的協調，對特定生產線而言，因而變得更加普遍：企業對投入的需求（例如，汽車產業對引擎、零件、輪胎、擋風玻璃、電子裝置等）精確指明，並外包給外部市場。但隨著工作的日益簡單化和協作的日益複雜化，愈來愈可能出現擦槍走火的風險和想像不到的結果。這導致勞動分工出現全新的層面，並且出現大量的新職業，如涉及運籌、法律、金融、市場、廣告和其他企業服務的新職業。安全議題（從飛機到藥品和食物供給的所有一切東西），以及監控器材和對不同活動的監視與品質管制，都變得愈來愈急迫。經濟裡的勞動分工蓬勃發展。與此同時，管制和管理機構分工興盛，不只出現在典型的政府結構內，也內化在許多機構本身裡，如醫院、大學和學校體系。

整體來說，勞動分工在過去半個世紀經歷了形態上的轉變。結果是，從十九世紀以來的許多相關探討，例如馬克思、通內斯（Ferdinand Tönnies）、涂爾幹（Emile Durkheim）和韋伯（Max Weber）等，都未觸及當代重要議題的某些部分。過去對於勞動分工的研究聚焦於工業組織和工廠勞工（在特定國家的脈絡之下），且這些研究的結論至今仍絕對禁得起考驗。但勞動分工日益複雜，地域範圍也愈來愈廣，導致協調問題出現跳躍式的質變。政府監控和官僚威權運作興盛，加上公民社會裡組織形態大範圍的改變，造成進一步的問題。這些勞動與當局的分工大部分彼此交錯，並且相互餵養增長，其他分工則有高下階層之分。我們愈來愈受制於米契爾

（Timothy Mitchell）所說的「專家統治」。[2] 在資本的歷史裡，專家的知識總是扮演關鍵角色，且專家的權力很難被挑戰。這類較早出現的徵兆——「組織人」和「官僚」成為主流等等——吸引了勞動分工裡新興的專制和階級菁英的注意。可以這樣說，專家的角色在過去數十年裡已快速增長，而這對我們所居住世界的透明度和可明瞭度帶來嚴重的問題。我們得依靠專家來修復我們的電腦、診斷我們的疾病、設計我們的交通系統和確保我們的安全。

到了一九七〇年代，隨著所謂「新國際勞動分工」的興起，新視角被引入到相關討論裡。李嘉圖（David Ricardo）訴諸比較利益原則，長期以來堅持國家之間貿易所產生的專業化能產生效率利益。專業化部分有賴於天然因素（就像不可能在沒有蘊藏量的地方開發銅礦和抽取原油一樣，同樣不可能在加拿大種植香蕉和咖啡）。但專業化也源自於社會特徵，諸如勞工技能、機制安排、政治體系和階級組成，以及包括殖民與新殖民掠奪、地緣政治與軍事力量的殘酷事實。

然而，無疑約在一九七〇年之後，國際勞動分工的全球圖像經歷戲劇性的突變。一八五〇年以來，占據資本全球霸主地位腹地的工業區，受到破壞，開始解體。生產資本開始往海外移動，因而工廠出現在日本、南韓、新加坡和台灣。在一九八〇年之後，更嘆為觀止的是，中國、墨西哥、孟加拉、土耳其和全球許多其他地方的工廠勞工都加入了新的工業中心。西方開始大規模地去工業化，而東方和南半球，除了仍擔任傳統的初級商品生產和對工業化過程中的世界提供資源的角色外，也成為工業價值生產的中心。這些突變讓人感到好奇的特徵是：在過去總是提高人均所得確切道路的工業化，如今在某些情況下（如孟加拉一樣），比較會導致貧窮的持續化，而非轉向富裕。對因為擁有石油或礦藏而變得重要的國家而言，上述也適用。他們受困於所謂的「資源詛咒」，也就是菁英奪取了租金和特許費，讓社會大眾處於赤貧的狀態。在查維茲（Chávez）執政之前的委內瑞拉，便是很好的例子。透過金融、保險和房地產的發展，加上智慧財產權、文創產品和企業獨占（例如：蘋果、孟山都〔Monsanto〕、大型能源公司、製藥公司等）合而為一的體系，西方愈來愈聚焦於抽取租金。勞動力接受賴特（Robert Reich）所謂「象徵性勞動」（相對於手做勞工）的訓練，因而產生以知識為基礎的行為，也變得愈來愈重要。[3]隨著所有這些改變的發生，全球經濟的權力關係和地緣政治格局，看起來有緩慢的結構性移轉。過去兩百年裡，財富明顯地從東方流向西方的趨勢已經反轉，且隨著西方在二〇〇八年的金融海嘯之後，失去了絕大部分的動能後，中國日益成為全球資本主義發展的動力中心。

所以，對所有上述事項而言，最重要的矛盾是什麼？顯而易見，反向的財富流動和地緣政治力量的重新架構，讓全球衝突態勢出現前所未有的意外風險。雖然這些衝突源自於經濟條件，且這些條件又產生重要和複雜的衍生物，但我並不認為經濟和軍事衝突會從資本的矛盾而來。在全球政府體系下，政府權力的地域性邏輯展開運作，其自治程度太過鬆散，因此無法讓任何簡單的經濟決定論產生作用。例如，如果中東地區發生重大火災，應該來自於石油生產，以及圍繞在這一全球關鍵資源探勘的不同地緣政治及經濟利益，而且絕對會產生巨大的經濟衝擊（就如同一九七三年的石油禁運一樣）。然而，因而有以下的推論就錯了：資本矛盾本身是上述衝突的根本原因。

另外，勞動分工的複雜度日益增加，當然產生新的脆弱性。供應鏈遭到小小的破壞，便能導致非常巨大的後果。在地球某處，某個重要汽車零件工廠罷工，就能導致全球整個生產系統停頓。然而，我們也可以很合理地主張：全球勞動分工裡的連結關係日益複雜，地域也日趨多元化，對於區域災難提供了非常強固的保險。在前資本主義時期，俄國穀物歉收，應代表當地發生饑荒，但現今的全球穀物市場能用來補償地區的歉收。在我們這個時代，地區饑荒並不存在技術原因，這正是受惠於全球勞動分工運作的方式。當真的發生饑荒（可悲的是，這還是常常發生），無疑是出自於社會和政治因素。中國前一次的大饑荒發生於「大躍進」時期，導致約二千萬人民死亡，便無疑是因為中國在當時基於政治選擇，將自身隔絕於全球市場之外，而這樣的事件應該不會出現在目前的中國了。對基於地方食物自主性、地方自給自足和脫離全球經濟，因而懷有反資本主義信念的人們來說，這應該是一個有益的教訓。讓我們自身脫離為了資本利益和帝國主義權力、所組織起來的國際勞動分工鎖鏈，這是一回事；但以反全球化的名義與全球市場隔絕，卻是另一種潛在的自殺選項。

在資本運用勞動分工中，關鍵矛盾不屬技術性，而是社會和政治的，這可以用一個詞總結：異化。資本透過組織細節和勞動社會分工，在生產力、產出和獲利能力方面，達成令人驚異的確切提升，代價是所雇用勞工的心理、情緒和物質福祉。馬克思和其他人認為，因為勞工附著在日益複雜勞動分工裡的固定位置上，所以經常被簡化成為「不完整的人」。勞工被隔絕和個人化，因為競爭而彼此疏離，並且背離與自然的感性關係（也就是背離他們的熱心和感性天性，以及與外在世界的本質發生異化）。智慧已日益被納入機器，以致勞動的心智和手作層面之間的統合被打破。勞工被剝奪從事心智的挑戰或創造的可能性，變成只是機器的操作員，機器的附屬品，而非自己命運的主人。他們喪失整體的存在感或作為自己主人的感受，降低了情緒上的滿足，而所有的創造力、自發性和魅力也不再存在。也就是說，為資本工作的行為變得空虛和無意義。人們不可能活在一個完全不具意義的世界裡。

在資本統治下，這類關於人類條件的感受並不限於馬克思。類似的想法可在韋伯、涂爾幹和通內斯的著作裡見到。甚至對於勞動分工最偉大的權威，且對人類效率、生產力和成長貢獻良多的亞當斯密，也擔心在複雜的勞動分工裡，將單一工作指派給勞工，很有可能會演變成譴責勞工的疏忽和愚蠢。之後像是泰勒這樣的評論家，因為較亞當斯密不重視「道德情操」，所以也比較沒有這樣的擔憂：如果所有勞工都像受過訓練的大猩猩一樣行動，而不是有情感的人類，他還是覺得完全沒問題。如作家狄更斯（Charles Dickens）所注意到的，資本家喜歡將他們的勞工視作「手」，完全忘了他們還有胃和腦袋。

然而，如感知敏銳的十九世紀評論家所言：如果這是人們工作賺錢的方式，那麼他們怎麼可能在回到家的晚上會有不同的想法？又怎麼可能去建構一種道德社群或社會整合的意識、以及集體和有意義的歸屬和生活方式（也就是不受到工作裡殘忍、忽略和愚蠢磨練的生活方式）

呢？更重要的是，當勞工極度依賴每天付他們薪水，但又非常遙不可及、不認識和在許多層面不可知的人們時，他們為何理當能夠發展出他們是自己命運主人的信念呢？

在資本底下，勞動分工興盛，複雜度日增，讓勞工的個人發展或自我實現只有很小的空間。我們具備自由探索人類潛能的集體能力，但能力也似乎受到阻礙。即使是馬克思嚴加斥責資本使用勞動分工因而導致異化，也看到些微的可能性——資本的勞動分工條件不一定會造成勞工的危困，其部分理由是基於資本本身注定會提供的因素。馬克思認為，在科技變化洪流影響下，勞動分工快速演化，應該會要求勞動力有彈性、可適應環境、受過某種程度的教育。「對資本家剝削的變動要求來說，怪異、可拋棄和處於苦難的勞動儲備人口，必須被資本家想要的、絕對可用的不同類型的個人勞工所取代：只負責某種專業化社會功能、部分發展的個人，必須被完全發展完成的個人（輪流從事不同的行為模式，來執行不同的社會功能）所取代。」[4]基於這個原因，資本想要的勞動力應該是受過教育，可以適應環境，而不是特定種類的勞力。而且，如果勞工必須接受教育，則誰會知道這個「完全發展的個人」會閱讀什麼？又有何種政治想法？將教育條款納入一八六四年的英國工廠法案，對馬克思來說，這就是一個清楚的證據，表明政府必須介入，且代表資本來確保所做的一些行動的確是朝向「個人完全發展」的教育。同樣的，工業革命時婦女的雇用遭到濫用，雖然這是一個明顯可引用的例子，但馬克思也看到長期進步的可能性，也就是以資本在工作場所對婦女所提供和所要求的條件為基礎，建構家庭生活和兩性關係裡「較新較高的形式」。

當然，在形成過程裡存在以下問題：「完全發展的個人」可能想要或必須知道的是什麼？誰去教導他們呢？這個問題是之後會詳加討論的社會再製核心，但這個問題值得在這裡提出。從資本的觀點，勞工將只須知道遵從指示，並在資本設計下從事勞動分工後的工作。不過，一旦勞工學會閱讀，則危險在於他們將閱讀，並夢想、甚至依照來自種種不同來源的各種想法行事。基於這個原因，針對知識和資訊流動的意識形態的控制變得很重要。正確概念的學校教育以支持資本和他對再製的要求也變得很重要。但這是困難的（即便不是不可能）：讓受過教育和完全發展的個人不去思考關於人類社會完整性的本質。在這樣的社會裡，他們自身的勞動行為僅僅只是微小的一部分，且世界如此碎裂和分割，難以抽取出任何對生命意義的直接感知，這對身為人類的意義又會是什麼？我懷疑是基於這個原因，甚至讓資本允許在文學、藝術、文化理解、宗教和道德情操裡，存在溫和的人本教育，以提供解藥，治療因為工作產生的意義喪失而引起的焦慮。為了讓資本產生的職業利基多元化持續擴張，所需的破碎化和勞動分工已經造成嚴重的心理問題。但在這個新自由時代，讓人非常震驚的是，對人類需求相當溫和的退讓，竟是以理當必要撙節的名義而輕蔑忽視。政府補助文化活動，但被憤世嫉俗的意見所解除，讓富人出於為自我利益的慈善心，或是企業出自利潤考量的贊助，對所有這些活動提供財務支持。國際商業機器公司（IBM）、英國石油、艾克森石油等所贊助的藝文活動，成為文化遊戲的代名詞。

結果是，作為本質上富感情、能夠與他人相處的人類勞工本身也有話要說，不只是關於他們客觀的狀況，也關於他們自己主觀的心智狀態。甚至在缺乏資本的幫助下，產生異化的客觀條件也能被勞工本身所反轉，只要他們抓住機會透過從事鬥爭，將勞動過程和他們受雇的一般條件人性化。在勞工事實上被剝削的同時，他們仍可以要求、且在某些情況下是甚至會被他們的雇主尊重。主觀而言，在礦道和鋼鐵高爐工作生存所需的社會連結和團結的形式，在圓滿完成危險和困難時，被轉換成為驕傲。社群團結反映了這樣的情操，並幫助個人克服自由市場過程常常導致的疏離。甚至在資本的鐵律之下，勞工仍可能對他們的工作和角色感到自豪，且有可能承擔起某種類型的勞工身分。勞工顯然也會問（完全如同其他人一樣）：他們被迫過的生活有何意義？誰主導了演化的過程？這不是讓勞工變成可丟棄品的失業階級，要不就是雖然獲得工作，但頭銜聽起來怪異到不可理解和毫無意義。被資本雇用的勞工不須感到完全被異化，但當有意義的工作消失了，則對於窮忙世界裡他們所處毫無意義的位置，除了產生被剝削的清楚意識之外，並伴隨著其他的風險、就是完全異化的認知日益增加。

這並不代表異化和合作／妥協之間的均衡是固定的。在諸如美國、英國、德國、加拿大、日本和新加坡這樣的先進資本主義國家裡，勞動分工的趨勢偏向受過教育和具彈性、能夠從事種種不同勞動過程的勞工。這個趨勢以及長期以來對勞動權力的鬥爭，再加上許許多多對資本所施加異化的反抗，已經在這些國家裡創造出顯著一部分的勞動力，他們至少在基礎技能上受過高度訓練，且即使未獲高薪，至少薪水還絕對過得去。對比起來，孟加拉製衣工廠、中國南部電子工廠、沿著墨西哥邊界靠近美國的出口加工工廠，以及印尼化工廠的勞動條件，和馬克思所描述的幾無二致。我們可以將這些當代工廠內外的勞動條件納入陳述，看起來也不會讓《資本論》變得過時。

被新自由反革命所鍛造出來的工作和社會生活變革，自從一九七〇年代晚期起，已在先進資本主義世界邁出步伐，並對許多人帶來破壞性的效應，也就是讓他們被遺留在後頭，而科技變遷和外包相結合後，更讓他們變得可被拋棄，可有可無。迷失在長期失業的世界裡、社會基礎的衰敗，加上公共團結的喪失，導致許多人們被深深異化，以致主要受到被動性怨恨的影響，偶爾爆發出不時充滿暴力和看似不理性的抗爭。

矛盾10
獨占與競爭：集中化和分散化

閱讀任何一本經濟學教科書或為資本主義辯護的任何通俗讀物，「競爭」這個詞將無疑幾乎很快就會出現。在通俗讀物和較為嚴肅的理論著作裡，資本主義的其中一個偉大成功故事為，理論上資本主義應該帶領人類從事競爭的天性，從社會限制裡釋放出來，透過市場加以控制，以產生動態而進步的社會體系，為全體人類的福利而運作。獨占力量（如近年來引領風騷的Google、微軟和亞馬遜〔Amazon〕等）及其近親寡占（如全球主要石油公司「七姊妹」所擁有的力量）和獨買（沃爾瑪和蘋果對他們供應商所施加的權力）都往往被視為偏誤（如果被提到的話），不幸偏離了快樂均衡的狀態（被視為在完全競爭市場裡應該達成的狀況）。

這個偏誤的觀點——我如此主張——受到反托拉斯和反獨占立法與委員會存在的支持。他們聲稱獨占極為糟糕，不時去打破獨占和聯合壟斷，以保護大眾免於受到負面效應的衝擊。例如，在二十世紀初，由美國硬漢羅斯福（Teddy Roosevelt）總統領導下產生一波的「剋制托拉斯」運動；在一九八〇年代，美國電話電報公司（AT&T）在通訊的獨占，被美國政府強制打破；現今在歐洲和北美常提出的問題，是有關Google、微軟和亞馬遜所擁有的過多市場力量。在所謂「自然獨占」的狀況下（主要是公共設施和諸如運河和鐵路這樣的交通聯結，這些不能透過競爭而形成組織），亞當斯密建議，透過政府管制來預防價格大漲。公共政策所聲明的目標為預防獨占定價，並且確保創新、生產力上揚（理論上來自於資本家之間的競爭）及低價產生的利益。透過政府行動來維護競爭環境，通常被吹捧成達成健康資本主義經濟的重要政策立場。特別是，達成國際貿易裡的競爭優勢，經常被用來作為公共政策的一個主要目標。只要能創造出一個純粹和完全競爭的市場，能免於扭曲和獨占力量，那麼據說所有的一切都會變得非常美好。

自從亞當斯密在《國富論》裡，以令人信服的精彩絕倫方式加以描述後，這個影響力大到令人驚異的故事，已經廣為人知超過兩個世紀。這組成了自由派經濟理論的創建神話；自由政治經濟學者大力反對政府在價格訂定市場裡的干預，也從十八世紀晚期開始反對獨占力量。凱因斯並沒有大幅偏離自由經濟理論。更讓人驚訝的是，馬克思在《資本論》裡也視之為福音。不過，馬克思的推論是，如果亞當斯密的烏托邦故事是正確的，那麼到最後將不會讓所有人都獲益：結果應該是擴大財富和權力的階級分化，並讓資本變得更容易引發危機，也更為強而有力。

在二〇〇七至二〇〇九年危機的衝擊下，經濟學家想要堅守他們傳統的劇情主線變得非常困難。銀行家追求各自的利益，很明顯並沒有對社會大眾的福利有所貢獻，且美國聯準會救助的是銀行，而不是一般人民。這已導致以下的認知：獨占力量不僅僅只是一種偏誤，而是一種產生自經濟學家稱為「尋租」的系統性問題。經濟學家史帝格利茲（Joseph Stiglitz）表示：「坦白說，有兩種方式可以變得富有：創造財富或從其他人那裡取走財富。前者導致社會財富增加，後者通常會造成社會財富的減少，因為在取走的過程裡，財富會遭受破壞。」[1]尋租是我稱為「透過剝削來累積」的同義詞，只不過聽起來客氣，說法也看似中性。

史帝格利茲，以略微精簡的方式，來解釋尋租／透過剝削來累積的優點：認知到經濟交易的獨占力量，就像政治過程裡的獨占力量一樣，兩者之間的關係天衣無縫。以美國為例，累進稅和註銷；管制俘虜（regulatory capture，就像讓狐狸掌管雞舍）；以折價獲得或租賃政府或民間資產；與政府簽訂的契約中膨脹成本；立法以保障或補助特定利益團體（能源和農業企業）；透過選舉捐款買到政治影響力——這些所有的政治實務，都讓巨富和獨占者得以不受拘束，因而讓他們以納稅人為代價，掠奪大眾的荷包。除了這些政治實務以外，還有傳統上在土地和財產市場裡的尋租；對資源、專利、執照和智慧財產權的租金；加上獨占定價帶來的超額報酬。然後，還有法律上的一切灰色地帶，可以獲得多餘的利潤。金融市場缺乏透明度或足夠的資訊，創造出令人誤解的迷霧，以致不誠實或處於灰色地帶的作法難以控制。真實的金錢從假帳中被創造出來，安隆（Enron）便是極佳的例子。當我們在興盛的濫用行為加入更多元素，例如，房地產市場的掠奪性放款（將數十億美元的資產價值從大眾轉到金融家手中）、濫用的信用卡實務、隱藏性收費（電話和醫療帳單），以及即使不屬犯法也屬玩法的作為，最後產生種種不同的實際作法，讓大型企業和巨富的財富輕易增加，即使整個經濟崩潰和停滯。正如史帝格利茲所評述：「在過去二十年裡，企業最重要的一些創新，並非聚焦在讓經濟變得更加有效率，而是如何更加確保獨占力量，以及如何更能繞過政府想讓社會報酬和私人報償相互一致的管制。」[2]

史帝格利茲對尋租作為策略的解釋有所欠缺（雖然他對社會結局的解釋是合適的），拆毀了相當廣泛的民主權力，包括對退休金和醫療的經濟權利，以及免費取得諸如教育、警察、消防和政府資助的計畫（如美國食物券的營養補助）等維生服務，以幫助支持低收入人口得以維持足夠的生活標準。新自由派人士攻擊這些權利，但打擊本身就是一種剝削的形式，將公共支出儲蓄轉送給「沒有需要卻貪婪」的企業高階主管和億萬富豪階級。這所有一切之所以成真，乃是訴諸勢力已鞏固的階級力量，不僅獨占經濟與政治過程，同時獨占大部分的媒體，以將理論上應該是「想法的自由市場」，貶低成為只是一連串關於瑣事的派系爭吵。然而，經濟正統仍堅持，自由市場是我們必須相信的神，而且獨占只是不幸的偏誤，如果我們有心去做，就能避開。

不過，我在這裡採取的觀點是，獨占力量是根本性的，而不是資本運作的偏誤，且存在於和競爭的矛盾統合裡。這是相當不尋常的觀點，且遠遠超越史帝格利茲的解釋，但有良好的理由去相信，這是正確的構想，因為這個構想與以下的奇特事實一致：大部分資本家在有選擇的情況下，會偏好成為獨占者，而非競爭者，且他們持續不斷努力，嘗試盡可能獲得更多的獨占力量。此外，這個構想還直指資本歷史裡競爭和獨占之間矛盾統合的核心。

所以，我們如何來理解這個矛盾統合呢？最明顯的起點，是從競爭和獨占兩者不可分辨的點開始，說得精確一些，也就是從兩者融合，且矛盾為潛伏而不是敵對的點開始。這個點位於私有財產權的特質之上，賦予商品擁有者對該商品的使用擁有獨占權。獨占權力內含於私人財產權，形成交換的基礎，並推廣到競爭上。這或許看起來相當基本，甚至瑣碎，但當我們認知到，資本階級權力的全部基礎在於，將所有這些獨占財產權組合起來納入社會秩序裡，就不再顯得這麼基本和瑣碎了。在上述的社會秩序裡，資本家階級的定義是，相對於勞工，能透過對生產方式的集體獨占（在最新的版本裡，指的是融資方式）。對獨占的一般討論裡，欠缺的是階級獨占力量（資本的集體力量）的概念和現實，包括應用在經濟和政治過程裡的階級獨占租。

在標準故事的角色上，競爭特徵如此顯著，而獨占卻一點也不顯眼，是相當清楚不過的。這模糊了私有財產上階級力量的獨占基礎，並且輕易規避了階級權力和階級鬥爭的問題（幾乎所有的經濟學教科書都是如此）。資本被理想化建構成個別資本家展開一連串奇妙的個別競爭碰撞，在經濟活動的混亂海洋裡，這些資本家到處遊走，尋找獲利的機會。國際競爭被吹捧成對所有人都有好處，真實狀況是對薪資產生向下的壓力，好讓資本獲利！

就科技變遷這個較一般的狀況，可以合理描述成漸進而不可逆轉的。不同的是，獨占和競爭之間的平衡來回擺盪，毫無秩序。這個平衡有時看起來隨著時間逐步循環，而不是朝著單一方向，並受制於政治的狂想和政府管理與干預。馬克思認為，競爭的終點注定是獨占力量，或許有主宰資本集中化的不同規律（但他並沒有詳細說明）。列寧清楚看到，在十九世紀、二十世紀之交，當大型工業卡特爾與金融資本相結合，並主宰先進國家經濟體（這正是羅斯福奮力想要打破的托拉斯）時，資本朝向獨占力量與帝國主義相互聯合的新階段發展。這個觀點在一九六〇年代再次出現，參見美國巴蘭（Paul Baran）和斯威齊（Paul Sweezy）所著《獨占資本主義》（*Monopoly Capitalism*）一書，以及歐洲各式各樣共產黨理論學家的作品。[3] 獨占力量上揚，再次與中央集權帝國主義的強勁洪流有關。在一九六〇年代，大型企業（如美國底特律的三大汽車廠或歐洲的國營企業）主宰了國內市場，被認為行使過度的獨占力量。像是中美洲的聯合水果（United Fruit）或智利的ＩＴＴ這樣的大型企業，在國際上行使獨占力量，並隱身於政變和軍事統治之後，就像在智利一樣，服從帝國主義力量的要求。

正如阿瑞吉（Giovanni Arrighi）所說，資本在兩個極端之間擺盪，一端是未受管制的競爭理論上會帶來的毀滅效應，另一端則是獨占／寡占過度權力集中理論上會帶來的毀滅效應。[4] 一九七〇年代的危機（表面上顯現了停滯和通膨的奇特組合）被廣泛解釋成獨占資本的典型危機；而一九三〇年代的通縮危機，則可以說是由毀滅性競爭所產生。在任何一個歷史階段裡，獨占和競爭之間矛盾統合的狀態，必須被建立，而非只是基於假設。雖然在一九七〇年代開始轉向新自由主義，透過全球化開啟了國際競爭的新形式，但經濟體裡許多產業（例如：製藥、石油、航空、農企、銀行、軟體、媒體／特別是社交媒體，以及甚至是量販）的現況明顯指出，即使不是朝向獨占，也是朝向寡占的方向發展。或許這彰顯了此一矛盾的移動性特性，也就是目前在特定圈子裡，某種程度的獨占力量（如Google所擁有）已被視為是從純粹競爭狀態下的有益偏離，因而在這個不確定的世界裡，出現理性計算、標準化和預先規畫，而不是不穩定的混亂市場協調。另一方面，Google濫用獨占地位（允許國家安全局取得Google所擁有的私人數據），顯示權力如此集中化所產生的負面潛在破壞力。

土地和財產所有權作為獨占力量私有財產的例子，特別發人深省。不僅只是土地和財產權被獨占化，且是獨一的空間位置被獨占化。沒有人可以將自己的工廠設置在既有的礦場之上。有利的位置（使用交通樞紐、資源和市場的特權）賦予我在和其他人競爭時的特定獨占權力。當傳統經濟學者被迫研究這議題時，最終必須承認：結果便是某種被稱為「獨占性競爭」的特別競爭類型。這個詞很貼切，因為描述以下的條件：所有經濟行為的競爭建構在具備獨特性質的特定空間。自然而然，這種競爭的形式被視為經濟理論的註腳，而不是經濟生活的基礎，也就是使所有生產的經濟行為最終仍將建構在空間之上。標準的經濟思想偏好以下模型：所有的經濟行為都發生在針尖上，不會因為空間位置而產生獨占狀況。也就是說，不同的空間特質（較肥沃的土地、較佳品質的資源、優越的位置條件）很明顯並沒有影響。此外，空間關係結構持續改變，也並非主要由基礎建設投資（如交通系統）所產生。

對理解競爭和獨占之矛盾統合的運作，這些不足之處產生嚴重的影響。例如，人們經常假定，許多小型企業生產類似的產品時，就會出現激烈的競爭。但在特定的空間條件下，卻並非如此。兩家麵包店如果相隔兩、三百公尺，可以被認定競爭激烈，但如果兩家店之間隔著深水激流，則每一家麵包店在它所屬河岸區將擁有獨占力量。如果國王興建了跨越該河流的橋梁，這個獨占力量將會消失；但如果當地領主對過橋收取高額費用，或該河成為政治邊界，且對為了商業目的而越過該邊界的麵包收取高關稅，則獨占力量將再次出現。基於這個原因，十八世紀的政治經濟學家發起了反對通行費和關稅的運動，因為這些措施阻礙了競爭。美國在一九四五年以後尋求自由貿易的全球體系，世界貿易組織（WTO）協議正是這個政策延續的成果和高潮。

運輸成本是當地獨占者的「保護」形式，不過這個角色早已逐漸式微。在資本歷史上，這些成本的減少具有關鍵地位。一九六〇年代以來的貨櫃化扮演關鍵角色，就如同政治障礙的減少之於貿易，可以改變競爭的地理範圍。美國位於底特律的三大汽車公司所組成的汽車工業，在一九六〇年代似乎構成強而有力的寡占，但到了一九八〇年代，隨著貿易關係的空間條件出現戲劇性的改變（在實體和政治上），來自西德和日本的競爭摧毀了這個寡占力量。在一九八〇年代，出現了汽車零件可能在全球各地生產，只在像是底特律這樣的地方進行組裝。激烈的國際競爭和自動化來臨，讓底特律成為荒地。釀酒貿易的歷史是另一個我常舉的例子：十八世紀時高度地方化，在十九世紀中期因鐵路的發展成就了區域化，一九六〇年代出現了全國化，一九八〇年代因貨櫃運輸而走向全球。

就如同不均地理發展的狀況一樣，獨占性競爭的領域明顯也在改變中。生產、配銷和消費的空間和地理組織，本身便是造成獨占和競爭之間矛盾關係的一種方式。我在巴黎吃著從加州進口的蔬菜，在美國匹茲堡飲用來自全球的啤酒。隨著資本家對「以時間消滅空間」的強烈偏好導致空間障礙的排除，許多地方產業和服務業失去在地的保護和獨占特權，被迫面對來自其他地方生產者的競爭，在地生產者最初與外來者相距不大，但之後就愈來愈遠。

資本家理論上應該歡迎這樣的競爭復位，但如之前所述，獨特的是，大部分的資本家如果有選擇，會偏好成為獨占者。因此，他們必須找出其他方式，來建構和保有極為渴望的獨占地位。

明顯的答案為將資本集中在超大型企業，或設立較鬆散的聯盟（如航空和汽車業）以主導市場，我們已見過太多的例子了。第二條路徑則是透過管制所有全球貿易的國際商務法，以更加牢牢掌握私有財產的獨占權利。專利和所謂的「智慧財產權」因而已經成為重要的鬥爭場域，以便更廣泛確保獨占力量。以製藥產業這個典型的例子來說，一部分透過資本的大量集中化、一部分透過專利和授權協議的保護，已經獲得巨大的獨占力量。此外，當製藥業尋求對所有種類的基因物質（包括傳統上由原住民採摘的熱帶雨林裡稀有植物）建立財產權時，也正在瘋狂追求更多的獨占力量。第三條路徑是透過「品牌」，就可以用獨占價格賣出印有旋風的鞋子、或貼有特定城堡標籤的葡萄酒。

當某個來源的獨占特權減少了，我們會看到種種不同的嘗試，希望透過其他方式以保存和聚集這些特權。然而，仍然持續存在一些空間受限的市場，有助於對某些活動維持獨占定價：比利時的臀部手術費為一萬三千三百六十美元（包括來回美國的機票費用），而在美國執行相同手術的成本竟超過七萬八千美元！相當明顯，相對於比利時，美國有許多的獨占定價（幾乎確定是受到不同政府管制政策所影響）。儘管面對醫療觀光的興起，以及已將許多服務外包給諸如位於印度的電話服務中心，但這類的個人服務仍持續不太受到空間競爭的影響。然而，這些市場可能會因為人工智慧的應用而崩解。

我們可以這樣說，資本與獨占相親相愛。資本偏好確定性、平靜的生活、閒適的可能性及審慎的改變，這一切伴隨著工作和生活的獨占風格，處於競爭的嚴苛和混亂之外。也正是基於這個原因，資本愛好獨特無二的商品，要特別到足以要求獨占的價格。資本跳出來占用這些商品、助長他們的生產，並經常以純粹美學趣味的外衣來包裝。資本家階級建構了藝術市場作為投資的一環，就如同投資於諸如美式足球、冰上曲棍球和籃球等職業運動一樣，獨占價格在藝術市場也是至高無上的。資本甚至將自然的獨特品質商品化（如果做得到），並在私有財產的制度下，賦予他們貨幣價值。例如，主張無政府主義的地理學家勒克呂（Elisée Reclus），早在一八六六年便曾抱怨：

> 在海邊，許多最美麗的懸崖和動人的海灘被貪婪的地主或投機者所奪取，這些投機者以貨幣兌換商評估金塊的精神，來感嘆自然之美……自然界每一項奇蹟，不管是岩石、石窟、瀑布或冰河的狹長裂縫——所有這些事物，即使是回聲——都能成為個人財產。企業家租賃瀑布，並圍之以木牆，以防止沒付錢的旅人偷窺急流而下的大水。接著，透過龐大的廣告，光打在四散的水珠

上，輕拂的風展開霧簾，將一切轉換成白銀響亮的叮噹聲。[5]

同樣的原則應用在獨一無二的文化物件，以及文化和歷史傳統上。歷史、文化和傳統的商品化可能顯得惹人厭，但卻支撐了大量的觀光貿易，其中真實性和特殊性被高度珍視，即便受制於市場評價的霸權。此外，更引人注目的是，許多消費商品作為獨一和特別的系統性命名（即使這樣的宣稱最多不過是曖昧可疑），以便從事獨占性定價。只要生產出來的東西或效應，當然不可能獨特到完全位於貨幣計算之外，所以甚至包括畢卡索、骨董和原住民藝術品，都必須有個價格。對於較普通的商品而言，目標則是建立起最佳牙膏、洗髮精或汽車的品牌形象。這個想法就是使用產品差異化，作為確保獨占價格的一種方式。商品的聲譽和公眾形象與物質使用價值一樣重要，即使沒有更重要。基於這個原因，廣告具有非常大的重要性，這無非是一個產業奮力想要從原先競爭的狀況，擠出獨占價格。美國現在接近六分之一的工作為廣告或銷售，而這個產業致力於生產特定商品的形象及聲譽，來產生獨占經濟租。

這個現象存在有趣的不同地理版本。例如，像是西班牙巴塞隆納、土耳其伊斯坦堡、紐約和澳洲墨爾本等城市，藉著本身獨一無二的特性與特殊的文化品味，成為觀光目的地和商業活動中心的首選。如果沒有特別獨到的特性，則可雇用像是蓋瑞（Frank Gehry）這樣知名的建築師，興建地標建築（例如位在西班牙畢爾包的古根漢博物館）來拉近差距。[6] 歷史、文化、獨特性和真實性都被商品化了，賣給觀光客、前瞻的企業家和公司領導人等，讓土地利益團體、開發商和投機者獲得獨占經濟租。一般來說，像是在紐約、香港、上海、倫敦和巴塞隆納等城市，從上揚土地價值和財產價格而來的階級獨占租，所扮演的角色對資本而言非常重要。高檔化過程接著在全球各地釋放出來，對經濟體來說是極為重要的部分，這種經濟的基礎包括透過剝削來累積，以及同等重要的透過新都市投資來創造財富。

在培養獨占力量的過程裡，資本實現了對生產和行銷的廣泛控制，能穩定商務環境，以產生理性計算和長期規畫，並降低風險與不確定性。如錢德勒（Alfred Chandler）所說，企業有「看得見的手」，目前與亞當斯密「看不見的手」對資本主義歷史同樣重要，未來也會同樣重要。[7]「強力之手」被廣泛用在支持資本的政府權力，也扮演重要的角色。

獨占力量和資本的集中化關聯極深；另一方面，競爭通常會帶來分散化。因此在這裡，考量政治－經濟活動集中化和分散化之間的關係（作為獨占和競爭之間矛盾統合的從屬次集合）是很有用的。在這個例子裡，從矛盾統合的角度，探查集中化和分散化之間的關係，也是非常重要的。例如，我們常會見到以下事實：分散化是保存高度集權的最佳方式之一，這是因為這會將集權的本質掩蓋在個人自由的薄薄貼皮後面。在某個層面上，這正是亞當斯密所主張的：集權化的國家透過解放分散化的個人市場自由，便能聚集極大的財富和經濟力量。這是中國政府在過去幾十年奉行的圭臬。在這種狀況下，政治採分權化（將權力下放給地區、城市直到城鎮和村落），經濟也採分權化（為了創造財富和尋租，進行國營、村鎮企業和銀行體系的自由化）。阿瑞吉在《亞當斯密在北京》（*Adam Smith in Beijing*）一書裡，對此詳加討論。[8] 但在這個事例裡，分散化先天上更為民主，這樣的粗糙假設受到嚴重的質疑，因為沒有任何跡象顯示集權化的中國共產黨正在放下權力。

有兩種方式，讓我們能思考政治－經濟生活裡分散化和集中化之間矛盾的統合。第一種方式從部門的觀點，主要聚焦在與資本有關的權力——特別是資本主義企業看得見的手——以及作為「階級共同資本」（以馬克思的話來說）的貨幣資本累積，特別是在信用和金融體系內。[9]然而，如果沒有政府力量的強力支持，後者將不能運作。「政府－金融連結」（以美國為例，則是中央銀行和財政部的聯合）位在這個結構的頂端，被賦予極大的獨占力量，而且如果有需要，會犧牲其他的一切（包括人民在內），來支持銀行產業和金融體系。這在意識形態上受到無數的智庫所支持，例如，美國的傳統基金會（Heritage Foundation）、曼哈頓研究院（Manhattan Institute）、加圖研究院（Cato Institute）和奧林基金會（Ohlin Foundation）。這些智庫推廣親資本主義和右派的觀點。對階級獨占力量巨大集中化的批評，來自政治光譜的左派與極右派。美國聯準會和國際貨幣基金已完全致力於保護金融寡頭階級的獨占權力，現在這已是不可否認的事實。雖然有這麼多的證據，但上述智庫和相關媒體為這些機構建構出面具，表面上作為個人市場自由大靠山的形象，已成功深入人心，掩蓋了他們的階級特性。「階級共同資本」組織透過金融體系的集中化，帶領我們回到貨幣形式的重大矛盾。

在第二個層面，集中化和分散化的強大力量相互碰撞，產生不均的地理發展，至於階級聯盟的經濟、政治和最終的軍事力量，則從一個空間投射到另一個空間。因此，獨占、集中化、帝國主義和新殖民主義之間產生了內在關係。當我們明確地考量不均的地理發展時，將會進一步探索這個觀點。

在資本集中化和分散化的趨勢下，這兩種方式彼此之間不是相互獨立。全球重要金融中心（紐約、倫敦、東京、上海、法蘭克福和聖保羅等）聚積集中化的金融力量，是很重要的，這也顯現在新地域創新興盛的長期歷史裡，包括諸如一九八〇年代的矽谷、巴伐利亞和所謂的「第三義大利」等等。在這些地方，表面上精心操縱的自由和缺乏管制，讓事情得以發生；否則，受制於政府僵固的主導權力與企業臃腫的資本，就會一事無成。這個張力是如此的無處不在，以致政策制定者現在正尋求以知識為本、文化和創意經濟體的可能性，藉由集中化倡議，以支持經濟和政治權力的去集權化和去管制化。這是中國中央政府創設「經濟特區」的原因，而印度應該也將這麼進行。在其他地方，發展留給地方進行初步行動，這是基於出現愈來愈多富企業家精神的地方政府或區域都會結構，目標是去複製引發一九九〇年代支撐數位革命創新以及所謂「新經濟」興起的條件。雖然在二十世紀末新經濟崩盤且灰飛煙滅，但卻造成資本主義科技的徹底重新排序，這正是創投資本地理集中（在像是矽谷等地方）所應該達成的事。這類政策產生多變化樣貌的成功，雖然應該讓我們暫停下來思考，但這是一個好例子，可以顯示資本如何抓住特定矛盾——像是集中化和分散化之間，或是獨占和競爭之間——並轉換成自己的優勢。

所以，對於反資本主義政策，這些發現的政治意涵是什麼呢？首先，我們必須認知到，一般來說，資本如何成功管理矛盾（獨占和競爭之間、集中化和分散化之間）的矛盾，並且轉變成自己的優勢（即使利用危機來達成）。我認為，相當清楚的是，沒有任何另一種可行的未來社會秩序能革除這些矛盾，因而唯一的問題是如何與之共處。但我們應當留意，不要陷入認為反面只能是相互獨立、而非矛盾統合的陷阱。例如，去集中化就是民主、集中化便不是民主，這樣的預設是錯誤的。藉著追求純粹去集中化的虛幻怪獸（目前部分左派習慣於如此做），則很可能會為隱藏版集中化獨占控制開啟一扇窗。另一些左派人士追求完全理性集中化控制的另一隻虛幻怪獸，這指向不可接受且極權的停滯。資本以有機的方式，透過自身不平衡而產生的危機，朝向獨占集中化和分散化競爭的平衡與再平衡趨勢發展。

我們還學到相當重要的其他教訓。資本改變本身所運作的規模，運用該規模下的權力及影響力，以最有利於自身權力的再生。以美國為例，當在二十世紀前五十年，城市和州過於強大，資本主要朝向聯邦層次尋求支持；但到了一九六〇年代末期，當聯邦政府實際上變得過於干預和傾向管制，資本逐漸移向支持州的權利，也正是在各州裡，共和黨目前正奮力發動民粹主義親資本主義的宣傳。基於這個因素，反資本主義左派在與資本鬥爭的同時，從資本學習也同等重要。有趣的是，相對社會民主左派，目前絕大部分的反資本主義者偏好在微觀層次發起戰爭，因為微觀裡的自治主張者和無政府主義的規畫與解決方案最為有效，但這讓宏觀層次幾乎沒有反對的力量。對集中化和獨占化的過度恐懼占了上風，以致讓反資本主義的反對勢力變得無力。獨占和競爭之間的關係辯證但矛盾，不能有效動員反資本主義的鬥爭。

矛盾11 不平均的地理發展與空間的製造

資本奮力地生產出有利於自身再生和其後演化的地理環境。這很自然，一點都不奇怪：畢竟，螞蟻和水獺便是如此，為何資本不該這麼做呢？然而，在自然變異性千變萬化的世界裡，由於種種不同的科技、經濟、社會和政治壓力的運作，資本主義的地理景觀被賦予永久的不穩定性。資本必須只能適應這個狂野演化的世界，但資本對塑造這個世界也扮演關鍵角色。

資本和勞動、競爭和獨占、私有財產和政府、集中化和分散化、固定和移動、動態和惰性、貧窮和富有，以及不同活動規模之間的矛盾，都很容易辨認，並被給予地理景觀的物質形式。然而，在所有這些多樣的力量裡，時空裡無盡的資本累積的分子過程（投入資本的流通和累積時，企業家和企業競爭活動的例行興衰），以及透過政府力量的施展嘗試以系統性的方式組織景觀空間，這兩者的組合被賦予了優先性。

資本製造的地理景觀並不僅是被動的產品，而是根據勉強可用的特定規則——像規範科技組合演化的規則一樣——來演化，自有屬於自己的自發但矛盾的邏輯。景觀演化如何影響資本累積，資本和資本主義之間的矛盾又如何影響資本累積，全部彰顯在空間、地點和時間裡。地理景觀以獨立的方式演化，在危機形成裡扮演了重要角色。如果沒有不均的地理發展與其矛盾，則資本應該早在很久之前便已經石化，並陷入混亂。這是資本得以週期性重塑自身的關鍵方式。

就生產資本主義活動所需的空間和地點來說，資本和資本主義政府扮演了領導性的角色。例如，興建鐵路需要大量的資本。如果鐵路要有利可圖，則其他的資本必須使用，最好是在鐵路的生命週期裡都會使用到。如果不是這樣，那麼鐵路將破產，而投入的資本會消失或至少貶值。所以，一旦當鐵路修建完成，資本就必須去使用，但資本為何需要鐵路呢？

對資本而言，時間就是金錢。跨空間的旅行需要時間和金錢，而時間和金錢經濟對獲利能力甚為重要。只要能降低跨空間移動的成本和時間，在科技、組織和物流上的創新就會獲得獎賞。新科技的生產者對此非常了解，他們將大量自發性的努力，聚焦在發展出新方式，以降低資本流動的成本或時間。能達成這些目標的科技，將席捲現有市場。馬克思稱之為「藉由時間來消滅空間」，便是資本奮鬥的聖杯之一。

成本和時間減少，能以兩種方式加以達成。首先涉及運輸和通訊科技持續的創新。在資本主義裡，這樣的創新歷史（從運河到噴射飛機）讓人驚豔，但它的影響取決於被到處移動的資本種類。信用形式的貨幣現在轉瞬間就可在全球輕快移動，但過去並不是如此。由於資訊科技，在我們自己的時代，貨幣資本有極為優異的移動性。一般來說，商品的移動性較差。例如，世界杯足球賽的現場轉播，對比到處運送瓶裝水、鋼梁、家具，或像是水果、熱豬肉派、牛奶、麵包等會腐壞的食物，兩者之間存在巨大差異。商品具備不同的移動性，取決於他們的特性和可運輸性。除了交通之外，生產是資本裡移動性最差的形式，通常在一段時間裡被固定在某個地點（像造船這樣的例子裡，所需的時間可能相當長），但在血汗工廠裡用來製造上衣的縫紉機，相較於鋼鐵或汽車工廠，更容易到處移動。基於明顯的原因，包括農業、林業、礦業和漁業等初級產業的地點限制是非常特別的。

運輸和通訊的成本降低，有助於跨越愈來愈大的地理空間的配送和活動的分散化。影響地點決策的運輸成本和時間幾近消除，讓資本得以在廣泛分散的地點，探索不同的獲利機會。廠商內部的勞動分工能分散到不同的地點、離岸外包變得可能、競爭裡的獨占元素減少了，領土內專業化和勞動分工變得更加醒目，這是因為成本的差距很小（如當地賦稅），便可以轉換成資本的較高利潤。

新的地理生產模式通常來自於激烈的空間競爭，而這些競爭通常由較便宜和較有效率的運輸和通訊所引起。例如，南韓的新創公司——南韓的鋼鐵生產遠較便宜，因為勞動成本較低、較容易取得原材料和市場等等——將諸如美國匹茲堡和英國謝菲爾德（Sheffield）等地區較舊、較昂貴和較無效率的產業逐出市場。就汽車產業來說，破壞底特律的不只是引入了國外競爭，也因為在田納西州和阿拉巴馬州設立新工廠，這兩個州的勞動成本較低，且貿易工會的力量較弱。在十九世紀，來自北美的穀物較便宜，嚴重損害了英國和歐洲的農業利益，這是因為新近建設的鐵路和蒸氣船隻，約在一八五〇年之後，大幅降低了農業商品運送的成本和時間，就大致如同一九七〇年之後的貨櫃化，對全球貿易產生的影響一樣。到目前為止，去工業化（地理擴張較低下的那一面）已經進行了好長一段時間。

降低移動時間和成本的第二種方式是，讓資本家選擇地點，以大大減少他們獲得生產要素（包括原材料）、勞動供給和接觸市場的成本。這些被稱為「群聚經濟」的產生，是因為許多不同的資本聚集在一起（例如，汽車零組件和輪胎產業位在汽車工廠附近）。不同的廠商和產業能分享設施，並且有管道獲得勞工技巧、資訊和基礎建設。當所有廠商都能利用這些優勢，就可產生正面效益。例如，某家廠商培訓好勞工，其他廠商就能立刻雇用，卻不必從頭開始訓練。同樣的，即使將勞工驅逐出土地的力量並不存在，他們仍被吸引到動態機會的中心。都會群聚實際上是建構出的空間環境，是有利於集體性維持生產活動的特殊集合。

群聚產生地理的集中化。過去的經驗顯示，資本累積的分子過程收斂到經濟區域的生產上。該邊界總是模糊而多孔，但領域內的交錯流動，產生出足夠的結構凝聚，以致讓該地理區域顯得不同。在十九世紀，棉花等同於英國蘭開夏郡（Lancashire）、今天的曼徹斯特（Manchester）；木材代表著約克夏（Yorkshire）、今天的利茲（Leeds）；不銹鋼意味著謝菲爾德；金屬加工則是伯明罕（Birmingham）的代名詞。結構性凝聚通常會從經濟上的交換，延展到包括態度、文化價值、信念，以及甚至是宗教和政治的歸屬。生產和維持集體財貨的需求，要求存在某種治理體系，並被優先納入該地區內的管理體系。如果政府尚未存在，則資本應該創造出類似的機構，用以促進和管理自身的集體的生產和消費的條件。在該區域裡，優勢階級和霸權階級結盟，能對政治和經濟活動形成和提供具體的個性。

區域經濟形成不均地理發展的寬鬆連結拼接體。在這個拼接體裡，一些區域往往變得更富有，而貧窮區域變得更貧窮。這是由米達爾（Gunnar Myrdal）稱為循環和累積因果所造成。[1]先進區域為自身吸引到新的活動，因為他們的市場充滿活力，實體和社會基礎設施有較強的力量，並且能輕易獲得必要的生產方式和勞動供給。這些區域有資源（以日益增加稅基的形式）得以進一步投資在實體和社會基礎設施（諸如公立教育），且這些事物甚至吸引更多的資本和勞工來到此一區域。聚焦在該區域的交通路線被創造出來，因為這正是運量所在之處。結果是，更多的資本又被吸引過來。對比起來，其他區域若非日益喪失活動，也會感到缺乏，命運逃不脫每下愈況的蕭條和衰敗，最後的結果便是財富、權力和影響的區域分布不平均。

然而，群聚帶來了持續集中化，但並非沒有限度。過度擁擠、汙染日益增加、管理和維持成本上揚（稅率和使用費增加），都會產生不好的影響。當地的生活成本上揚，導致對薪資的要求提高，最終可能讓該區域變得不具競爭力。勞工對剝削的鬥爭，會因為地區的集中度而變得更有組織；當包租公／婆階級因為控制日益稀少的土地而獲得報償的同時，土地和財產的價格飆漲。紐約市和舊金山是充滿動力的高成本地區，而底特律和匹茲堡的現狀並非如此。到了今天，洛杉磯相較底特律有較佳的勞工組織，而在一九六〇年代卻剛好相反。

隨著當地成本快速上揚，全球經濟裡的資本家會尋找另一個空間，以從事他們的貿易。當新科技和生產組合冒出頭來，且勞工鬥爭變得尖銳時，便特別會如此。例如，從一九六〇年代晚期以來，矽谷穩定取代底特律，成為美國資本主義經濟中心；同樣的，在德國，巴伐利亞取代了魯爾（Ruhr）；在義大利，托斯卡尼（Tuscany）取代都靈（Turin）；而像是新加坡、香港、台灣、南韓及最終的中國這樣的新進全球參與者，在爭取某些特定生產線的競爭優勢上，取得遙遙領先的位置。這些移動產生貶值的危機，並全面波及全球經濟的其他地區。美國中西部的「生鏽帶」曾是美國工業資本重鎮，與上揚中的「太陽帶」形成對比。失業和生產的區域危機通常代表關鍵時刻——在種種力量所形塑的資本地理景觀裡，正發生權力的轉移。接著，這通常顯示資本本身的演化出現根本的轉移。

資本必須能經得起舊世界崩毀的衝擊，並且隨時準備好在其廢墟上建立新的地理景觀。為了這個目的，資本和勞動必須要有剩餘。不幸的是，資本就本質而言，總是能創造出這樣的剩餘，但通常是以大量勞工失業和資本過度累積的形式為代價。透過地理擴張和空間重組來吸收這些剩餘，有助於解決缺乏可獲利出口的剩餘問題。都會化和區域發展成為資本行動的自發性領域，但需要多年才能回收大筆投資（通常是採取負債融資）。

為了在危機時吸收資本和勞動剩餘，資本常常轉而朝向這些大道前進。在危機期間，政府出資的基礎建設計畫付諸實行，以重新點燃經濟成長。在一九三〇年代，美國政府在當時尚未開發的地區，建立起未來導向的公共工作計畫，來嘗試抹去多餘的資本和失業勞工。因此，在當時的美國，公共事業促進局（WPA）計畫雇用了約八百萬人。在同一時期，基於類似的原因，納粹在德國興建了高速公路。中國在二〇〇八年的金融海嘯之後，花費數十億美元用在都會和基礎建設計畫上，來吸收資本及剩餘的勞力，以補償在出口市場的大幅衰退。中國設計並興建了全新的城市，結果是讓景觀出現根本而戲劇性的轉變。

在這種方式下，對於資本和勞動剩餘的吸收問題，資本發展出我稱為的「時空固定／修復」（spatio-temporal fixes）。[2]「固定／修復」在此處有雙重意義。從字面上和實體面，總資本的一定比例，在相當長的期間內被固定在土地上。但「固定／修復」在比喻上，也意指地理擴張的長期投資，對資本過度累積的危機提供了解決方案。因此，這兩種意義何時和如何相互碰撞呢？

新領域勞動分工的組織、新資源綜合體的組織，以及作為資本累積動態空間的組織，都提供了新的機會，以產生利潤，並且吸收資本與勞動剩餘。然而，這樣的地理擴張通常威脅到固定在其他地方的既存價值，而這個矛盾是不可避免的。要不是資本移出，留下毀滅和貶值的痕跡（例如底特律）；就是資本留在原地，繼續等待被不可避免產生的剩餘給溺斃，卻又不能找到可獲利的出口。

訴諸信用融資，在想要解決矛盾的同時，也強化了這個矛盾。信用讓該區域易受到投機資本流動的傷害，投機資本會刺激和破壞資本主義發展。約在一九八〇年以後，區域負債變成全球的問題。許多較貧窮的國家，甚至是諸如一九九八年的俄羅斯和二〇〇一年之後的阿根廷這樣的主要國家，都發現難以償還他們的負債。許多貧窮國家（如厄瓜多和甚至是鐵幕時期的波蘭）被誘惑變成剩餘資本的「水槽」，因而必須付起法律責任。債務國必須承擔所有資本貶值所帶來的成本，而債權國卻受到保護。債務國的資源接著在過度嚴苛的債務償還條件之下受到掠奪，目前的希臘便是這個過程發揮到極致的一個恐怖例子。債券持有者正準備好撕裂切碎不小心陷入他們掌握的國家，並且吃乾抹淨。

相對「發燒」信用貨幣的移動，資本的出口通常有較長期的效應。資本和勞動剩餘被送往其他地方，以讓資本累積在這個新的區域空間開始啟動。十九世紀時，英國資本和勞動的剩餘流向美國和諸如南非、澳洲、加拿大的英國殖民地，創造出動態的新資本累積中心，並讓這些中心對英國貨物產生需求。

在這些新地域，既然資本主義可能需要許多年才能變得成熟（若果真如此），也才能開始產生資本剩餘，因此，在相當長的一段時間裡，母國可以預期將會從這個過程裡受益。當投資在鐵路、道路、港口、水壩和其他發展緩慢的基礎建設時，特別會是如此。但這些投資的報酬率高低，最終有賴於接受投資地區的資本累積的強有力動態演化。英國在十九世紀以這種方式投資美國。多年之後，美國透過馬歇爾計畫（Marshall Plan）投資歐洲（特別是西德）和日本，因而清楚看到，美國自身的經濟安全（扣除冷戰的軍事層面不計）建立在這些其他空間裡資本主義活動的積極再生之上。

因為這些資本累積的新動態空間最終將帶來剩餘，因而必須找出透過進一步地理擴張來吸收他們的方式，以致產生了矛盾。這能激起政治衝突和緊張情勢。最近一段時間裡，我們已見識到時空固定／修復急速出現且增加，主要發生在東亞和東南亞。日本的剩餘資本在一九七〇年代開始向全球各地移動，以尋找可獲利的出口；之後不久，南韓和台灣在一九八〇年代中期開始輸出剩餘資本。雖然這些時空固定／修復奔流而出，是以領土之間的關係來記錄，但事實上為領土裡不同地區之間的物質和社會關係。台灣和中國大陸之間官方的領土爭議顯得不合時宜，因為台北與上海工業地區之間的整合日益增加。

資本流動隨著時間變化，不停導向到新的空間。即使部分地區經歷了週期性的困難（如某地發生去工業化，或另一地出現部分貶值），整體來說，資本主義體系仍相對穩定。這樣跨區域波動性的整體效應，暫時降低了過度累積和貶值的總合風險（即使地區的蕭條相當嚴重）。大概從一九八〇年以來，地區的波動看起來大致是如此。當然每一個步驟都會帶來問題，也就是資本接下來能流向哪一個可獲利空間，以及哪個空間為何接下來會被放棄和貶值。一般效應是可能令人誤解，因為資本總是在某地表現良好，因而產生虛幻的想像，認為如果我們僅僅需要重新調整資本的形式，以符合日本和西德（一九八〇年代）、美國（一九九〇年代）和中國（二〇〇〇年以後）的資本主流，則資本不論在何地都能表現良好。資本永遠不須檢討它的系統性失敗，因為資本總是將系統性的失敗移到其他地區。

然而，第二種可能的結局如下：當多個資本累積的動力中心，在世界舞台上過度累積的強力激流裡（缺乏市場以實現獲利）競爭，或相互爭取稀少的原材料和其他重要的生產要素時，以致在國際勞動分工裡發生愈來愈激烈的國際競爭。由於他們不可能都成功，要不是最弱的被毀滅，陷入區域貶值的嚴重危機，就是區域與國家之間產生地緣政治的鬥爭。後者以貿易戰爭、貨幣戰爭和資源戰爭的形式出現，且始終存在軍事對抗的危險（讓人類在二十世紀經歷了資本主義強權之間的兩次世界大戰）。在這種狀況下，時空固定／修復承擔了極為邪惡的意義，因為蛻變成為當地化和地區貶值／資本毀滅的向外出口（這類事件在一九九七至九八年，大規模發生在東亞、東南亞和俄羅斯）。然而，危機如何發生和何時發生，將取決於政府權力所採政治行動的外顯形式，也同樣取決於在空間和時間裡資本累積的分子過程。然後，領土邏輯和資本主義邏輯之間的辯證將完全展現。

所以，相對的空間固定／修復和與獨特的領土權力邏輯（如國家所彰顯），是如何融入時空裡資本累積的流體動力學呢？對資本來說，這不是劇烈和持久矛盾的軌跡嗎？或許是固定（政府）和移動（資本）之間矛盾的最高點？如前所述，「為了讓資本在時空裡自由移動，必須創造出固定於空間之上的實體基礎設施和內建環境」。隨著時間過去，相對連續流動的資本，所有這些固定的資本總量會變得愈來愈多。資本已週期性地打破本身建構世界所產生的限制。致命危險在於變得失去適應能力。換句話說，某個時期有利於資本累積之地理景觀的建立，成為下一時期資本累積的束縛。資本因而必須將本身在既存地理景觀裡的絕大部分固定資本加以貶值，才能以不同的面貌建造全新的景觀。這激起了強烈而毀滅性的地區危機，底特律為美國當代最明顯的貶值案例。然而，許多先進資本主義國家裡較舊的工業城市，甚至是中國北方和印度孟買，都必須重新塑造自身，因為他們的經濟基礎已經被來自其他地方的競爭侵蝕了。這裡的原則如下：資本創造出符合本身某一時點所需的地理景觀，在之後的時點就必須被毀滅，以促使資本的進一步擴張和定性的轉變。資本在該土地上釋放出「創造性破壞」的力量，某些部分受益於該創造力，而其他部分因為破壞的衝擊而受害。不可避免的是，這涉及階級不平等。

所以，國家力量會出現在何處？根據怎樣的獨特邏輯，讓國家必須干預景觀形成的過程呢？國家是一種領土內的個體，它的形成條件與資本只有極少關聯，但資本卻是地理景觀的根本特質。國家在領土內擁有合法使用暴力的獨占權、法律和貨幣的主權、對於機制（包括私有財產權）享有管制權威的獨占地位，且被賦予徵稅、重分配所得和資產的權力。國家組織了管理和治理的結構，在最低限度必須照顧資本和國家公民較廣泛的需求。在國家的主權力量裡，或許最重要的莫過於在居民須遵守的法律之下，定義並賦予公民權利，以及因而將非法移民的類別引入這個方程式裡。這創造出分隔開來的人口，容易受到資本難以想像和不受限制的剝削。國家作為領土內的實體，如何建立並且巡邏國家邊界（相對人們、商品和金錢的移動），變成最為重要的問題。國家與資本有不同的空間性，彼此之間尷尬並列，又經常相互矛盾。例如，從移民政策，便可清楚看出這樣的狀況。

資本主義政府的利益和資本的利益並不全然相同。政府不是一個簡單的東西，種種不同的分支並不總是完全一致，雖然政府裡的重要機構對於管理資本經濟（財政部常和中央銀行結盟組成政府－金融連結）扮演直接支持的角色。政府治理取決於政治體系的本質，有時表面上是民主的，但經常受到階級動力學和其他社會鬥爭所影響。構成政府施展權力的實際作法，和單一整體、甚或和諧一致相去甚遠，這意謂政府不能建構成一個能執行獨特權力的堅實「東西」。政府是用鬆散方式將許許多多作法和過程聚集在一起的集合，這是因為政府和公民社會（例如，在諸如教育、醫療或住房的領域裡）之間是高度相通的。資本並非是政府唯一必須回應的利益，且政府必須承受種種不同利益團體的壓力。此外，支持政府干預的主流意識形態（通常以經濟和政策正統來加以表示）可能有相當大的差異。此外，還有跨國家體系。視情況而定，國家之間的關係可以是敵意或合作，但總是存在地緣經濟和地緣政治關係、反映國家獨特利益的衝突，並導致國家行動形態的作法，可能或可能不與資本利益一致。

附著於國家權力所及領土的邏輯，非常不同於資本的邏輯。國家對很多事情有興趣，其中之一是領土內的財富和權力累積，要達成這點的最佳方式（這正是亞當斯密的睿智建議，並且讓政治人物大致認同）為，在它的領土內釋放和合理化資本力量與自由市場，並對自由貿易開放門戶。資本主義國家仍是廣泛遵從重商政策，儘管還是會受制於主流意識形態，以及透過公民組織動員產生的紛歧社會壓力。但國家也尋求合理化，並且使用資本力量來支持自身對潛在躁動不安人民的統治權力，同時在高度競爭的跨國體系裡，提升自身的財富、權力和地位。相對而言，資本的合理性主要是關於私人占有和社會財富的累積。公民對國家有建構出的忠誠，原則上與資本只專心致力於賺錢是相互衝突的。

至於政府通常強加的合理性類型，彰顯在都會和區域規畫的實務上。政府干預和投資的目的，是避免發生不受管制市場發展的混亂後果。政府強制實施笛卡兒式的管理、法律、稅務和個人辨識結構。然而，以據說是資本主義的現代化為名，專家和官僚的空間製造已經受到惡毒的批評（其中最著名的批判來自於列斐伏爾〔Henri Lefebvre〕）。[3]所製造出來的往往是一種沒有靈魂、理性化的地理景觀，造成人們隔一段時間便出來反對。但政府基於這些目的應用權力時，從未平順過，總是輕易被金錢利益顛覆、吸納與腐化。相反的，就國家安全來說，政府的根本利益可能被資本推翻，並被資本家的野心轉換成為永遠的利益輸送，因此，資本的發展裡產生不名譽「軍事－工業複合體」的歷史角色。

政府透過對基礎建設的投資，以及創造或改革基礎機制的權力，能協調經濟生活。例如，在十九世紀的英國和法國，當地方銀行被國家銀行取代時，貨幣資本跨越國家空間的自由流動，改變了地區的動態。較近的是，美國放棄對地方銀行業的限制性法律，接著出現一波地區銀行的兼併和合併潮，改變了美國的整個投資氣氛，遠離當地，朝向建構一個更開放和流動的區域格局。在過去四十餘年裡，國際銀行業進行組織變革，加上資訊科技的應用，帶來了金融資本全球流動的革命性發展。

長期以來一直有朝向地理規模轉型的推動力，藉此定義資本主義活動，就如同十九世紀時發明了鐵路和電報，完全重新組織了區域分工的範圍和多樣性，所以，較近一回合的創新（從噴射機運輸、貨櫃化到網際網路的所有事物）已經改變了經濟活動所連結的規模。在一九八〇年代，製造出許多「世界車」，也就是零組件幾乎在全球各地生產，最終的工廠只進行組裝、而不是生產。這現在已是許多生產線的常態作法了，以致像是「美國製造」的標籤不再具有太多意義。相較過去，企業轉向全球規模，目前已成為明確的事實。

在過去數十年裡，國家對於資本和貨幣流動的主權力量無疑已受到侵蝕。這並非意謂國家變得毫無權力，而是說它的權力更取決於金融資本和債券持有者的權力。政府權力和作法已經愈來愈朝向滿足企業和債券持有人的需求，並通常以公民為其代價，這讓政府堅定支持創造有利於資本的良好商務環境。在許多情況下，結果便是政府做得很好，但人民過得很差。某種程度上讓人驚訝的是，上述結論也可應用在像是德國這樣的國家，壓抑薪資，連帶影響勞動階級的消費，但與此同時，以德國為基地的資本和該國金融狀態卻看起來非常不錯。

資本分子移動的改變，也對資本權力可能建構的規模產生強大壓力。像是歐洲聯盟這樣的政治上的領土重新畫分，不只變得較為可行，且愈來愈為經濟上的必需。這些政治轉變不是空間關係裡物質轉換的簡單函數，事情複雜多了。但對資本流通和累積來說，改變中的空間關係的確對新的政治格局有轉換性的意涵，例如，北美自由貿易協定（NAFTA）、南方共同市場（Mercosur）和歐盟的形成，以及從過去作為決策機構的七大工業國（G7）擴展到現今的二十大工業國（G20）。

資本主義的地理景觀（相對於資本的地理景觀），很明顯由許多利益團體所形塑——群體和個人為他們自身尋求空間和地點的定義，以對抗資本累積和政府權力聯手創造的規則，所引起不均地理發展的總體經濟過程。當然，資本必須有某種程度的敏銳度，感受到本身所剝削人們的想要和需求。若非如此，社會和階級鬥爭無疑應該會迫使資本與批評正面妥協，並且壓抑資本的部分狂野念頭。然而，當資本離去，譴責事件的受害者真的太過容易，主流的說法是因為貪婪的工會、揮霍的政客、不良的經理人等等導致資本的出走。但正是資本、而不是人民放棄了去工業化的底特律、匹茲堡、謝菲爾德、曼徹斯特、孟買等等。雖然有某些地區或城市不當管理和階級衝突升高的明顯例子，但宣稱這些能解釋工業地區的完全毀壞，是很荒謬的說法。數個世代以來，在世界的許多不同地方，這些工業地區都是資本累積的骨幹。這樣的說法必須感謝開始於一九七〇年代、一直興盛到現在的新自由反革命派。

地理發展不平均，簡簡單單遮蓋了資本的真正本質。希望可以永存，因為即使在多重災難裡，總是會存在成功的例子，也就是事情正走向好的方向發展的鄰里、地區和國家。總體危機分解成為地方性事件，以致在他處的人們不太關心，甚至對此知之甚少。發生在印尼或阿根廷的重大危機過去了，但其餘的世界表示「太糟了」或「那又如何」？思想主流是對危機有特殊解釋，而不是系統性的解釋：阿根廷、希臘或底特律應該改革他們的方式，但是，資本卻逍遙法外。

對於在當代生活和政治裡，扮演重要意識形態角色的資本景觀，還有其他不尋常的地方。例如，資本主義城市基於自身的理由，以藝術作品的樣式建造而成，充滿了有名的建築和競爭的標誌性意義。在全球金融中心裡，「宇宙主宰」的豪宅和高樓現在運作於富麗堂皇辦公室及閃亮絢麗摩天大樓，和較舊的傳統工廠的工業建築形成對比。消費主義的華麗宮殿和後現代都會奇觀永不休止地創造，與郊區到處蔓延的圍籬社區形成對比。而後者接著又與公寓、勞動階級和移民鄰里，以及在世界許多城市裡大片的自建房舍形成對比。資本主義城市是資本想顯得文明以及展現人類雄偉渴望的最大嘗試。

上述的主張是有道理的。我們能驚嘆於外貌，並稱許巴黎、巴塞隆納、香港和上海的景觀，部分原因在於這些都會奇蹟隱藏了都市形成的過程和所用的勞動力。相當明顯，資本並不想要有自身與眾不同的形象。從反資本主義卡通來加以評判，這絕非奉承之詞！資本主義城市景觀作為另一個世界轉移注意力形象的存在，較接近人類某些嚮往和渴望的超越意義。觀看威尼斯、羅馬、伊斯坦堡、舊金山、巴西里亞（Brasilia）、開羅或奈及利亞拉哥斯（Lagos），就像是觀看人類奮鬥的希望、成就和慢性失敗。不是只有我們在這裡提到的偉大城市會是如此。如同任何城市，世界各地不同的鄉村景觀精雕細琢，也能激起同樣多的情感、忠誠及讚美。英國的田園、法國的風景畫、托斯卡尼的村莊、阿根廷廣大無邊的草原、安納托利亞（Anatolia）底格里斯（Tigris）河谷的起伏平原、愛荷華州無止盡的玉米田、巴西種植大豆的農莊，都形成人類奮鬥的複寫本，雖然人類的努力日益受到資本激勵，但資本絕非唯一的動力。

不均地理發展的力量要多麼強大，才能挑戰資本對本身的再創造？如果缺乏不均的地理發展，資本無疑應該會停滯，屈從於它僵固、獨占和獨裁的趨勢，完全失去作為社會動力引擎的合法性，這個社會有藉口成就文明，即使正處於朝向野蠻主義的危險裡。讓跨都會、跨地區、跨國競爭不受限制，並不僅是讓新取代舊的一種主要方式而已，而且是一個脈絡，在這個脈絡下，尋找新的投資機會（被形容成尋找競爭優勢）對資本再製本身的能力至關重要。最重要的是，不均的地理發展擔負責任，必須將資本系統性失敗從一個地方移往另一個地方。這些失敗是永久移動的目標。

國際秩序現今由中央銀行和少數國際機構（如國際貨幣基金）主導，所施加的均一性造成資本未來的生存機會面臨潛在威脅。當出現強大集權的全球政府時，資本不能長久存活，除非像中國所發生的一樣，由政府協調並自由化跨地區和跨都會的競爭。鑒於國際紀律工具目前強行施加的限制條件，希臘、葡萄牙、西班牙和義大利沒有機會從廢墟再起（像在第二次世界大戰後的西德和日本），重新復原資本主義的活力。這些國家或許會有一些起色，但也不過只能是貧血復甦。鑒於系統性停滯的烏雲正聚積力量、並讓未來黯淡無光，因此不無疑問的是，目前不受羈束的不均地理發展，是否可獨自成為資本欲振乏力的靈丹妙藥。取而代之的是，我們看到政府權力和金融資本的掠奪層面之間，出現了新興的邪惡聯盟，以創造出「禿鷹資本主義」的形式，大致等同於人吃人（剝削經濟），以及為了達成和諧的全球發展而被迫貶值。就像避險基金和私募股權基金一樣，如果有必要，禿鷹在整個領土內將餵養出毀滅的生活方式。

資本的存續，不只透過一系列的時空固定／修復，用生產和建設性的方式吸收資本剩餘，也藉由貶值和毀滅來吸收，貶值和毀滅是對於跟不上和無法償還負債者的矯正藥物。不負責任從事放貸的人們當然也處於風險之中，這樣的想法被否定了：因為這會要求各地富有的有產階級被究責，堅持他們要負起責任，而非只看到他們對私有財產和累積不受限制的絕對權利。時空固定／修復的邪惡和毀滅層面（看看希臘目前如何被劫掠和破壞）對資本來說非常重要，正如資本的創造面，也就是建造一個新的景觀，用來促進無止無盡的資本與政治權力累積。

接下來，對於所有這一切，反資本主義運動應該做些什麼？首先，重要的是，認知到因為資本的不均地理發展，以致資本總是反對的移動目標。任何反資本主義運動必須學著與之共存。在任一空間裡的反對運動常常是無效的，因為資本移向其他空間。反資本主義運動必須放棄所有關於地區平等的想法，並收斂到某類的社會主義和諧理論之上。以上是對不可接受和不可達成的全球單一性之配方。反資本主義運動必須釋放與諧調自身的不均地理發展動力（生產差異的解放空間），以重新創造及探索資本的創造性地區選項。不同的社會運動和反抗是來自於資本的不均地理發展架構，並從斯德哥爾摩和開羅發展到巴西聖保羅、上海、巴黎和倫敦。這組成了不同但鬆散連結之起源的拼圖，為的是將資本主義朝向反資本主義的未來轉變。他們應如何放置在一起，會是一個問題。我們生活在混亂和充滿變動的時代，特別是關於不均的地理發展。阻力與反對也將是同等的混亂多變且集中在特定地區，這樣的預期不是毫無道理。

矛盾12
所得與財富的不均

二〇一二年，美國國稅局對紐約市的所得稅資料分析顯示，當年一%最高所得的平均值為三百五十七萬美元，但是在紐約這個高租金與高生活水準的城市，一半人口的平均年所得約為三萬美元。超級有錢人只要花三天的時間，賺到的錢就比大多數紐約人一年所得還要多。不論是依據什麼標準，這種所得不均的情況都令人歎為觀止，讓紐約成為全世界最貧富不均的城市之一。另一方面，這些數據應該不會讓人驚訝，因為這個城市有賺到天文數字的頂尖對沖基金經理人（其中有五個人在金融海嘯後的二〇〇九年各賺到三十億美元以上），大型銀行也通常會配發天價紅利。就整個國家來說，所得不均的現象不曾如此明顯，即使這是一九七〇年代以來的明確趨勢。

這裡沒有必要說太多，只要簡單敘述一下財富與所得不均的全球大趨勢。自有資本主義以來，分配社會財富的努力一直沒有斷過。國家、區域或城市不一樣，結果也有很大的差異，因為不同團體努力尋找勝過其他團體與主流族群的優勢，以獲得他們認為是他們應得的社會勞動產物。由於國家有權收稅及重新分配財富與所得，因此這就取決於哪一派別或政治同盟掌握國家權力，取決於用這個權力來做什麼事。

分配財富的鬥爭通常很激烈，結果難以預測。在政變之後，例如一九七三年時的智利，大家會預期財富分配會更不平均，因為支持政變的菁英會要求享有好處。在俄羅斯，一九八九年前蘇聯解體後，一小群寡頭政治人物大肆掠奪走大多數的天然資源財富。前蘇聯現在有全球最密集的億萬富豪，這些人都是貨真價實的寡頭政治人物。然而，在一九四五年之後的英國，工黨政府打造出福利國家，讓一整個世代享有最低層次的富裕生活，很像之前北歐國家的作為一樣。在冷戰期間，資本主義世界的社會政策受到共產主義的強烈影響，加上強勁的社會民主浪潮（來自於工人階級組織歷史與強化的階級意識），代表資本主義國家必須保障所有人民的最低生活水準。這樣產生的福利國絕對不是社會主義國家，而是具備強烈的性別偏見元素，父權主義色彩濃厚，甚至還傾向資本主義，對客戶的政策變得低下苛刻，而且官僚主義氣息沉重。要捍衛福利國家，經常是不愉快且非人性的，即使有些國家的福利（如社會安全與老年年金）讓人人都有安全感。這就是先進左派人士攻擊的那種福利國家，在一九八〇年代柴契爾政府進行新自由反革命時，被強制廢除了。一九八九年共產主義瓦解，國家也去除了外在壓力，不必面臨二選一的難題（關照人民福祉或是面對強烈的政治反對勢力）。

即使缺乏這種戲劇化的重新組合，階級與種族族群之間也會不停出現社會鬥爭，加上經濟興衰的起伏波動，都會影響到財富的分配措施，也造成全世界各地的狀況差異極大。例如，一直到最近，北歐國家的所得與財富分配都比美國公平許多。即使在雷根政府革命之前都是如此，雷根時代開始將關切的重心從勞工與窮人轉向補貼與獎勵資本，貧富不均就更嚴重了。不過，美國與瑞士都是不折不扣的資本主義國家。在各式各樣不同的分配情境下，資本似乎都運作地不錯。

資本具備這種多樣性與順應性，能融入複雜的分配情境之中，在嵌入社會群組不可思議的複雜與多元化之後，還能發揮雙重作用，畢竟這在資本主義歷史上處處可見。性別、性向、種族、族裔、宗教、文化、國家與地域的分別處處都很明顯，地位、技術、才能，對於成就與價值的尊崇也造就不同的機會，不論是對於個人，或是對於資本主義中不同族裔、種族、性別與宗教的社會族群來說。這些特性造成人們進入勞動市場的方式不同，酬勞也不同，全是因為經濟與政治條件的差異極大。

資本主義中的經濟差異不全是來自於資本。不過，在族群之內與族群之間挑起衝突時，資本卻扮演一定的角色，是資本在鞏固對於勞力的控制權時重要的手段之一。另一方面，資本通常無動於衷，不去支持或反對特定的社會差異。資本通常會支持占上風的社會解放形式（如近年來的同性戀權利與多元文化主義），只要這些形式有特定的利基市場可以開發即可。不過，這些社會差異影響經濟與物質形式，無可避免會在社會族群中的分配議題上產生激烈的競爭。我們正處於關鍵且有時迷惑人的互動時點上，資本與資本主義無法清楚分離，在種族議題上尤其明顯。在全世界的許多地方（例如美國），種族議題長期就與階級問題糾結在一起，以至於兩者彼此強化，即使不是密不可分。

有許多情形則必須取決於當時盛行的觀念，例如，何謂「公正」或「道德上可以接受」的財富與所得不均，不公正又如何解決。對這方面的關切不只限於勞工。在中產階級改革主義有很長的傳統，就是只要出現可怕的貧困，即使對公眾健康毫無威脅（如果是霍亂這種傳染病，擴散時會打破階級界線），也會被任何文明社會視為無法接受的事。例如，調查一再顯示，大多數美國人有平等的概念，不只是機會平等（這是右派一再堅持的重點），而且也是結果平等。在二〇〇五年對五千多名美國人的調查中，受訪者不論政黨傾向或所得高低，都認為，全國前二〇%的有錢人擁有的財富不應超過全國的三二%以上。受訪者被告知瑞典（全國前二〇的有錢人擁有全國三八%的財富）與美國（全國前二〇的有錢人擁有全國八四%的財富）的資料後，九二%的受訪者偏愛瑞典的財富分布狀況。這也顯示，受訪者不太了解美國實際的財富分布情形。他們以為，美國前二〇%的有錢人擁有全國五八%的財富，但實際數字卻是八四%。不論如何，這離他們認為三二%的公平水準，仍有一大段距離。

既然美國人已認定財富分配的公平水準，為何在美國很少有政治運動去解決財富差距如此大的問題？主要的原因是，美國人極度不喜歡國家干預，因此，政府就不太能處理所得與財富不均的問題。例如，在爭論歐巴馬的醫療保健法案時，共和黨雖然不反對人人都享有醫療健保照顧的原則，但卻激烈反對「保母」政府的管轄權利，也反對去管理個人的行為。同樣的，如果有任何稅務提案將財富從富人重新分配給窮人，也會被激烈否絕。近年來，重新分配實際上是朝相反的方向進行，名義上則是撙節、降低預算赤字、減稅及降低政府的干預程度。很難不下這樣的結論：在這些預算與財政措施的背後，是資本要壓低薪資的強烈意願。

分配財富與所得的奮鬥並不是唯一重要的奮鬥，還有追求認可、尊敬、法律前的真正平等、公民權、文化與宗教自由、適當的代議制、教育機會、就業機會，甚至還包括懶惰的權利。這些奮鬥是由特定族群集體投入心血，希望能改革或爭取優勢（這些特定族群包括女性、同性戀／雙性戀及跨性別〔LGBT〕團體、種族、族裔或宗教的少數團體、資深公民、工會、商會，更不要說還有尋求捍衛勞工權益的社會與政治機制）。這些社會運動交互影響，產生各式各樣的結果，其中有許多間接影響到財富與所得的分配。例如，教育機會對未來的所得分配就有明確的影響。

整體來說，資本主義被這些衝突與奮鬥所撕裂。但我這裡想提出的問題要窄得多。資本被視為資金流通與累積的經濟引擎組織，如何依賴特定基本原則來分配財富與所得呢？四十年來發生大規模所得分配明顯移轉，是因為資本內部矛盾的重新排列？最後，貧富之間的矛盾顯著增強，對資本的再生會形成威脅嗎？

數據證實，資本的適應力極強，可以因應差異極大的不同分配模式。不過，從資本再生與成長的角度來看，雖然沒有一個最適宜的所得與財富分配模式，但也沒有人會相信有一個完全公平的分配模式。相反的，有人認為，分配嚴重不均會造成麻煩，不只是因為可能引發社會不穩定與不安（國際貨幣基金與全球資本主義菁英在瑞士達弗斯〔Davos〕開會時，經常提出這類的憂慮），而且還因為歷史證據顯示，貧富極度不均可能是總體經濟危機的前兆，畢竟實現財富必須依賴富人的隨意習慣而不是勞動窮人可靠的固定需求時，生產與實現之間的矛盾統合就很難達成平衡。美國上次經歷類似目前的貧富不均是在一九二〇年代，這顯然醞釀（即使不是引爆）了之後一九三〇年代的大蕭條。今日的情況相當接近。我們有能力脫離目前的停滯處境卻不致大幅改變分配模式嗎？

不妨考量一下近年的分配趨勢。樂施會（Oxfam）的一項媒體簡報提供以下的概要描述：

三十年以來，許多國家的不平等情況愈來愈嚴重。在美國，前一％所得的人占全國總所得的比重已經倍增，從一九八〇年的一〇％提高到二〇％。對所得前〇．〇一％的人來說，比重更增為四倍，達到前所未見的比重。以全球來說，三十年來，所得前一％的人口（六千萬人）的所得瘋狂快速成長，尤其是前〇．〇一％的人（就是六十萬人，全球約一千兩百人的身家達十億美元以上）。這不只局限於美國或富裕國家。在英國，不平等情況更是快速回到狄更斯的時代。在中國，所得前一〇％的人占有近六〇％的財富。中國現在貧富不均的程度與南非差不多，南非（是全球貧富最不均的國家）現在不平均的程度還比種族隔離時代結束時更誇張。即使在全球最貧窮的國家，貧富不均的情況也日益嚴重。全球來說，二十年來，所得前一％的人所得已成長六〇％，前〇．〇一％的人所得成長更快。

自二〇〇七年到二〇〇九年危機發生以來，事情變得更糟：「排名前一百名的富人財富，在二〇一二年增加了兩千四億億美元——只要六百億美元便足以終結全球貧窮。」[2] 有億萬美元身價的富豪變得到處都是，俄羅斯、印度、中國、巴西和墨西哥目前已有很多這樣的富豪，他們也出現在北美、歐洲和日本等較為傳統的富裕國家。其中較為重要的一個轉變是，抱負不凡的人們不再需要移民到富裕國家才能變成億萬富豪——他們可以只是待在母國印度（該國億萬富豪的數目在過去幾年已增加一倍有餘）、印尼或其他地方。如米拉諾維奇（Branko Milanovic，塞爾維亞裔美國經濟學家）所說，我們正經歷全球富豪階級的興起，以致全球力量「被相對少數非常富有的人們所掌控。」[3] 對全球經濟生產和實現之間的矛盾統合威脅，是相當明確的。

然而，相較過去，以其他衡量方式來看，這個世界大多數國家是平等的。數以百萬的人們已脫離貧窮，其中很大的原因在於中國的成長令人驚豔，以及其他所謂金磚國家（BRIC，也就是除了中國以外的巴西、俄羅斯和印度）爆發出的顯著成長。由於許多開發中國家的人均所得上揚，全球在國家之間的財富和所得分配不均因而已大幅減少。在過去兩百多年的時間裡，財富從東方淨流入西方，這個趨勢隨著（特別是）東亞成為全球經濟重要的發電站後，已經反轉。到二〇一三年，主要是因為所謂「新興市場」（主要靠金磚四國）的快速成長，全球經濟已被認定從二〇〇七至〇九年的海嘯復甦（儘管屬於貧血型）。這個轉變甚至出現在非洲。在過去，非洲被視為應該幾乎不會受到任何危機效應的影響。然而，歐洲內部不均的危機衝擊，意謂南歐國家和北歐國家之間，經濟福祉的不均等快速擴大。但上述這些趨勢沒有一個看起來非常穩定。例如，二〇一三年年中，美國聯準會只是稍稍提到要改變貨幣政策，便立即造成資本從新興市場流出，導致這些國家陷入昏厥，且只能在聯準會宣布正重新評估本身的政策時，新興市場國家才又回過神來。

在過去四十多年裡，存在雙重的運動：一方面，各國之間的一般趨勢是，朝向人均財富與所得提高（扣除在最近的危機裡受害極深的希臘等國）；另一方面，幾乎在全球的所有國家裡，個人之間和社會群體之間，出現了所得和財富不均等的急劇增加。只有少數的國家或地區曾努力壓抑這個趨勢，且這些國家和地區多位在全球經濟發展停滯的地區（例如，不丹以及某段時期裡印度的喀拉拉邦〔Kerala〕）。只有在拉丁美洲，我們才看到，受到政府政策影響，社會不公因而下降的現象。相對所得不均，貨幣財富的不均難以處理得多。但在某些層面，貨幣財富是遠遠較為重要的，因為對政治權力有長期而非不穩定的關係。以貨幣來衡量財富是困難的，這是因為某些資產的評價——包括從藝術品收藏到昂貴珠寶和財產的所有東西——通常是依靠猜測，且就如對股票的市場評價一樣，必定會大幅波動。在大部分國家裡，相較所得分配，貨幣財富的分配看起來甚至更為不均。

為何產生這樣的全球一般趨勢呢？是否在資本演化裡，存在某些進行中的事物，讓這些趨勢變得不可避免？或甚至對資本存活和再生是必要的？這麼多國家裡的財富及所得分配日益不均，是否指向移動性矛盾的存在？如果是這樣，會是怎麼類型的移動呢（例如，循環或線性）？這些矛盾是否可以解釋日增的騷亂和社會不安呢（例如在二〇一三年，從斯德哥爾摩到伊斯坦堡和巴西上百個城市的狀況）？這是否是另一個讓人感到氣憤，以及仍在發展中的總體經濟危機的徵兆呢？

為了回答這些問題，首先我們必須先確定，不均對資本來說有多麼基本。不均衍生自以下簡單事實：從社會上和歷史上，資本被建構出來主宰勞工的階級。如果資本必須再生，那麼資本和勞動之間的所得與財富分配必定偏向一邊。分配的公平和資本之間無法共存。事實上，某些分配不均發生在資本興起之前。如果勞工必須被驅迫成為薪資勞工才能存活，那麼他們必須被剝奪所有權和對自身生產方式的控制。這個分配條件在剩餘價值產生之前，且必須時時加以維持。一旦資本流通和累積變得一般，則薪資水準必須保持在界線內，方能產生利潤。任何想要極大化利潤的動力，代表迫使薪資向下，或是增加勞動生產力。資本間的競爭激烈，不論個別資本的意願如何，都會導致薪資的普遍減少。薪資和利潤之間的分配，是勞動稀少性和階級鬥爭狀態組合的產物，而最後產生的結構會是地理上的不均。

社會價值總產出中的足量部分必須流向資本家，為的是（一）給予資本家適合有閒階級的消費環境條件，讓他們產生動機；（二）提供資本家足夠的剩餘，讓資本的經濟引擎維持運行，並強力而平順地擴張。「浮士德困境」潛伏在每一個資本家的心中，也就是個人享受和再投資之間的困境，只有靠產生相當多的剩餘和占用才可解決。以勞工為代價，不成比例數量的剩餘必須總是流向資本，因為這是資本再生的唯一方式。

資本獲得優越的經濟資源，讓資本（且只限於資本）可以在一個純粹的資本主義經濟裡，進行投資和創造的工作。對於右翼的公共政策（特別是稅務安排），也就是偏好資本勝於勞工的政策，這提供了理論基礎。雖然不均的所得分配顯得並不公平，但右派人士主張，這實際上有利於勞工，因為資本主導了工作創造，且資本階級擁有愈多，則創造出愈多的工作機會。不幸的是，這不是全部的故事。資本再投資於工作創造，前提是只有當這樣的行為有利可圖。美國在最近三次的衰退之後，接著出現無就業復甦，這是因為即使薪資持續下跌，且到處有勞動剩餘，但仍明顯缺乏可獲利的機會。資本要不是以現金方式「庫存」起來，就是將剩餘所得用於投機獲利——在股票市場、財產、資產購買（特別是資源和土地），或是使用新而不穩定的金融工具來參與賭局。如果真的是投資在從事生產，則較可能投資在節省勞動力的科技上，以致增加失業，而不是創造工作機會。

與此同時，所得和財富日益集中在資本家階級手中，讓他們得以對媒體（公共意見）和資本主義政府工具，施加不成比例的影響和控制。資本獲得受到政府保護的特權，而政府對合法使用暴力和創造貨幣的方式擁有獨占權。政府使用這些特權，來保護它的利益和維續它的權力。中央銀行總是對銀行紓困，但卻從未解救人民。因此，趨勢會朝向形成全球富豪，而且在世界大部分的國家裡，出現難以置信的財富及所得不均。

位在資本家另一側的階級，單就資本而言，除非勞工的總合需求不足以實現市場裡的資本累積，否則勞工的需求幾乎沒有什麼地位，甚至完全不重要。資本最立即感到興趣的是，盡可能將薪資水準壓到最低。如之前所述，這定義了實現和生產之間的重要矛盾。資本主義管理薪資水準的能力，取決於是否存在過剩勞工的「工業儲備大軍」，這個儲備大軍的功能，在於提供資本未來擴張所需的勞動力，並同時用以拖累受雇勞工對改善報償率與工作條件鬥爭的士氣。工業儲備大軍有兩種類型。首先，是失業勞工。科技變化，提升勞動生產力，造成資遣和失業。當資本管理自身需求水準的同時，也因而對於過剩勞工的供給，獲得了相當大的權力。換句話說，資本對製造失業的貢獻度，和對工作創造的熱情不相上下。對資本再投資提供賦稅優惠，能同樣輕易導致工作機會的消滅及創造。這個議題很少在政治討論裡被提及，即使對任何因為科技原因而被資遣的勞工而言，這個事實就像長矛一樣顯而易見。

第二，以廣大務農人口、自雇者、女性和孩童的形式，存在且仍然存在潛在的儲備，他們尚未成為受薪勞工。在中國，最近受薪勞工大量增長，已代表這類型的轉換。非洲則仍保有龐大的潛在儲備勞力，仍未動員。經濟成長出現在金磚四國和其他地方，大多顯示已動員了這些潛在的儲備。在先進的資本主義國家，即使當過剩郊區勞動力的總量早就乾竭，較早之前動員女性進入勞動力還是執行了類似的功能。這個潛在儲備並不一定出現在原先的地方。從一九六〇年代以來，德國轉向土耳其、法國轉向馬格里布（Maghreb）、瑞士轉向前南斯拉夫、英國轉向本身的前帝國領土，美國轉向墨西哥的移民勞動力。當勞工階級的反移民狂熱日益上揚時，資本移往墨西哥的加工出口區、中國和孟加拉的工廠，大量遷移到任何有剩餘勞動力的地方。即使當資本不再移向國外，但仍可能會這麼做，這樣的威脅通常會讓勞工對他們的需求保持沉默。

我們不一定要被這種錯綜複雜的細節所羈絆。重要的是，我們清楚注意到，資本可採取哪些一般的方式，讓勞工的分配額度獲得控制，甚至在面對堅強有組織的反對時、以及面對抑制勞工的有效需求而導致資本實現危機的風險時，還能加以管理。在過去四十多年裡，甚至當較為激烈的國際競爭讓利潤率出現下滑壓力，且對勞動力的剝削日益升高時，藉由混合節省勞力的科技變化和偶然的全球化，所成就的一切仍是如此明顯。淨效應是，全球趨勢邁向勞工在社會產品的占比減少。因此，我們幾乎在各地都可看到，個人的財富和所得分配不均日益嚴重。

然而，還有另一片仍未歸位的拼圖。資本的明顯優勢來自於巨大的剩餘勞動力儲備，帶來以下問題：這些未受雇的儲備人口要如何生活呢？就潛在的儲備而言，這個問題經常以所謂的「部分無產階級化」加以處理，也就是勞動儲備來自農村地區，當他們失業時，便能回到他們的農村老家，一如傳統勉強過活。在都會勞工匯款給農村老家的基礎上，絕大部分的資本再生成本和孩童撫養也由農村地區來承擔；例如，在中國就是如此。這也可應用到美國來自墨西哥的移民（特別是非法移民）勞工身上，當他們被資遣或生病（例如，因過度暴露在殺蟲劑之下）時，他們被迫回到出生的祖國墨西哥。但相當明顯的是，當整個家庭都移居城市，以致切斷與農村的連結時，上述方式就行不通了。地下經濟湧現（包括有犯罪意涵的活動），以勉強維持貧民區和棚戶區裡低成本居住的低下生活，失業者盡力在都會貧民窟奮力生活著。當然，上述狀況定義了一種生活方式、生活標準和（對資本來說甚至更重要的）生活成本，而生活成本決定了地上經濟部門裡較低的薪資水準下限。資本家根據這個下限決定薪資，以輕易從地下經濟部門雇用勞工。

在先進資本主義國家裡，透過從階級鬥爭長期歷史以來所建立的社會福利水準和失業保險，這個薪資水準下限被固定下來。這導致右派理論家認為，失業之所以產生，是因為失業者可享有的生活水準太過慷慨。解決失業的最佳方式為降低失業給付！因為薪資水準過高以致不能產生獲利的雇主，便能在較低的薪資水準下增加雇用機會。一些證據顯示，類似的事情的確曾經發生。當然，問題仍然在於，如果所有其他因素都不變，則整體勞動力薪資水準的降低，不必然會產生夠多的新雇用，卻導致對勞動力的剝削增加、資本的利潤上揚、所得不均擴大。這正是美國柯林頓總統對社會福利體系改革，以及在一九九五年引入「工作福利」要求，所產生的效應之一。對失業者社會福利大幅縮減的結果，無疑是貧困失業者日益增加。由於同時面對全球化（與大量潛在儲備競爭）和勞力節約科技變化的孿生力量，失業者找不到工作，而且沒有新的工作被創造出來。從此之後，商務組織大舉獎勵柯林頓，他在二〇一二年賺到一千七百萬美元的演講費，其中的大部分來自商業團體。

勞動力管理的新自由取向追隨其後，對所有像是貿易工會和社會主義政黨這樣的機構，採取廣泛地攻擊。這些機構長期以來從事勞工保護，使勞工免於受到週期性爆發的普遍失業之不良影響。基於政治和策略原因，自從一九八〇年代以來，勞動儲備裡的整體狀況因而顯著惡化。為了維續自身，資本實際上已加深了所得不均和貧窮。

這個故事雖過於簡略，但提供了簡潔的介紹：生產和實現的矛盾統合在歷史上的彰顯方式，也就是透過所得不均的循環移動（從相對狹窄到爆炸性擴展）。與此同時，經濟正統也出現了轉移。如前所述，凱因斯的需求管理理論主宰了一九六〇年代時的經濟思想，而貨幣主義的供給面理論約在一九八〇年獲得優勢地位。

這讓我們回到以下問題，在資本主義裡，怎樣的社會不公水準是可接受而合乎要求的。相對於理論上主張政治、法律和公民權平等的人文政治理論，完全的經濟平均主義是絕對不可能的。經濟權利和政治權利之間的分野很明顯，但到怎樣的地步，財富生產和貧窮之間的矛盾（這是資本的基礎）會變得尖銳？變成危機形成的所在地呢？有兩種方式可能會導致危機的產生。

長期不均造成生產和實現之間的不平衡。社會大眾不能產生足夠的有效需求，減緩或阻礙了資本的輕易流動。最近撙節政策應用在絕大部分的資本主義世界裡，降低了有效需求，並阻礙獲利機會的創造。這解釋了美國目前的狀況：企業利潤出現有史以來的高峰，而再投資卻疲弱不振。第二種方式則是，不均升高到不可接受的水準，對社會不滿和革命運動火上加油。這個威脅不僅限於絕對剝奪的狀況，也出現在相對剝奪的狀況，特別是當剝奪限定在某些特定宗教、民族、性別或種族的經濟弱勢團體時。一九六〇年代，美國發生勞工騷動不安和都市暴動，便是很好的案例。二〇一三年巴西的社會暴亂發生在貧富不均略微減少時，所以部分原因可歸因於邊緣化人口的期望上揚，以及公共服務和設施未能跟上他們的需求。

上述所有因素都無法解釋除了所得分配之外，財富大量集中在全球富豪手中的原因。但存在說得通的結構性解釋，這些解釋集中在商人、媒體和金融資本日漸重要的角色上。資訊科技快速進化，加上通訊出現時空革命，特別是讓貨幣資本的移動能力出現革命性的變化。因此，資本內部的重心也已發生轉移，朝向全球金融化。動態移轉同時發生在數個資本矛盾裡，彼此之間藉著金融化而互動，因而造成所得和財富不均惡化。讓我來詳加說明。

資本歷史裡，出現過數次的金融化，例如在十九世紀下半葉。為何目前的金融化如此特別呢？答案在於貨幣資本流通速度大幅加速，以及金融的交易成本降低。相對其他資本形式（特別是商品和生產），貨幣資本的移動性已急劇增加。資本藉著時間來消滅空間，這樣的傾向在這裡扮演重要的角色。卡爾霍恩（Craig Calhoun）在最近的論文中提到，這「有助於資本既存結構的『創造性破壞』（例如，特定的工業生產模式），並刺激新科技的發展，而新科技的發展接著刺激了新產品、生產製程和新生產地的發展」。當資本尋找和移往較新和較低成本的地點時，不均的地理發展甚至變得更為顯著。金融施加的壓力「驅動投資朝向更短期的利潤，並損害長期與較深層的成長。這也造成投機性泡沫和隨之而來的破滅。對報酬率低於資本報酬率中位數值的公司而言，這增加了市場壓力，讓仍獲利的較舊企業退出市場，因而導致薪資下滑，並且降低工業資本主義藉著薪資上揚分享利潤的傾向。**這強化了不公**」（這裡的粗體字是我加上去的）。然而，金融化快速而毫不猶疑，同時「導致投資於財富的報酬遠高於投資在就業上，給予交易者的報償超過給予實質生產者……讓所有其他類型的企業為了取得金融服務，必須支付更多。在二〇一〇年，單單是紐約一地，證券業員工的紅利總額就高達二百零八億美元，前二十五大避險基金經理人合計賺得二百二十七億美元。重要的是，這發生在市場崩盤、彰顯出金融化會對整體經濟產生怎樣的損害之後。」[4]不僅只是從事貨幣交易者，而是所有類型的交易者都獲利。對於資訊和所有經濟外在附加物的交易、形象和唯物渴望的製造，以及期貨買賣的交易，也都是整體交易的一部分，不論最後的結果有多虛幻。商人、尋租者和金融家被重新定位為資本累積（相對於工業資本）的仲裁者。因此，自從一九七〇年代之後，資本與所得的分配變得如此扭曲。

但這已讓資本本身變得較不安全、較不穩定和較易發生危機，因此當資本累積的主要仲裁者對實際的生產幾乎或甚至完全不重要，則社會價值的生產和實現之間最後便產生了緊張關係。資本主義的引擎已在壓力下發出哀嚎，引擎可能會輕易爆炸（大家都關注中國是否會出現這樣的命運），或乍然停止（看起來當代的歐洲和日本較為可能出現這樣的狀況）。

在上述的所有一切裡，存在深刻的諷刺。就歷史而言，工業資本開展強力的鬥爭，為的是讓自己從抽取地租的地主、放高利貸的金融家、以及想在不均建構市場裡低買高賣的商人的枷鎖裡解脫出來。二十一世紀的資本主義似乎忙於編織限制之網，以致讓尋租者、商人、媒體和通訊大亨，更重要的是讓金融家無情地從生產性工業資本裡擠出油水來，遑論受雇的工人了。工業資本並非消失不見，而只是已經屈從在更荒誕和更狂野形式的資本之下。

一種新形式的資本興起，在科技變化和社會關係全球化的領域裡，充滿活力卻毫無感情，但不只毫不在意社會勞動的生產條件，甚至似乎也不太關心在何處生產。然而，如果所有資本家都尋求靠著商人和媒體資本的經濟租、利息和利潤過活，或更糟的是，只靠著對資產價值進行投機或依賴資本利得為生、卻未生產出任何社會價值（美國所得最高一％裡的大部分人便是如此），那麼這類政治經濟也顯示出巨大的經濟財富、權力和特權的集中化——集中在商人、媒體資本家、金融家和尋租者手中。讓人感到遺憾的是，這些富豪的出現太顯而易見了。他們過得非常好，而一般大眾卻活得相當糟，這個事實已很難掩蓋。重大的問題為，被剝削者的群眾政治運動是否和何時會產生，以再次得回之前失去的東西。

這留給我們一個重要的剩下未答的問題：如果現今出現的財富和所得的嚴重不平均，反映出這種新形式資本的興起，那麼這款新形式資本興起所產生的矛盾是什麼？這是一個關鍵的問題，我們將在之後的危險矛盾議題裡加以討論。我希望可以證明，這並非只是一種歷史的偶然而已。

所有反資本主義策略的政治意涵相當簡單，但影響深遠。例如，如果美國的民意調查的本質是象徵性的，那麼以下的改革運動將出現大規模的公眾支持：結果將比目前狀況平等許多，即便是要求國家不得成為達成這個目標的工具。勞工控制的倡議、團結的經濟、自發性社群和合作型結構應該會存在，並獲得廣泛的支持。以蒙德拉貢（Mondragon）為例，這是歐洲最大和歷史最悠久的勞工合作組織，以集體管理著稱，直到最近，所得不均度不超過三：一，非常吸引人（典型的美國企業比則是三百五十：一）。

在這個例子裡，我們還看到一個非常重要政治行動類別的潛在價值，也就是「革命的改革」這個概念。很明顯的是，從目前的水準降低財富和所得的不均，完全不會對資本再生產生影響。事實上，我們可以合理主張，在目前的緊要關頭，這樣的減少對資本的存續絕對是必要的，這是因為透過管理生產和實現之間矛盾統合的能力，存在日益增加的不平衡，以致目前不均的威脅已成為絕對的矛盾。然而，如果資本的必要不均理論是正確的話，那麼削減財富和所得不均到了某個程度，將會威脅資本的再生。一旦朝向擠壓出利潤的行動正在進行中，那麼最終便能脅迫從資本擠出油水來，以補償資本系統性壓榨勞工的舉措。沒有人確切知道這個突破點的位置何在，但無疑會比美國民調所偏好的平等水準要來得更平等。改革運動如果圍繞在降低社會的不公，可以成為革命性轉變的前鋒。

矛盾13 社會再製論

以前我們大致可以說，資本一點都不在乎勞工的需求，完全讓勞工自行展現進取心與創意，就資本所能提供的微薄薪資，在生物、心理及文化方面複製自己。大多數的勞工只能就地同意，因為他們別無選擇。這就是馬克思所遭遇的處境，可能因為這個原因，他在進行資本的政治經濟理論化時，將勞動力社會再製的問題棄置一旁。不過，明顯的是，如果勞工並沒有複製自己，或是因為在礦坑或工廠裡工作過度而提早死亡（或是因為工作過度而自殺，正如中國工廠經常會發生的現象），又如果勞力剩餘取得資本的容易途徑被堵塞，那麼資本就不能再生。馬克思發現其中的危險，清楚認知到限制必須設定在過長的工時與過高的剝削，因此國家的立法不只要保護資本的再生，也要保護勞工的生命。要確保勞力的社會再製，必須有一定的條件，但是這會與確保資本再生的條件產生潛在矛盾。不過，過去兩個世紀以來，這個矛盾愈來愈明顯，也愈變愈複雜，充滿危險的可能性，地緣的表現形式與後果相當廣泛，卻也十分紛歧。

工廠制度興起後，這個矛盾更形明顯，資本產生體系的複雜迂迴程度也與日俱增。傳統的工藝技術愈來愈不重要，資本的重心愈來愈轉成獲得受過普通教育的勞工，也就是能識字、有彈性、有紀律，足以勝任機器時代的多樣化工作。一八六四年英國《工廠法案》中出現教育條款，就是一個跡象，顯示資本愈來愈在乎勞工的能力，這也代表對勞工在工廠之外的生活有一定程度的干預。就資本主義整體來說，這種對於勞工素質能力的關切，剛好吻合許多地方改革派中產階級的政治計畫，創造出「值得尊敬」的工人階級，避免暴動與革命，屈服於資本所提供的種種誘惑。公共教育的成長，加上在資本主義世界裡有許多地方盛行「天然氣與水」都由政府掌控的社會主義，顯然有助於緩和有固定工作勞工的命運，進而讓政治代表權（投票的權利，因此可以影響公共政策）延伸到公民普選。

對於勞工教育的興趣增加，並且動員金融資源去完成這項任務，一直是資本歷史的主要特色。不過，這並非公正無私的歷史，而且還牽涉到資本與勞工階級鬥爭所產生的後遺症。正如之前所說，資本希望勞動階級受教育，但教育內容可能不同於勞工本身希望學到的內容。例如，在英國及法國歷史的初期，自學有成的勞工成為資方的眼中釘，他們熱衷於各式各樣的社會主義烏托邦想法，但這些想法有異於資本所能提供的生活形式，他們也準備好要採取政治行動（即使不是革命），以催生反資本主義的另類選擇。在一八三〇年代及一八四〇年代的法國，解放思潮及烏托邦手冊異常流行（與傅立葉〔Fourier〕、聖西門〔Saint-Simon〕、蒲魯東〔Proudhon〕、卡貝〔Cabet〕等人的名字聯想在一起），隔著英吉利海峽，英國也出現類似的現象，雖然更冷靜，但也持續出現強調勞工權利的作品，呼籲有必要成立系統性的團結組織，例如，工會及各式各樣的政治煽動（如人民憲章主義）及組織，有些獲得歐文（Robert Owen）等烏托邦思想家及實踐者的支持。如果這構成勞動階級的教育，則資本顯然並不贊成。不過，至少有一定影響力的勞動階級持續投入自我教育，資方面臨這樣的情境，必須找出因應之道。正如在狄更斯《董貝父子》（*Dombey and Son*）一書中董貝先生說，他並不反對公眾教育，只要受教育的勞工知道自己在社會中的地位即可。至於馬克思，雖然批評大多數的社會主義烏托邦學說，卻從中受惠極深，同樣也想要創造出一整套反資本主義的知識體系，以提供反資本主義論述的思想泉源。對資方來說，勞工絕不能閱讀這類作品。

雖然公眾教育已進行了許多符合資方需求的事，例如意識形態的一致性，又結合適合勞動分工的技巧，但卻無法根除基本上的衝突。部分原因是因為國家的利益也介入，企圖打造出跨階級的國家認同與團結心態，這與資方傾向無根的國際化個人主義（資方與勞方都須盡力趕上）相衝突。公眾教育內容的矛盾無法輕易解決，但這不會阻礙以下的事實：教育與訓練投資是資本競爭力的必要條件。例如，在中國近年的發展中，在教育的龐大投資一直是主要特徵，就像之前的新加坡及其他東亞國家一樣。這是因為資本的獲利程度愈來愈取決於技術勞力的生產力提升。

不過，正如資本史經常發生的現象一樣，教育本身最終變成「大事業」。傳統上的教育屬於公眾且免費，但民營化與付費制度快速入侵，因此想接受教育的人士就必須自行負擔這個社會再製的重要層面，形成他們的財務負荷。受過教育的勞工卻負債累累，其後果可能還需要一段時間才能確定。不過，二〇〇六年以來，在智利首都聖地牙哥，由於高中與大學的昂貴民營化，學生與當局之間出現街鬥，一直持續到現在，這種現象很可能成為不滿的潛在來源。

創造出高度生產力的勞工之後，就產生了所謂的「人力資本」理論，這可以說是廣被採納的經濟理念中最詭異的理論之一。這種說法首先出現在亞當斯密的著作中。他認為，取得有生產力的勞工人才，透過「教育、研究或是學徒制，永遠會產生實際的花費，這是固定的資本，且似乎為了本身而實現。這些才能是勞工的財富，也是勞工所屬社會的財富。工人的技巧改善，可以被視為機器或貿易的工具暢通或節省勞力，雖然要耗費一定成本，但可以藉獲利來支付花費。」[1] 當然，問題在於由誰來支付這些才能的費用——勞工、國家、資方或社會的某些機構（例如教會）——並且由誰來獲得好處（以亞當斯密的用語來說就是「獲利」）？

當然，對於技術勞工與受過訓練的勞工來說，可能會合理地預期薪酬要高於非技術勞工，但這絕不代表較高薪資是獲利的一種形式，顯示出勞工對自己教育與技能的投資成果。正如馬克思對於亞當斯密的尖刻批評，問題在於，勞工只能在受到剝削的情況下為資方實現這些技能的較高價值，但生產力提升的最後成果是由資方所收割，而非由勞工所收割。[2] 例如，近年來，勞工生產力一直增加，但產出分配給勞工的比重持續下滑，而不是上揚。無論如何，馬克思指出，如果勞工透過物質形式真正擁有的東西是資本，那麼勞工應該有權利懶洋洋坐著，依賴資本所產生的利息過活，甚至都不需要工作（作為財產近親的資本總是有這個選項）。就我所知，人力資本理論在貝克（Gary Becker）的帶領下於一九六〇年代復甦時，主要的論點在於隱藏資方與勞工之間的階級關係，假裝我們都是資本家，只是用我們的資本（不論是人力或其他）來賺取不同的報酬率。[3]如果勞工獲得非常低的薪資，就可以說成勞工對於人力資本的投資不足！簡單說，如果他們薪水少，就是他們的錯。一點也不意外的是，所有資本的主要機構（從經濟部會到世界銀行、國際貨幣基金）都全心全意擁抱這個理論性的虛構之物，為的是意識形態的原因，絕對不是出於健全的理性考量。同樣的這些機構最近同樣也支持以下的虛構品：在開發中國家，社會再製的非正式部門雖然主宰了許多城市，但卻只是一大群微企業，只要施打一劑微金融（主要金融機構在路的盡頭設下高不可攀的利率），就可以成為資本家階級的正式成員。

基於同樣的理由，我極度反對布赫迪爾（Bourdieu）以個人才能（這對社會生活來說當然很重要）作為資本的形式，就是所謂的「文化資本」。[4]為了強調這種才能在確定社會地位時所扮演的角色，進而有助於社會再製過程中階級區別的複製，這當然無可厚非，但如果視為資本形式（以我們目前就這個詞的定義來說）則令人錯亂，即使不是違反常理。這等於假設，如果學會欣賞史卡拉第（Scarlatti，如果你是法國人）或歌手多格（Snoop Dogg，如果你是美國人），就可以累積財富與所得。文化資本的觀念不吻合（但是這並非布赫迪爾的重點）之處在於，在進行物品與地方的品牌行銷時，會形成獨占租（就像上等的葡萄酒及完美的觀光景點）。不過，我們在這裡所處理的，是差異象徵的製造，而且這些象徵如果停留不去，就可能成為獨占租與財物獲利的來源。產品差異化，是為了強調我這個品牌的牙膏獨特，這一直是避免市場交換讓所有東西都一致的策略。在物品與地方的品牌行銷（這是位於當代廣告與觀光產業核心的操控之作）背後，是象徵的世界，到底是由誰來發明就成為關鍵，足以操弄人們對於財物獲利的欲望。當然是由資本家來取得獲利與支付產品品牌行銷的費用。在某些情況，資本家顯然毫不猶豫在自己的產品上附加階級的符號，甚至還更強調誘惑力十足的性意象。資方無疑在銷售技巧方面運用這些差異的符號，但這並不代表差異是資本的形式之一（這是布赫迪爾的說法），如果差異獨特且創新（像是畢卡索的畫作），則可能產生獨占租。

資本與資本家狀態（尤其是後者）近來都對社會再製的層面有很深的興趣，特別是會影響到勞工競爭力素質的層面。如果任何國家想要變得更富有，將產品的附加價值鏈向上移動到研發領域，藉此從智慧財產權獲取財富，那麼要依賴受過良好教育且在科技上合格的勞工，這些勞工的來源要不然是在國內訓練（因此美國等國家極度重視研究型大學），要不然就是從國外引進。對於這些勞工的教育必須很早就開始，因此整個教育體系會受到資方的關注，不過，資方一如平常，會盡量避免去支付相關費用。像新加坡及現在的中國，對於各級教育的大量投資一直是經濟成功的關鍵。

科技快速變化，尤其是之前提過的機器人及人工智慧，已徹底改變了讓勞工有優勢的技術類型，教育體系也掙扎著趕上新的需求。二十多年前，瑞奇（Robert Reich）指出，基於知識的「象徵－分析」服務、例行生產與「個人化」服務之間出現了新的區別。「象徵－分析」人士包括工程師、法律專家、研究人員、科學家、教授、高階主管、記者、顧問與其他「勞心工作者」，藉以謀生的主要工作內容為收集、處理、分析、操控資訊與符號。瑞奇估計，上述人士約占美國勞工人數的兩成，占據優勢地位，部分是因為他們幾乎可以在世界的任何角落執業。不過，他們必須在分析與符號技巧方面接受良好教育，而且這些教育大多從家庭就開始，兒童早就透過家裡的電子裝置學會如何使用與操控資訊數據，為新興的「知識」經濟做好準備。[5]這群人士組成資本主義中的中上階級核心，比較富有但變動也很快，愈來愈將自己放進特權區塊（而且也一併封存社會再製過程），逐漸與社會的其他部分隔絕。相形之下，傳統的生產勞工（如鋼鐵與汽車製造）與一般的服務勞工沒有前景可言，部分是因為這些工作大多可能消失，部分是因為剩下的工作很可能薪資低且福利少，畢竟勞力嚴重過剩。

長期以來，資方一直對於至少提高部分勞工的生產力有興趣，一開始的層面並沒有涵蓋勞工的文化與感情生活。在許多情況與地方，社會再製的層面如生養子女、照顧老弱等仍多為勞工自己的事，是在市場的考量之外，正如許多文化生活的細節一樣。然而，隨著資本主義的工業化與都市化愈來愈複雜，資本主義國家發現本身的涉入必須愈來愈深，包括規範與提供公眾健康、教育、社會控制等，甚至還涉及心靈的特定習慣培養，以利於大多數民眾的自我訓練與公民意識。

正如卡茲（Cindi Katz）所說，社會再製的整體領域是「日常生活具體、麻煩且不確定的事務」，同時也是「一組結構性的慣例，與生產之間逐漸出現辯證的關係，彼此互為因果，衍生張力。」社會再製與資本再生之間的矛盾統合愈來愈具體化，形成資本歷史上值得注意的持續變動矛盾。現在與一八五〇年有天壤之別。卡茲說：「社會再製涵蓋日常且長期的再製，同時包括生產方法與推動其運作的勞力。就最基本的概念來說，社會再製取決於勞工的生物再製，不論是從世代或從日常生活而言。」社會再製同時還包括手工、心力與抽象技巧的製造與再製。[6]這一切的完成都以勞工個人的薪資為基礎，加上各種國家組織（如教育與醫療保健）、公民社會的主要機構（如教會與各種非政府組織所支援的慈善事業）所提供的社會薪資。

從勞工的立場來看，社會再製有非常特別的意義。勞工獲得工資，並且選擇如何花掉。在早期，資方並不在意勞工薪水的用途及背後的原因。但今非昔比，我們稍後還會再討論。勞工如何生存及再製，部分要依賴勞工、家庭與社區所能提供的支援。在社會再製中，有太多未領薪水的勞力牽涉其中，女性主義者也一再提起（事實也是如此），這些勞力傳統上且直到今日大多還是由女性所提供。對資方來說，社會再製是龐大且適合的領域，真正的成本已外部化到家庭與其他社區組織。在不同的人口團體，成本的比重也不盡相同。例如，如之前所討論，在農業及鄉村的部分無產階級中，養育小孩、照顧病患及長者的所有成本幾乎都丟給家庭勞工。不過，在社會民主的情況，政治運動推動資方將這些成本部分內部化，不論是以直接（透過薪資合約中的退休金、保險與醫療福利）或間接（透過對資本課稅，以支援社會福利國家提供相關服務）的方式。

近年來，新一代的自由政治計畫與精神，就是將社會再製的成本盡量外部化到大部分人身上，降低稅務負擔，以提高資本的獲利率。重點在於，福利國太過昂貴，資本稅務優惠將有助於刺激經濟快速且深層成長，一旦福利能更普及，每個人都會過得更好。不過，這一切當然不曾發生，因為富人幾乎拿走所有的儲蓄，卻沒有釋出任何福利（除非是以道德上可疑的慈善事業形式出現）。

不過，家庭並非隔絕的單位，而是深植於社會互動與當地社會關係的矩陣之中。家庭的勞力通常會相互分享。例如，在美國中產階級的鄰居之間，輪流用車、照顧小孩、籌畫集體活動（公園內野餐、街頭集市、街區派對）等，都是日常生活的一部分，甚至還有組織起來的足球媽媽，受到政治人物的注意。這其中包括非金錢的交換，明顯是互相協助，涵蓋範圍很廣，如幫忙鄰居修車子，油漆露台，協助維修公共空間以供公眾娛樂之用。互助的內容與運作機制差異很大，但不可否認的是，在全世界的許多地方，家庭集結在一起，彼此支援，創造出類似共同生活的形態。在設立社群團體、文化社團或宗教組織時，這樣的常規也就變得正式化。這些群體會特別留意去界定與維持（有時甚至會採取壓抑的手段）鄰里之間的合適狀況，以利社會再製。這些群體可以組成更大的社會運動的基礎，因而引發不少靈感：除了由純粹市場與金錢交易所產生的生活以外，還有其他的可能性。新自由運動攻擊由國家來提供社會服務，雖然可以透過互助慣例的興起來對抗，但大多數的證據卻並非如此。新自由主義是透過個人主義、自我中心的獲利極大化原則（外加地理流動性提高）來運作，會減弱互助在共同社會生活中所扮演的角色，除非這種共同生活有宗教或文化作為聯繫基礎。此外，消費者愈來愈將房屋視為短期的投機商品，而不是創造穩定舒適生活的地方。而且，資本通常製造出都市生活模式（特別依賴汽車），並不有利於創造出彼此支援的社會網絡，後者才能激勵更多適當且圓滿形式的社會再製。

在這一切的背後，潛伏著初期且可能有害的矛盾，我們之前已見過這種矛盾的種種偽裝形式。勞工與家庭都是有效需求的重要來源，在實現市場價值時扮演重要角色。如果他們大都在市場之外為自己的需求而生產，就不會進入市場購買，有效需求的效力也就減弱。這是部分無產階級主義的問題，而且，到某個時點之後，就會屈服於完全的無產階級主義（在資本的壓力之下）。如果福利國解體，那麼很大一部分的有效需求也會隨之崩壞，價值的實現也會萎縮。這是撙節政治學的問題所在。在生產時資本的潛在獲利可能上揚，但有效需求不足又會造成潛在獲利下滑，兩者之間出現矛盾，想要去管理社會再製與生產之間的矛盾時，往往管理方式搖擺於兩個極端之間，使矛盾更形擴大。

為了部分解決這個困境，在資本史中出現長期的趨勢，就是經由市場交易來補足家庭勞力（從理髮、外帶食物、冷凍食物、速食、衣物乾洗、娛樂到照顧小孩與老人等）。個人家庭勞力的私有化進入市場領域，加上家用科技的資本密集度愈來愈高（從洗衣機、吸塵器到微波爐，當然還有房屋與汽車），必須投入許多資金（通常因此負債），這不只徹底轉變家庭經濟的本質，而且也將實現市場資本價值的過程革命化。全球房屋市場商品化，打造社會再製消費空間，已經開啟了資本累積的大門。正如我們所知，資方長期來一直注意提倡「理性消費」，可以說是強化資本累積的家庭消費主義，不論是否符合真實的人性欲望與需求（不論這些欲望與需求的內容）。社會再製愈來愈受到影響，有時甚至被這些考量所完全轉化。

這項基本的事實已經推動了以下的反省：在哈伯瑪斯（Jürgen Habermas）所說的我們「生活世界」（依循德國哲學家胡塞爾〔Edmund Husserl〕的說法）中，資本扮演的主宰角色愈來愈重要，列斐伏爾（Henri Lefebvre）則在「日常生活」的標題之下進行分析。[7]資本與其產物（透過各種形式）有系統地滲入我們生活世界的幾乎所有層面，當然會引發抗拒，但對全球大多數的人口來說，這卻是一場必輸的戰役，即使沒有受到熱烈歡迎也一樣。漸進左派（尤其是社會主義傾向的女性主義者）早已主張，家庭勞力應該支薪。由於太多家庭勞力不成比例是由女性所負擔，政治的理由相當明顯，但可惜的是，這樣一來，卻只是促進一切的全面貨幣化，最終又是由資本所決定。家庭工作要貨幣化本身已經很困難，此外，這樣的措施很難嘉惠人民（更不可能嘉惠女性）。即使她們因為家庭勞力而獲得報酬，還是很可能持續被過度剝削。

因此，著名的法國歷史學家布勞岱爾（Fernand Braudel）認為，在中世紀末期，一般人的物質生活和再生產領域，與資本或市場毫無關係（或只有一點點關係）。即使如此，這與我們的時代也沒有關聯，例外情況是在世界的偏遠角落（例如，原住民社會或遙遠的農村），資本仍無法在當地發揮重要的影響力。[8]日常生活與社會再製的商品化速度加快，創造出反資本主義活動的空間。

社會再製的領域幾乎處處都成為資本主義活動高度侵入的場所。在全世界的許多地方，國家與資本已透過各種方式，將影響力及力量的觸角伸進社會再製的領域。當然，這些干涉不一定都是心懷惡意。在全世界的許多地方，有社會再製的地方，壓迫與傷害女性的行為盛行，女性受教育的機會被否定，傷害與虐待兒童經常發生，偏執心態導致輕視他人，家庭中的勞力太常以暴力與壓迫的形式轉嫁到其他人身上，酗酒與吸毒更是敲醒喪鐘。基於這個原因，很有必要對於社會再製進行少量的社會規範（甚至是由國家來介入）。但是，這又造成官僚主義塑造日常生活與社會再製，自主發展就沒有太多空間可言。此外，將生產、交換、分配與消費的所有過程都深深植入社會與生物生活的網絡之中，就會產生一個特別的世界，其中家庭過度消費與足夠社會再製所需的消費之間出現矛盾，就像勞力社會再製與資本再生之間的矛盾一樣明顯。以美國來說，到底有多少當代社會再製是用來訓練人們進行炫富消費與投機金融？又有多少是用來訓練人們成為受過良好教育的好勞工？

在上一個世代，馬丁（Randy Martin）所說的「日常生活的金融化」已經變成插入社會再製的明顯物品。[9] 如果我們提出基本的問題：有多少社會再製是靠舉債而來？其影響為何？答案會讓人瞠目結舌。在全世界的許多地方，放高利貸的勢力一直不可輕忽，到目前為止，也都是如此。在印度的許多地方，社會再製出現在放高利貸者強大力量的陰影之下。即使出現了微型信貸與微型融資，情況也沒有紓解。（有某些情況下，有些人——大多是女性——更被逼上自殺之路，因為這是集體負債的唯一解決之道。）不過，幾乎在每個地方，與社會再製有關的個人負債現在都已經變成了嚴重問題，不論出於哪一種形式。美國的學生債台高築，同樣的情況也出現在英國、智利與中國，借錢以支付日常生活所需，而且金額以驚人的速度大幅增加。在中國，個人負債從一九八〇年的接近零，到現在成長速度超過薪資所得。

當然，這種結論太過直接了當，因為這些矛盾有地理上的差異。在世界的某些地方（例如，在美國，消費占國內生產毛額〔ＧＤＰ〕的七成以上），會透過異化消費主義來提供有效需求，這種消費主義會破壞社會再製的合理形式；在其他地方，則比較重視勞動力的社會再製，這種社會再製可以沒完沒了大量生產出價值（例如，在中國，消費只占GDP約三五％）。在分裂的城市，像是奈及利亞首都拉哥斯、巴西首都聖保羅，甚至紐約，城市的一部分陷入炫富消費，另一部分則有許多容易剝削的過剩勞力。對於不同環境下社會再製的研究顯示，家庭活動的素質與意義差異頗大，彼此之間幾乎沒有任何共通點。這些紛歧產生了中產階級道德的奇特呈現。道德譴責一開始是針對巴基斯坦，後來擴大到印度，因為當地的兒童每天工作十到十二個小時，只賺到微薄的工錢，但生產出來的足球卻讓球員成為億萬富豪。不過，這些道德人士卻完全忽略，資本也剝削了他們自己的子女，畢竟他們的子女是市場裡的消費者，即使這些小孩曾被教導交易的黑暗面，也了解操縱股市（完全只是金錢遊戲），只要按按鍵盤即可。只要用Google搜尋一下列貝德（Jonathan Lebed），就知道我的意思了。他在十五歲時，就已經靠買賣低價股票而賺進數百萬美元，設立聊天室來暢談他剛低買高賣的個股，他的聊天室也創造出高人氣。美國證券交易委員會（ＳＥＣ）起訴他，他卻堅持說華爾街的人都是這麼做的。ＳＥＣ罰了他一小筆錢就算了，因為列貝德說得沒有錯。

如果不了解這些地理上差異極大的情況，就無法理解社會再製的矛盾，即使這些情況會隨著時間的演進而大幅改變本質。在全世界的許多地方，物質活動、文化形式與當地生活方式的情境，全都舉足輕重。正如卡茲所說，社會再製「有必要受限於地域」，前提是資本能高度流動。結果就是「所有的不一致出現在各個空間、橫跨疆界、不論規模大小，都可能引發社會關係的先天不平等，並產生新的不平等。」農業勞工於墨西哥再製，但最後卻在美國加州的田地裡工作；女性勞工生養於菲律賓，為紐約市提供不少家務勞力；數學工程師在前蘇聯共產主義下接受訓練，最後落腳美國卡納維爾角（Cape Canaveral）的太空總署發射基地；軟體工程師在印度受教育，後來去了美國西雅圖。

社會再製不只是勞動技巧，還包括消費習慣的調整。卡茲指出，「勞力的再製需要廣泛的文化形式與習俗，這些都有特定的地理與歷史因素。」這包括所有相關的知識與學習、世界觀、倫理與美學觀點、與大自然的關係、文化價值與習俗等，此外還有對於地方、區域、國家的歸屬感。社會再製還包括「維持並強化階級等區別的慣例」以及「文化形式與習俗，以加強且內化主要的製造與再製社會關係」。透過這些社會習俗，「社會參與者成為文化成員，自動自發創造且建構認同感，既屬於這個文化，但也會對抗這個文化。」

卡茲的結論是：「社會再製的問題難以捉摸，令人困惑，但在社會再製的領域，卻可以見證到全球化資本製造的大多數犧牲者。」[10] 在這個領域，資本的創造性毀滅最為陰險，提倡異化消費主義與個人主義生活方式，所達成的無非是瘋狂且互相競爭的自私貪婪，如果無法成功建立所謂的人力資本（勢必如此），就怪罪受害者本身。不平等的再製在此出現，由於缺乏任何隨之而來的強大反作用力，因此不平等的再製也在此結束。例如，在美國，社會流動性幾乎停止，因此一切都依賴一個非常不平等且極度狹窄的社會再製過程，即使不能說是明目張膽的歧視。從前這裡的大多數人只靠自己來進行再製，完全不須藉助資本或政府的一丁點力量，但現在這裡的人進行再製時，卻是在政府與資本雙重的大規模腐敗干涉之下，所打造的日常生活不只是用特別勞力去填補高度分化的職務（包括一無是處者的位置），而且還聚集各式各樣沒有必要的多餘產品，但資本卻大費周章去生產及行銷。

當然有人會發現矛盾並設法解決。有些人嚮往回歸原始的思考與生活方式，或建立另類社群，其基礎是彼此關係密切的家庭或是勞工團體，至少有希望挑戰當代社會再製的瘋狂形式，因為這是組織嚴密的消費者資本主義。不過，資本透過消費主義來感染社會再製的策略既持續不懈怠，又有廣告及促銷產業的慷慨金援，不惜一切只求銷售產品。在第二帝國時期的巴黎，新百貨公司老闆想要獲得更多的市場力量，口號就是「掌握女人」。晚近則是由「掌握小孩，愈小愈好」來主宰大多數的消費廣告。如果養大兒童的方式是讓他們坐在電視前面，或是玩電腦遊戲或iPad，則對他們的心理、文化教養、世界觀與政治主觀性會產生很深遠的衝擊。卡茲表示，再製是複雜的問題，部分原因在於再製高度聚焦於「問題嚴重的社會關係與物質形式」。基於這個理由，社會再製不太可能是革命氣氛的來源。不過，有太多革命氣氛必須依賴社會再製，包括相對抗的政治在內。

社會再製無所不在，因而成為中心觀點，從此處以最陰險的形式打造對資本的批判。這正是列斐伏爾撰寫大部頭巨著《日常生活批判》（*Critique of Everyday Life*）的原因。[11]他批判了個性化（「私人」意識與個人主義）、金錢（他解讀為拜物主義與經濟上的異化）、需求（來自於消費主義的心理與道德異化，雖然不一定來自於必要消費的異化）與工作（勞工的異化），當然還有自由的概念與意識形態（戰勝大自然與人性的力量）。

這一切指引我們朝向反資本主義回應的政治形式，回應了資本主義日常生活所發生的事，也回應了轉化社會再製的力量。這種對於多重異化的否定必定是任何集體政治反應的最前端，回應了日常生活的墮落與社會再製自主權的失落，這是處於資本與資本主義國度的環境，但這不代表回應這個情勢的唯一方式是孤立的個別家庭為所欲為。另類的選擇是家庭融入社會網絡之中，以管理並改善充滿「文明」價值的共同生活。我們會在結論討論這個另類選擇。在此處，列斐伏爾的最後一點——對自由的批判——同樣也值得注意，因為這是資本另一個主要矛盾的重點，我們會在下一章探討。

不過，有一點是確定的。任何所謂的「激進」策略正走向錯誤的方向：這些策略想要讓社會再製對貨幣化與市場力量開放，藉以恢復社會再製的生機。然而，如果想要增進大多數人的理財能力，只會讓這些人在企圖管理自己的投資組合時陷入被捕食的困境，就像在鯊魚群中的小魚一樣。如果提供微信用與微金融機制以鼓勵人們參與市場經濟，只能大幅增加他們投入的精力，卻盡量降低他們的獲利。如果想提供法律資格給土地與房地產的擁有者，希望這樣一來會對社會邊緣人士帶來經濟與社會穩定，最後幾乎一定會造成他們流離失所，無法擁有他們透過習慣法所能享用的使用權。

矛盾14 自由與控制

石牆構不成監獄，
鐵柵欄也非牢籠，
只要心靈純靜，
此處即隱居之所。
如果我擁有愛的自由，
靈魂也無拘無束，
則只有翱翔空中的天使，
才能享有此等特權。

這是洛夫萊斯（Richard Lovelace）在獄中寫給愛人雅惜亞（Althea）的名詩，常常被人引用。洛夫萊斯在一六四二年被關進監獄，原因是請求英國國會廢除規範教士的法律。他遭下獄，是因為行使向國會請願的自由。時間點很重要。當時是英國內戰期間，教會的權利受到節制，最後導致英王查理一世被送上斷頭台。正如歷史學家希爾（Christopher Hill）所說，當時的世界「被搞得上下顛倒」，原因是政治、宗教與社會運動風起雲湧，企圖找出方法，形成有力的觀念與意識形態，來處理個人權利、自由、管理集體與共同利益，一切是為了所謂的公益（關於這點有不少歧見）。[1]不論有哪些紛歧，國王與教會（但不包括異議者）的神聖權利受到猛烈抨擊。不過，哪一類的政治組織可以而且可能取而代之？又會有哪些自由呢？

洛夫萊斯詩裡所要表達的感受十分清楚。我們大多數人已經適應資本的運作方式，會認為我們已經具備自由思考的能力，不論周遭有哪些高牆或阻礙。我們可以輕易想像出有異於目前居住世界的情境或世界。我們甚至可以想像出以不同意象重塑現今這個世界的積極步驟。如果我們可以自由想像出不同的選擇，為何不能努力讓我們的想像成真，即使我們體認到歷史與地理情境不一定適合提出與追求另類選擇？不只是右派自由主義小說家蘭德（Ayn Rand）的追隨者會這麼想。各式各樣的激進分子（包括馬克思主義）都很願意如此相信。伊格頓（Terry Eagleton）在《散步在華爾街的馬克思》（*Why* Marx Was Right）指出，畢竟「個體的自由興盛是他政治學的完全目標，只要我們記得，這些個體必須尋找在群體中興盛的方式。」[2]蘭德與馬克思不同之處在於，馬克思認為，個體創造力要真正興盛（這個理想要回溯到亞里斯多德對於美好生活的概念），最好要透過彼此的合作與聯繫，以集體的驅動力去破除稀少與物質必需品的障礙，跨越這個分界點之後，個人自由的真正領域才算開始。

不過，在這一切的背後，卻隱藏一個令人尷尬的問題：關於當代對於自由的意義與定義，是否有足以抑止擁抱反資本主義的選項？如果我任意追求這樣的選項，是否會像洛夫萊斯一樣去坐牢？是否在不知不覺中，我們所運作的自由概念狹隘墮落，最後還束縛我們？這些自由的概念是否只會支持現狀，而且更清楚顯示資本主義對於人權與社會正義的扭曲想法？資本的經濟引擎是否如此強力配合基礎卻偏頗的自由概念，因此排除了其他的一切？對於自由與控制這個關鍵的政治問題，屆時是否只剩下（往壞處說是）創業精神或（往好處說）自由人文主義的途徑？

在我所看過的所有美國總統就職演說中，主題幾乎都是美國代表自由，不僅會不惜一切代價去對抗威脅自由的勢力，而且還會運用力量與影響力，將自由推廣散布到全世界。小布希總統在他的所有演講中一再提到自由，而且以修辭學的誇張聳動方式（例如美國大張旗鼓進軍伊拉克）描述美國的傳統：「推動自由是我們這個時代的職責所在。是我們這個國家的職責所在。從十四點和平原則（威爾遜總統）到四大自由（羅斯福總統）到英國國會演說（雷根總統），美國都將我們的力量運用在這項原則。我們相信，自由是自然的構思。我們相信，自由是歷史的方向。我們相信，人類的成就與卓越來自於對自由的負責任運用。我們也相信，自由——我們所如此珍視的自由——並不只限於我們。自由是所有人類的權利與能力。」小布希總統在倫敦市長官邸對英國國會議員演說時，確定了他的思想根源：「我們有時會錯誤懷抱天真的信念，以為自由可以改變這個世界。如果這是錯誤的念頭，是因為我們讀了太多的洛克與亞當斯密。」[3]雖然小布希確實讀過上述作者的可能性令人吃驚，但他的主張根源卻來自於早期政治經濟學的論述，這點相當重要，我們之後將討論。

可惜的是，美國關切保障自由的角色，卻一直用來支持在全球大多數地區進行帝國及新殖民主義的控制。美國在追求自由的絕對價值時，毫不勉強地訴諸強迫與暴力。美國公開支持推翻民選領袖的政變，可是有一段悠久的歷史，從一九五四年瓜地馬拉的阿班茲（Jacobo Arbenz）、一九七三年智利的阿朗德（Salvador Allende），一直到最近企圖推翻委內瑞拉的查維茲（Hugo Chávez）卻失敗。回到美國來說，我們目前住在一個政府對民眾私下溝通進行廣泛監視的世界，政府機構會破解所有密碼（因此他們可以掌握我們的銀行、醫療與信用卡紀錄），一切的名義都是為了讓我們免於受到恐怖的威脅。對於自由的追求似乎提供了一張執照，讓政府去進行形形色色的鎮壓行為。美國大眾不是完全無感，就是習慣於這種矛盾，因此幾乎沒有注意到，關於自由的美麗辭藻卻常搭配控制的卑鄙運作，通常只為了淺薄的貪腐利益，更不要說是長期傷害人權，從伊拉克的阿布賈里布（Abu Ghraib）監獄到古巴的關塔那摩灣（Guantanamo Bay）監獄，再到阿富汗的土地上。即使國際特赦組織都公開譴責美國在關塔那摩灣「無法無天違反人權」，但美國政府對這個批評完全視若無睹。這種顛倒是非也並非新鮮事了。「戰爭就是和平。自由就是奴役。無知就是力量」，這是歐威爾（George Orwell）在《一九八四》中的名言，當時是以蘇聯為範本。

基於以上現象，很容易在此下結論：關於追求自由的政治辭藻全是騙局，是小布希這種偽善者的面具，以達成追逐獲利、侵占及主宰的貪腐目的。不過，這會否絕另類歷史的力量，從農民造反到革命運動（美國、法國、俄國、中國等等），到廢奴運動到脫離殖民統治，這些都是以自由的名義進行，以天翻地覆的方式重新改造了社會的形態。這一切進行時，社會力量也擴展了自由的領域，反對種族隔離，爭取公民權利、工人權利、女性權利及其他少數人士（如同性戀、雙性戀、跨性別者、原住民或失能者）的權利。在資本主義的歷史裡，這些努力以各式各樣的方式來轉化我們的世界。當抗暴人士種下自由之樹時，並不是空洞的姿態。當要求「現在就給自由」的呼喊在街道上回響時，統治的社會階層必須退縮讓步，即使提出的措施只有象徵意義。

在資本主義的歷史中，大眾對於自由的追求向來是強力的動機。不論統治階級與其政治代表將這種追求包裝成陳腐或低級，對自由的追求也不會輕易消失。不過，這事情本身也有黑暗面。在這些革命運動軌道的某一時點（尤其是在愈接近目標時），就必須決定控制誰或控制什麼，以確保他們所追求的自由。在革命的情勢下，某人的牛隻被撞傷，問題在於是誰的牛？原因何在？可憐的洛夫萊斯最後下獄，似乎很不公平。在法國大革命時期，恐怖統治出現，以強化「自由、平等、博愛」。由於有警察政府的壓抑機制撐腰，官僚化及僵化的國家管理階層興盛，解放人類的承諾成為幻滅，世世代代共產主義叛亂分子的希望與夢想也粉碎在這個矛盾的岩石上。同樣的，後殖民時期社會的公民如果真的相信，追求國家自我解放會造成自由範疇的大躍進，那麼現在就會活在幻滅裡，即使不是對自由的未來產生恐懼。南非經過多年反對種族隔離的慘烈抗爭後，在達成基本需求的自由方面，現在的狀態也沒有比以前好。在世界的某些地區，像是新加坡，個人自由受到嚴格限制，用來交換快速成長的物質財富。

這裡顯然有非常大的矛盾。自由與控制總是緊密相連。沒有「控制」這種見不得人的魔法，就沒有自由可言。為了要開啟更大的自由，控制的力道可能是必要的：在面臨壓倒性多數時必須控制自己的害怕，必須戰勝憤世嫉俗與懷疑人士，還不用說是面對外來敵人。自由與控制的統合向來是矛盾的統合。為了要執行正義的舉動，可能需要不正義的手段。

自由與控制這兩個極端名詞位於矛盾的兩邊，有許多細微的形式，更不用說還有偽裝的形式（控制可以假裝成同意，或透過說服與意識形態的操弄來達成目的）。不過，我比較偏好明目張膽且擾亂人心的語言，因為忽略它的潛在結果正是幻滅的來源，畢竟數百萬人曾經一心一意為自由奮戰，甚至為此犧牲生命，但卻發現他們的後代仍在另一種控制形式之下載浮載沉。任何追求自由的努力一開始就必須面臨這個議題，必須準備好面臨要控制的目標，同時也必須體認到，維持自由的代價是永遠的警戒，要對抗或新或舊的控制形式捲土重來。

因此，有必要提到洛克與亞當斯密。古典自由政治經濟所提出的理論不只是普及化資本主義的烏托邦模型，而且是特定的個人自由願景，正如法國哲學家傅柯（Michel Foucault）痛切指出，這種願景最終將支撐自我規範的治理架構，限制國家力量的胡作非為，同時又讓個人可以依據市場社會法則來規範自己的行為。[4] 控制與自我紀律已經內化於個體中。這代表自由的主要概念過去與現在都是深植於社會關係與規範之中，它的特色為市場交換，它的基礎則是私有財產與個人權利。單靠這些條件就界定自由的範疇，排除其他可能，任何挑戰將被無情地消滅。社會秩序是由馬庫色（Herbert Marcuse）所形容的「壓抑的容忍」所構成：疆界分明，絕對不能越界，不論推展自由的運動有多急迫，此外，容忍的辭彙也用來讓我們容忍無法容忍的事。[5]

這一切唯一令人驚訝的是，我們注意到且想到時，才會覺得驚訝。國家的暴力與控制必須藏身市場自由的後方，這不是很明顯嗎？自由國家自十八世紀以來逐漸興起，究其理論與實際，主導思想在於，國家應該自我限制干預能力，就個人尤其是市場創業常規來說，應該實施放任態度，並不是出自父兄般的善意，而是出自於自我利益，因為這樣可以加速貨幣財富的累積，並且擴大主權管轄範圍的力量。國家經常過度進行規範與干預的活動，這是常見於公民之間的抱怨，當然也是資本市場的標準抱怨。像美國茶黨之類的政治運動不時出現，它的使命非常清楚，就是減少國家的干預，不論這些干預是好是壞。自由主義的批評人士認為，保母式的政府應該滾蛋，個人自由的時代才能真正開始。

波蘭尼（Karl Polanyi）太了解這一切的關係了，即使是從政治主張的另一邊來看。他以假設性的語氣指出：「市場經濟結束，空前的自由年代才能降臨。法律與實際的自由可以比從前更海闊天空，規範與管制不只可以為少數人達成自由，而且是為人人達成自由。自由不是特權的附屬品，並不是從來源就汙染了，而是特定的權利，越過政治領域的狹隘範圍，擴大到社會的私人組織。因此，古老的自由與民權可以加入新的自由群，有了工業社會所提供的閒暇及安全，才有新的自由群可言。這樣的社會才有資格達到公正且自由。」

擴大自由領域的困難在於，階級利益與根深柢固的特權過度依附在財富上。富有階層的自由受到保障，抗拒對他們活動的任何設限，宣稱他們會被降等成為社會極權主義的奴隸，因此不停鼓吹要擴張自己的自由，不惜犧牲別人的自由。「自由企業與私人所有權被視為自由的必要條件。如果是建基在其他基礎的社會，就沒有資格被稱為自由社會。法規所創造出來的自由被貶為非自由，所提供的正義、自由與福利被斥為奴役的偽裝……這代表如果有些人的所得、閒暇與安全不用再強化，就享有完整的自由；如果有些人只能勉強運用民主權利，從財產擁有者獲得遮風蔽雨的棲身之處，那麼這些人只享有微薄的自由。」[6] 因此，波蘭尼明顯反駁了海耶克（Friedrich Hayek）在《通往奴役之路》（*Road to Serfdom*）的中心主旨，這本書寫於一九四二至四三年，但到現在仍然是自由主義右派的聖經，而且也是影響深遠的巨著（銷售超過兩百萬冊以上）。

這個困境的根源顯然是自由的意義。波蘭尼說，自由政治經濟的烏托邦主義「對於我們的理想給予錯誤的指引」，無法體認到，「如果沒有力量與強制，社會就無法存在。而且，也沒有武力不發揮作用的世界。」這種烏托邦主義堅守純粹的自由市場社會看法，「將經濟等同於契約關係，將契約關係等同於自由。」[7] 這是自由派共和黨人士所打造的世界，這也是大多數無政府主義人士與左派反威權人士對個人自由的看法，即使市場經濟的資本主義解讀被嚴厲譴責。不論是信奉哪一種政治主張，都無法逃離自由與控制的矛盾統合。

波蘭尼主張，這樣一來，政治的後果就是「在面臨失業與匱乏之時，不論是選民或擁有者，不論是生產者或消費者，都無法為對自由的粗魯限制負責。」這種狀況是自然而然的結果，超越任何人的控制，沒有特定人要為此負責。要處理這種狀況的義務可能「以自由的名義被否決」。[8]在美國眾議院，共和黨為多數黨，可以輕易投票通過削減日益窮困人士的食物補貼（同時卻堅持對於農業的補貼），名義是為了支持自由大業與擴大自由的領域。波蘭尼總結指出，在揚棄古典政治經濟與同宗自由主義政治的烏托邦憧憬之前，我們無法探究自由這個議題。屆時我們才能「與社會的現實」及其矛盾「面對面」。否則（今日尤其明顯），我們的自由就必須依賴對於社會現實的否定。這種對於現實的否定，正是大多數右派論述（如小布希總統）所達成的行動。

自由與資本概念之間存在天生的關係，以政治經濟學家的烏托邦書寫為媒介，這應該不讓人吃驚。畢竟，運用剩餘勞力就是已經先行假定：在資本的統治之下，勞工受到控制且相對不自由。正如馬克思諷刺指出，勞工自由有兩層意義：他們有自由可以將自己的勞力賣給自己喜歡的人，同時他們也免於受到生產方式（像是土地）的控制（可以藉薪資以外的方式生存）。勞力與取得生產方式的分離具有歷史意義，包含暴力與高壓的長期且仍在進行的歷史，卻以資本能自由運用薪資勞力為名義。資本同樣取得能在這個世界隨意尋找獲利可能性的自由，正如我們之前已經提過，這必須去除或降低資本流動性的具體、社會與政治障礙。「自由放任」與「自由通行」成為資本主義秩序的關鍵詞。這不只適用於流動性，還適用於免於法規干預的自由，除非會傷害到其他資本家或經濟體，以致太難以接受或太危險，造成政府必須出面干預。從當地或原來人口腳下挖取資源的自由、必要時驅散住民及掠奪整個土地的自由、過度使用生態體系到超過極限的自由……這一切都成為資本必要自由的重要部分。資本要求國家保障私人財產，強制執行契約，保護智慧財產權不受徵收的威脅，除非運用於公共利益（這是資本的掩飾）。

資本所需要與要求的這些自由沒有一個是不具爭議的，事實上，有時爭議還相當激烈。許多人體認到，資本的自由顯然依賴其他人的不自由。馬克思注意到，雙方都各有權利，資本希望能從勞工身上搾取更多的勞動時間，勞工則努力保護自己免於過勞死且能過自己的日子。馬克思的名言是，這兩方的權利是由力量來決定。但這是在剝削的世界，政治經濟學家以普及進步的烏托邦計畫為名義，預計最終讓人人都能受惠。不過，馬克思指出，如果自由的真正領域開始於貧困離開之時，則基於稀少性、貧窮、勞動剩餘及未滿足需求的政治經濟體系將過時，無法帶領我們進入自由的真正領域，無法讓個體興旺嘉惠所有人的理想成真。矛盾之處在於，現在自動化與人工智慧提供充分的工具，讓我們能達成馬克思超越貧困的自由夢想，但同時資本政治經濟法則又將自由推得愈來愈遠，難以企及。

資本的經濟論據具有侵蝕的力量，進入人文學者擴大自由範疇的論述核心，將自由擴展到封閉的社群之外，畢竟這個世界的富人愈來愈被拘束在這個社群之內。例如，森恩（Amartya Sen）在他的代表作《經濟發展與自由》（*Development as Freedom*）一書中，盡力將經濟論述推展到人文主義的極致，「以自由的名義」。森恩認為，自由既是過程，也是他所形容的「巨大機會」。兩者的區別很重要，因為其中包含對傳統福利國主義的批判。福利國主義只將勞工與一般大眾視為政策的對象，而非歷史的主角。對森恩來說，同樣重要的是動員人力及開發人力，讓人口成為經濟發展中的活躍媒介，讓人們有必要的巨大機會（得以取得有形物品與服務），可以過有價值的生活。我想他說得很有道理。他指出，在許多情況下，人們願意付出巨大的自由，以全心全意積極追求自己的財富。奴隸與農奴可能比領工資的勞工有錢許多，但勞工不太可能用自己的相對自由去交換錢。自由參與勞動市場及自由發展自己的能力，都是達成發展的重要方式。這遠優於重大的變動，無論變動有多感人，因為這些變動是由外來且通常高高在上的國家力量所施加及主導。森恩運用這個關於自由的觀點，「來評估分析變化，並且以描述及預測的方式，將自由視為快速變動中的有效因子。」這些發展過程的運作方式為透過「各種社會機構——與市場、管理、立法、政黨、非政府組織、司法、媒體與社群整體運作相關。」森恩指出，這一切可以「有助於發展的過程，正因為透過他們提升與維持個人自由的效應。」森恩尋求「對於這些不同機構與彼此互動觀點角色的整合性理解」，以及去了解「價值形成與社會道德進化」。結果是紛歧的自由領域，依附在各種機構與活動，這些不能簡化成簡單的公式如「累積資本、開放市場或有效的經濟規畫」。這裡的一貫因素為「強化個人自由的過程及催生這個過程的社會承諾……發展確實是自由可能性的重大承諾」。[9]

問題當然在於，森恩的觀點無論多麼有吸引力，最後卻仍然是自由政治經濟烏托邦主義的另外一種版本。自由並不是變成目的，而是方法，是傅柯所說的「統治性」（governmentality）。透過自由，整體人口的自我紀律由國家權力所管理，而自我紀律則可以確保服從中產階級的機構與生活方式，當然包括資本主義階級控制累積的財富與力量。換句話說，目的不是問題，而且不必受到自由之名的質疑，因為自由已整合入過程之中。這就是「發展作為自由」的意義。

森恩描述的是零矛盾的世界。他沒有體認到階級對立的龐大力量（波蘭尼明顯注意到了）、自由與控制之間的辯證關係、私人挪用社會財富的力量、使用與交換價值之間的矛盾、私人財產與國家之間的矛盾等。當然，森恩有提到對立這件事，但他認為這些都是可以管理的。如果說這些對立會變成絕對的矛盾及危機的來源，森恩認為不過是假設而已，或者只是管理不當。他的努力值得稱讚，也很有吸引力，就是試著透過進程建立一個非異化的解讀自由方式，這個假定是資本世界的非矛盾版本。這就是波蘭尼所說的烏托邦世界，他認為，如果我們想要讓社會變成擁有實質大量自由的世界，而不是徒有自由概念卻不顧社會現實的世界，那麼我們就應該捨棄這樣的烏托邦世界。

我不是隨便以森恩為例。對我來說，在所有的經濟學家中，他已盡量探索延展自由的可能性，方法則是透過受規範日對社會負責的市場資本主義發展形式，評估標準是高尚的人文主義理想，而非粗魯的經濟發展措施。不過，他的中心信念（他並沒有提出決定性的證據）為以下的概念：市場體系經過適度規範與管理後，是達成人類欲望與需求的正義且有效方式，而且以自由的方式產生免於欠缺的自由。貨幣形式中並沒有天生的矛盾可言，即使在他心愛故土印度的許多地方，放款者每天都在蹂躪窮人的生計。這是非政府組織與慈善團體所盛行的自由人文主義，他們認真投入，一心一意想要消滅貧窮與疾病，但對於方法卻毫無概念。

作曲家彼得•巴菲特是傳奇人物億萬富翁投資人華倫•巴菲特的兒子，他在《紐約時報》發表一篇驚人且帶有啟示意味的道歉文，描述多年前他在接受父親捐款成立慈善基金會之後，接觸了資本主義慈善世界。他說，不久他「就意識到我稱之為慈善殖民主義的現象……人們（包括我在內）只要稍微了解一個特定地區，就會認為他們有能力解決一個當地的問題……不論文化、地理或社會常規。」**投資經理人、企業領袖與國家領導人都「以右手來尋找答案，但問題卻是房間內其他人用左手製造出來的。」**即使慈善行為變成龐大的事業（單在美國，就有九百四十萬人受雇於這個產業，發放的金額高達三千一百六十億美元），全球的不平等仍然持續擴大到失控的地步，「**體系為少數人創造出巨額財富，但卻摧毀更多生命與社群。**」慈善成為「道德洗滌」的形式，只會「讓有錢人晚上睡得好一些，但其他人只能勉強維持生計。幾乎毫無例外的是，只要有人因為行善而感覺好一些，在世界（或街道）的另一端，就有別人會鎖入這個體系中，無法真正施展天性，也沒有機會去過喜樂且圓滿的人生。」[10] 小巴菲特與森恩、馬克思兩人的目標都一致，相當引人注意，但中產階級改革主義的歷史令人哀傷，從來不曾解決社會問題，只是轉移問題而已。

「慈善－產業綜合體」有力且快速成長，但成果卻被侵蝕，因為資本主義經濟理性採取的原則愈來愈緊縮。小巴菲特說，慈善事業的價值接受評估，「彷彿投資回報是衡量成功的唯一標準。」非正式部門再度化身為擁有私人財產權的微型企業，對這樣的非正式部門採用微金融原則，似乎顯得合乎經濟理性。然而，小巴菲特質問：「這一切到底是為了什麼？人們一定會學習融入我們的體系，也就是欠債且付利息的體系。人們將提升到每天賺兩美元以上，進入我們的貨品與服務世界，因此他們就可以多買一些東西。但這一切不是全都用來餵養野獸嗎？」確實如此。而且，這還發生在適當的時刻，也就是資本的實現被別處下滑的有效需求所威脅，透過債務障礙與勞役償債（加上法律上掠奪性質較低的其他慣例）等掠奪方式來累積，提供了有利的補給，以提振整體的資本報酬率。可惜的是，小巴菲特在這裡打擊到他自己壓抑容忍的圍牆。他的總結很薄弱：「我並不是呼籲終結資本主義。我要呼籲採取人本主義。」但是，他所批評的慣例正好就是資本人本主義的情況。唯一的解決方案，在離當代壓抑容忍版本界限之外的遙遠地方，是革命性的人本主義，會正視這頭（資本主義）野獸，這頭野獸被餵養得很好，原因來自於自由，野獸用右手來照顧別人，同時用左手來主宰別人。

馬克思探討，如何以偏袒的方式用中產階級對自由的概念來對抗一般人民的權益。不只如此，他還進一步進入核心，探討在真正自由的社會裡，真實財富到底有什麼意義。正如他在《政治經濟學批判大綱》（*Grundrisse*）中所說：

> 當有限的中產階級形式被剝奪之後，財富又剩下什麼呢？不過是透過普遍交換產生的人類需求、能力、歡樂、生產力等等的普遍性，以及人類主宰自然力量的完全發展（包括所謂的大自然與人類的本性）。人類創造力的潛能完全伸展……換句話說，人類所有力量的發展，本身即是目的，而不是依據已經預定好的衡量標準來測量。他不是自行產生一種特定性，而是產生整體性？

努力奮鬥並不是為了要成為他的現狀，而是永遠處於變成的過程之中？在中產階級經濟學——以及在相對應的生產時代裡——這種人類內容的完全發展似乎是完全的清空，這是完全異化的普遍客觀化。[11]

馬克思並沒有在這個構想中避免控制問題（「主宰」）。他體認到，在革命的情況下，自由與控制之間出現矛盾的力量。他在〈論猶太問題〉（On the Jewish Question）中質問，為什麼「人類的自由權利只要是與政治生活相衝突，就不再是權利了？但依據這個理論，政治生活只是人類與個人權利的擔保，因此在與目的（人類的這些權利）衝突時必須被捨棄。」馬克思心中想到的範例就是法國大革命時期壓抑出版自由。這形成「謎題」：「仍然有待解決，在政治解放者的心目中，為何關係已經遭到顛覆，目的成為手段，手段反成目的。」[12] 遠在歐威爾之前，馬克思就已經直抵為何自由變成奴役這個謎題的核心。

馬克思認為，他在盧梭（Rousseau）的文字中找到答案：

凡是有膽量承擔打造人群機制的人，應該有能力改變人性；有能力將每個本身完整的單獨個體轉化成大整體的一部分，讓個體可以從這個整體獲得生命與生存意義；有能力改變人的體質，目的是為了強化體質；有能力將道德的部分存在替換成自然賦予我們的肉體存在。換句話說，他必須取走個人的資源，代之以新的不同資源，而且是如果沒有別人協助就無法運用的資源。[13]

也就是說，完全社會化的個體需要的是不同的政治主體性，對於自由的概念也不同於單獨的個體。

雖然這個答案太過圓滑，無法承擔必須擔負的歷史重量，但卻也點出值得好好探究的方向。人人的自由是由何者來捍衛比較好？是由排他的個別私人財產權體制？或是由聯合個體來集體管理共同的權利？最後我們是否面臨不得已的選擇？是要選擇動員個體自由以服務資本階級控制的社會？或是由被放逐者動員階級鬥爭以追求更大的社會與集體自由？

同樣該注意的是，在盧梭的構想中，有些想法在馬克思的理論中有雙重作用。革命性的轉型牽涉到創造性的毀滅，有所失，也有所得。對盧梭來說，失落的是單獨的個人主義（這源自於盧梭理論中的自然狀態，但對馬克思來說，這是中產階級革命的政治產物）。單獨的個人主義必須讓步，代之以嶄新但「異化」的資源。中產階級必須與個人化的過去相隔絕，以便讓放逐者獲得未來不異化的自由。這由內翻轉了馬克思的異化論：在革命轉化的每個關鍵時刻，異化的時刻同時充滿正面與負面的潛力。如果沒有產生可能矛盾的回應，就沒有矛盾這一回事。

關於推翻（或「控制」）個人主義中產階級對於財富與價值的概念，以解放集體創造人類繁榮的潛力（不時潛伏在四周），馬克思並不拐彎抹角。奇怪的是，甚至柴契爾夫人都認為，此處有值得注意的不同點，這因而證明了，即使是保守到極點、對化學有興趣的雜貨商女兒，都有能力了解先驗思想。她說（雖然我懷疑她能充分理解馬克思對於財富的概念，也就是財富能完全實現人類所有的能力與力量）：「錯誤的不是創造財富，而是為了財富而創造財富。」

真正自由的世界完全無法預測。伊格頓說：「一旦去除了人類繁榮的束縛，更難說會發生什麼事。因為人們到時會在對彼此的責任之下更容易自由行事。如果他們可以花更多時間在我們現在所說的休閒活動上，而不是更努力工作，那麼他們的行為會變得更難預測。我說『我們現在所說的休閒』，是因為如果我們真正使用資本主義所累積的資源，讓大多數人不必工作，那麼我們就不會把他們做的事稱為休閒。」這時就可以充分運用自動化與人工智慧，真的讓人們脫離無意義的勞動，而不是被綁住。伊格頓指出，「對馬克思來說，社會主義是我們開始集體決定我們自己命運的時點。民主必須去認真對待，而不是將民主（大多數時候）視為政治猜謎。人們更為自由，就代表更難猜測星期三下午五點時他們在做什麼。」[14] 但是，這並不代表屆時就沒有自我紀律、承諾與專心奉獻，畢竟這是對於我們可能自由自在選擇的複雜工作，不但是為了我們自我的滿足，而且也是為了他人的福祉。正如亞里斯多德很久以前就了解到，自由附著於美好生活之上，而美好生活是活躍的生活，就像所有的自然一樣，是永遠投入對於新奇的追求。在追求個體時，自由與控制之間辯證的非異化版本有可能出現，與他人合作，以達成潛能與力量的高峰。不過，在追求非異化的關係時，卻不能沒有先前的異化經驗與矛盾的可能性。

第三部

危險的矛盾

演變中的各項矛盾以不同方式演變，是資本的歷史和地理演化的主要動力來源。在某些情況下，這些矛盾的演變是傾向進步的（雖然過程中一定有倒退和受挫的時候）。科技的變化總體而言是累積的，地理上的空間生產也是這樣，雖然兩者均曾出現有力的逆流和逆轉。有些可行的技術變得落伍並逐漸遭到淘汰，一些空間和地方一度是資本主義活動的蓬勃中心，後來卻成為鬼城和日趨衰落的城市。在另一些情況下，矛盾的演變比較像鐘擺，在壟斷與競爭或是貧窮與富有之間擺動。至於某些矛盾，例如自由與宰制，演變是混亂和隨機的，取決於相互對抗的各種政治力量的消長。在另一些矛盾，例如社會再製的複雜領域中，資本主義的歷史演化與資本的具體要求之交集因為十分不確定且彼此交纏，演變的方向和力道一時一樣，極少一致。女性、身心障礙者、性少數群體（同性戀、雙性戀和跨性別社群），以及對社會再製各方面（例如婚姻、家庭，以及育兒方式）有嚴格規範的宗教群體，這些群體的權利進步了，使我們難以計算資本與資本主義在基本矛盾方面確切如何彼此配合或對抗。倘若社會再製的矛盾是這樣，宰制與自由的複製情況便更是如此。

演變中的矛盾形成某種格局，在資本和資本主義的共同演化中提供了大量能量和創新熱情，並為新倡議開創了大量可能（譯註：作者此處用「a wealth of possibilities」來講「大量可能」，並特意說明，他用wealth一詞是經過深思熟慮的，是指人類的能力可能茁壯成長，而非指單純的財產）。這些矛盾和空間是對社會變得美好的希望潛藏之處，可替代既有結構和建設的事物也可能從此處浮現。

一如基本矛盾，演變中的矛盾在資本相關的整個領域中以奇妙的方式交集、互動和互相干擾。空間生產和地域發展不均的動態，受組織形式（例如國家機器和組織的地域形式）和運輸與空間生產方面的技術變化強力影響。在地域發展不均這領域中，社會再製以及自由與宰制平衡上的差異大幅擴大，以致它們本身成為空間生產和發展不均的一部分。在異位空間中，截然不同的生產、社會組織和政治權力形式可以興盛一段時間；這種空間得以創造出來，意味著在某個地帶，不斷有反資本主義的可能性出現和消失。也是在這裡，壟斷和集權相對於分權與競爭的問題產生作用，影響技術與組織動態，並為經濟優勢的地域競爭提供活力。不言而喻的是，貧窮與富有之間的平衡，不斷受有關勞工生產力和新產品線創造的地域間競爭、遷移流動和競爭創新左右。

多種另類政治計畫正是藏在這些互動和動態的矛盾框架中。當中有許多是由資本對其自身矛盾的特殊反應構成，因此主要傾向在永遠存在的風險和不確定性中（若未形成真正危機的話），促進資本的再生產。但即使在這些情況下，我們也有無數可能去加入各種倡議，改變資本的運作方式，使人看到反資本主義替代模式的可能模樣。一如馬克思，我認為未來的世界很大程度上已存在於我們周遭，而政治創新（一如科技創新）是以新方式將既有但孤立分隔的政治可能性組合起來。地域發展不均必然產生「希望空間」和異位情況，使新合作模式在被強勢的資本運作吸納之前，至少得以興盛一段時間。新科技（例如網際網路）打開了潛在自由的新空間，有助於促進民主治理。社會再製領域的主動行動可以產生一批新公民，他們渴望徹底革新社會關係，使它們廣泛人性化，而且渴望在處理人類與自然的演變關係方面，建立一種美學上較令人滿意和敏感的作法。指出這一切的可能，並不是說它們全都將產生成果，但這確實告訴我們，任何反資本主義政治都必須徹底檢視種種矛盾，找出自己的路徑，利用既有的資源和構想建造一個代替資本體制的世界。

由此就講到資本的危險矛盾，這些矛盾甚至可能是致命的。眾所周知，馬克思似乎曾說過，資本最終將因為承受不了自身內在的矛盾而崩潰。但是，我找不到馬克思在哪裡說過這句話，而據我閱讀馬克思著作的經驗，我認為他很可能從未說過這句話。這句話假定不必有人破壞資本主義的經濟引擎，或是藉由武力終止其運轉並將它換掉，這引擎便會崩潰。馬克思在這問題上的立場（我大致信奉他的說法，雖然這違背馬克思主義／共產主義傳統中的某些傾向，也違反許多馬克思評論者所稱的馬克思觀點），是資本很可能可以無限期運轉下去，但它的運轉方式將導致土地逐步退化和大規模的貧窮，社會階級不平等嚴重惡化，多數人類喪失人性，而他們將受日趨專橫的勢力壓制，這種勢力否認個人蓬勃發展的可能（也就是極權警察國家的監控和軍事化控制系統，以及我們正廣泛體驗的極權式民主〔totalitarian democracy〕的強化）。

結果是資本壓制了人類創造力的自由發展，這是令人無法忍受的，因為它等同拋棄資本賦予我們的種種可能，為了無休止地增加金融財富和滿足狹隘的經濟階級利益，浪費了人類潛力所能創造的真正財富。面對這種前景，明智的政治只能試圖超越資本，超越資本家階級日趨專橫和寡頭的權力結構，將經濟體中富想像力的各種可能重建到一個平等和民主的新模式中。

簡單說，我喜歡的馬克思是一位革命的人道主義者，而不是目的決定論者（teleological

determinist）。他的著作中可以找到支持目的決定論的說法，但我認為他的大部分著作，無論是歷史還是政治經濟學方面的論述，是支持革命人道主義的。正因如此，我將接下來要講的矛盾稱為「危險」而不是「致命的」（fatal，也有命中注定的意思），因為後一種說法會傳遞無可避免、致命衰敗，甚至是末日式機械結局（apocalyptic mechanical endings）的不正確意思。不過，有些矛盾對資本和人類確實比其他矛盾危險一些，而哪些矛盾比較危險會因時空而異。如果我們是在五十或一百年前談論資本和人類的未來，我們集中探討的矛盾很可能會與我在這裡探討的不同。在一九四五年，環境問題和維持複合成長的困難不會像現在這麼受關注；當年人們較重視的問題包括解決地緣政治方面的對抗，替地域發展不均辯解，以及藉由國家干預再平衡生產與實現之間的矛盾統一。此處所講的三個矛盾是眼下最危險的，不僅是就資本主義經濟引擎繼續運轉的能力而言，也關乎人類能否在最低限度的合適環境下繁衍下去。當中有一個是可能致命的，但也只有一個。不過，這是假定我們能發起一場革命運動，改變資本無盡積累指定的演化路徑。是否會有這麼一場革命、迫使我們根本改變生活方式並非上天注定的。它完全取決於人類的意志。行使這種意志的第一步，是充分認識當前各種危險的性質和我們眼前的種種選擇。

矛盾15 無止境的複合成長

資本總是追求成長，而且必須是複合成長。我認為資本再生產的這項條件如今構成一個極其危險、但人們大致上未認識、未分析的矛盾。

多數人不是很明白複利的數學。他們也不明白複合（或指數型）成長的現象及其潛在危險。如哈德森（Michael Hudson）在他最近的犀利評論中指出，即使是傳統經濟學這門「憂鬱科學」，也未認識到複利對負債上升的重要性。[1] 結果是有關二〇〇八年震撼世界的金融動盪的解釋，有一部分未能呈現出來。那麼，無止境的複合成長是可能的嗎？

近來有些經濟學家提出疑慮，認為長期以來我們假定經濟可以無止境成長可能是錯的。例如，戈登（Robert Gordon）在最近一篇論文中便表示，近二百五十年來的經濟成長「大有可能是人類歷史上獨特的一段時期，而不是經濟未來可以同樣速度無止境成長的保證」。他的說法主要是基於檢視支撐人均所得成長的勞工生產力創新的路徑和影響。戈登與另外幾名經濟學家均認為，以前的創新浪潮遠比始於一九六〇年代左右、基於電子和電腦化的最近一波創新強勁。

他認為最近這段創新浪潮的影響不如人們普遍想像的那麼強，而且無論如何它的效力如今已基本耗竭（高潮出現在一九九〇年代的網絡公司泡沫）。基於這理由，戈登預測：「人均實質國內生產毛額（GDP）未來的成長率，將低於十九世紀末以來任何一段較長的時間，而所得較低的九九％人口的人均實質消費成長率更將低於人均GDP。」在美國，上一波創新的內在弱點，因為一些「阻力」而加重；這些阻力包括社會不平等惡化，教育成本上升但品質下降所衍生的問題，全球化的影響，環境法規，人口老化，稅務負擔加重，以及居高不下的消費者和政府債務。[2]戈登還指出，即使沒有這些阻力，相對於過去兩百年，未來經濟仍將度過一段相對停滯的時期。

政府債務是上面提到的一項阻力，這問題在我撰寫本書時，在美國已變成一個各方互踢的「政治皮球」（各方熱烈議論但均不願承擔，因此遲遲無解的問題），而許多其他地方也有類似情況。在媒體和國會，政府債務是許多刺耳和誇張的言論與主張的焦點所在。有心人一再提出，若不厲行節約，未來的世代將承受可怕的沉重負債；他們藉此鼓吹嚴苛地削減政府支出和社會工資，而這當然是一如既往地有利於寡頭集團。在歐洲，同樣的論點被用來強加在整個國家（如希臘）身上的災難性節約方案辯解，雖然我們不必發揮太多想像力，便能看到這種作法如何有利於較富有的國家如德國以及富裕的債券持有人。在歐洲，經由民主選舉產生的希臘和義大利政府被和平地推翻了，獲得債市信任的「技術官僚」暫時取而代之。

這一切使我們特別難看清債務複合增加、資本積累指數型成長以及由此產生的危險之間的關係。必須注意的是，戈登關注的主要是人均GDP。這與總體GDP看來大不一樣。這兩個指標均容易受人口狀況影響，但受影響的方式大不相同。隨意檢視總體GDP歷史數據，我們會發現，在整個資本史上，財富與債務積累之間一直有鬆散的關係，但是自一九七〇年代以來，財富積累與公共、企業和私人債務積累之間的關係變得密切得多。我們會懷疑債務積累如今是資本進一步累積的一個先決條件。果真如此，我們眼前有一個古怪的情況：右翼共和黨人與其歐洲類似群體（例如德國政府）努力試圖降低負債，正嚴重威脅資本的前途，潛在影響遠遠超過歷來勞工階級運動產生的威脅。

複利（複合成長）本質上非常簡單。我存一百元在年利率五%的儲蓄帳戶中。年底時我的帳戶餘額為一〇五元，假設利率保持不變，再一年後帳戶餘額是一一〇・二五元（如果是每月複利或每日複利，帳戶餘額會大一些）。在第二年底，複利與單利的差別很小，只有〇・二五元。因為差額很小，不值得費心，因此很容易為人忽略。但是，以年利率五%複利三十年後，我將有四三二・一九元，而如果是單利，則只會有二五〇元。六十年後，複利的結果是一八六七元，單利是四〇〇元；一百年後，複利是一三一五〇元，單利是六〇〇〇元。注意這些數字。複利曲線起初在頗長一段時間內升速非常慢（見圖1和圖2），然後開始加速上升，最後達到數學家所稱的奇異點（singularity）——航向無窮大。曾經背負房貸的人，會體驗到相反的情況。在三十年房貸的頭二十年中，待還的房貸本金降得非常慢，然後減少的速度會加快；在最後二至三年，房貸本金以非常快的速度減少。

圖 1 複利vs.單利

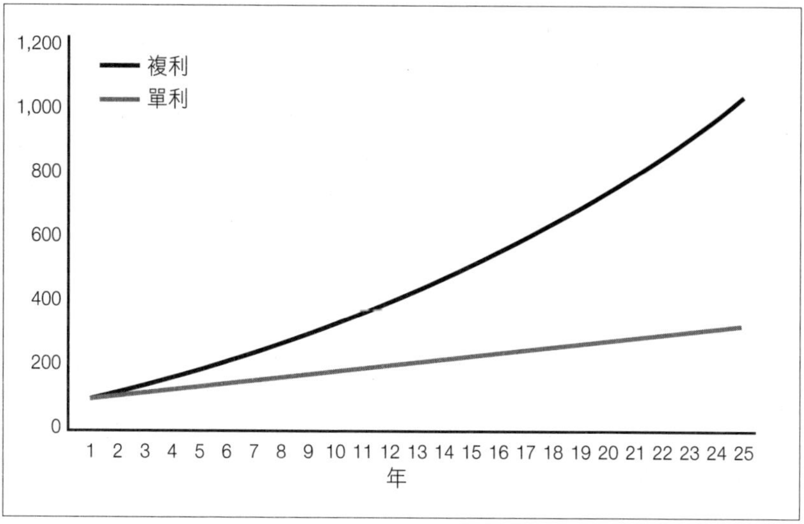

圖 2 典型的S曲線

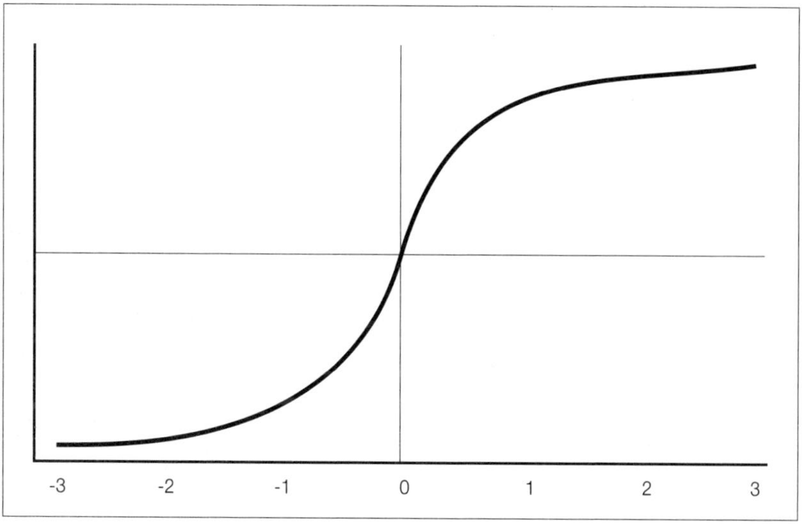

有些經典趣聞可說明複利和指數型成長的性質。某印度國王想獎勵國際象棋的發明者。這位發明者要求的獎賞，是棋盤上第一格放一粒米，接下來每一格的米粒數目每次均倍增，直到所有方格都顧及。國王爽快地答應了，因為這獎賞看來微不足道。可是，到了第二十一格時，米粒的數目已經超過一百萬，而在第四十一格（超過一兆粒米）之後，整個世界都沒有足夠的米可以滿足剩餘方格的需求。這故事的一個版本是國王因為覺得自己被騙而憤怒不已，砍了發明者的頭。這版本是個有益的故事：它說明了複利刁鑽微妙的性質，告訴我們複利的隱匿力量很容易被低估。在複合成長較後期的階段，加速的情況出乎意料。

複利的危險，可用德魯森（Peter Thellusson）的案例說明。他是富裕的瑞士商人銀行家，住在倫敦，設立了一個六十萬英鎊的信託基金。根據他的遺囑，在他一七九七年逝世後，該基金在接下來一百年間皆不可動用。如果能保持七．五%的複利，該基金到一八九七年時價值將達一千九百萬英鎊（遠遠超過英國公債餘額），屆時這筆財富可分配給德魯森幸運的後裔。當時的政府估算，即使年收益只有四%，這筆遺產到一八九七年時規模將等同英國全部公債。複利將令驚人的金融權力落在私人手上。為了避免如此，英國在一八〇〇年通過法案，將信託期限限制在二十一年之內。德魯森的下一代對他的遺囑提出異議。經過多年訴訟，該案於一八五九最終審結，訴訟費用耗盡了德魯森的整筆遺產。狄更斯小說《荒涼山莊》（*Bleak House*）中著名的詹狄士訴詹狄士案（Jarndyce vs. Jarndyce），便是以此為藍本。[3]

十八世紀末湧現了一些有關複利力量的興奮評論。一七七二年，數學家派思（Richard

Price）在一本小冊子中寫了一段後來令馬克思覺得有趣的話：「可獲得複利的錢起初緩慢增加。但因為增加的速度持續加快，一段時間之後，它的增速快得超乎所有人的想像力。耶穌誕生時拿出一便士，如果保持五％的複利，現在它的價值等同一億五千萬個地球的實心黃金。但如果只是單利，則不過是變成七先令四個半便士而已。」[4] 我們在這裡再度看到，人們對於複合成長可以產生「超乎所有人想像力」的結果感到驚奇。如今我們是否也將為複合成長可以產生的結果感到震驚呢？有趣的是，派思的主要觀點（與當前的一批憂心忡忡者大不相同）是利用複利的力量，既有的公債可輕易償清（一如德魯森的案例顯示）！

麥迪森（Angus Maddison）煞費苦心地嘗試計算數個世紀間的全球經濟產出成長率。很顯然，他追溯到愈久遠的年代，相關資料愈不可靠。當中重要的一點是，一七〇〇年之前的資料愈來愈仰賴利用人口估計數推算總體經濟產出。不過，即使在當前年代，我們也有很好的理由去質疑原始資料，因為當中包括一些「國家壞事」（例如交通意外和颶風的經濟後果）。一些經濟學家以許多測量方式導人於盲為由，有力地鼓吹改變國家經濟產值的計算方式。但如果我們接受麥迪森的研究結果，則資本自一八二〇年以來的複合成長率為二．二五％。這是全球平均數。[5] 顯然歷史上有某些時期（例如大蕭條時期）和某些地方（例如當代的日本），成長率微不足道或甚至是負數，但也有一些時期（例如一九五〇和一九六〇年代）和一些地方（例如過去二十年的中國），成長率遠高於長期平均數。上述平均數略低於財經媒體和其他地方普遍認為可接受的最低成長率三％。成長率低於三％時，人們會說經濟疲軟；成長率跌破零則被視為經濟衰退的指標，成長率長期低於零則被視為經濟蕭條。在「成熟經濟體」（也就是並非當代中國），成長率顯著超過五%往往被視為經濟「過熱」的跡象，這種情況總是伴隨著通膨失控的威脅出現。近年即使在二〇〇七至〇九年的「崩壞」時期，全球經濟成長也相當穩定，保持約三%的水準，雖然大部分成長是新興市場（例如：巴西、俄羅斯、印度和中國這四個「金磚國家」）貢獻的。二〇〇八至二〇一二年間，「先進資本主義經濟體」的成長率跌至一%或更低。

根據麥迪森的估算，如果以一九九〇年的美元幣值計算，全球經濟產出一八二〇年為六九四〇億美元，一九一三年時增至二・七兆美元，一九七三年時為十六兆美元，二〇〇三年時接近四十一兆美元。德隆（Bradford DeLong）提出不同的估計數（同樣以一九九〇年的美元幣值計算）：一八五〇年為三五九〇億美元，一九二〇年增至一・七兆美元，一九四〇年是三兆美元，一九七〇年是十二兆美元，二〇〇〇年是四十一兆美元，二〇一二年為四十五兆美元。德隆估計的最初經濟規模較小，複合成長率則較高。雖然兩組數字差異頗大（證明這種估算十分困難，往往相當隨意），複合成長效應在兩者均清楚可見（雖然有顯著的時間和地域差異）。[6]

那麼，我們就以三%的複合成長率為基準。在這成長率下，多數（甚至是全部）資本家可以從他們的資本上獲得正數的報酬率。眼下要維持令人滿意的成長率，我們一年必須為額外的二兆美元找到有利可圖的投資機會，而在一九七〇年必須照顧的「僅為」六十億美元。到二〇三〇年時，全球經濟產出估計將超過九十六兆美元，屆時我們將必須替近三兆美元找到有利可圖的投資機會。此後的金額更是天文數字。情況有如我們到了棋盤上的第二十一格，然後無法繼續下去。這看來完全不像是可行的成長軌跡，至少站在我們目前的位置看來是這樣。想像一下，如果資本的複合成長率持續下去，物質基礎設施、都市化、勞動力、消費以及產能自一九七〇年代以來的巨大擴張，相對於未來一個世代的擴張將顯得微不足道。看看最接近你的城市一九七〇年的地圖，再對照今天的情況，然後想像一下：如果未來二十年間，它的規模和密集度增加三倍，情況會是怎樣？

不過，如果我們假定人類社會演化是由某條數學公式決定，那將是嚴重的錯誤。馬爾薩斯（Thomas Malthus）一七九八年首度提出他的人口論時，正是犯了這種大錯誤（大約就在那時候，派思等人則在歌頌人類事物指數型成長的力量）。馬爾薩斯的論點與本章的議題直接相關，同時也有警世意味。他指出，一如所有其他物種，人類的數目傾向指數型成長（也就是複合成長），而以當年普遍的農業生產力狀況，糧食產出最多只能算術式增加。久而久之，隨著勞動力投入農業的報酬遞減，人口成長率很可能將進一步拋離糧食供給。兩條曲線的距離擴大，被視為反映人口造成的資源壓力日增。馬爾薩斯認為，隨著糧食供給缺口擴大，多數人類將無可避免地面臨饑荒、貧窮、傳染病流行、戰爭，以致各種各樣的疾病。這些狀況是一種殘酷的制衡，使人口成長保持在自然承載力理論上允許的限度內。馬爾薩斯的反烏托邦預測落空了。有見及此，他後來擴充他的理論，納入人類在人口相關行為上的變化，也就是所謂的「道德制約」，例如，較晚結婚、節制性慾，以及其他控制人口的（心照不宣的）手段。這些作法可抑制、甚至是扭轉人口指數型成長的傾向。[7] 馬爾薩斯另外的重大失敗，是沒能預料到農業的工業化發展，以及殖民擴張之下，先前不事生產的土地（尤其是美洲）投入生產糧食，使得全球糧食產出快速增加。

我們訴諸資本積累指數型成長的傾向，是否有可能重蹈馬爾薩斯的覆轍，假定人類社會的演化遵循某條數學公式，而非反映能適應新環境的靈活人類行為？果真如此，資本一直以來以及目前是否正以某些方式，去容納必然是指數型成長的積累過程（假設是這樣）與可能限制指數型成長的情況之間的差異？

不過，我們還有一個問題必須先處理。如果人口成長是指數型的（如馬爾薩斯假定），則經濟必須保持相同的成長速度，生活水準才能維持下去。那麼，人口成長軌跡與資本積累動態之間有什麼關係？

目前人口複合成長率達三％或以上的國家，只能在非洲、南亞和中東找到。東歐的人口成長率是負數，日本和歐洲大部分地方的人口成長率低到無法保持人口穩定。這些國家正出現經濟問題，因為本地勞動力供給不足，而且人口老化造成的經濟負擔愈來愈重。這些國家的勞動人口往往日趨萎縮，而他們必須產生足夠的價值去應付規模日增的退休人口養老金。此一關係在世界某些地區仍然十分重要。在資本的早期歷史階段，人口快速成長或大量尚未利用和城市化的受薪勞動力儲備無疑有助促使資本快速積累。事實上，我們或許可以宣稱，從十七世紀初起，人口成長是資本積累的一個先決條件。戈登所稱的「人口紅利」促進經濟成長的作用，過去顯然重要，未來也仍將如此。一九四五年之後，北美和歐洲大量女性加入勞動力大軍，便是一個很好的例子，但這是可一不可再的事。一九八〇至二〇〇九年間，全球勞動力增加了十二億人，印度和中國便貢獻了近半的增幅。這種成長同樣很難再來一次。但在世界許多地方，人口快速成長與資本快速累積之間的關係已走到尾聲，因為人口成長遵循S形曲線形態：起初緩慢成長，然後指數型加速成長，最後快速放緩，回到人口持平甚至是萎縮的狀態（例如義大利和東歐）。這些零成長的人口真空地區吸引大量移民，但這難免會遇到政治阻力，產生一些社會亂象和許多文化衝突。

即使只是預測中期的人口也很困難（這種預測可能每年均有顯著變化），不過目前的希望是全球人口本世紀將穩定下來，世紀末之前在不超過一百二十億（可能低至到一百億）的水準觸頂，隨後達到零成長的穩定狀態。就資本積累的動態而言，這顯然是個重要問題。例如在美國，二〇〇八年以來新增職位未能追上勞動力的擴張。美國失業率下跌，是反映勞動年齡人口試圖加入就業市場的比例下降。但無論如何，未來的長期資本積累要維持或促進它的複合成長，可以仰賴人口成長的程度顯然將愈來愈低，而生產、消費和資本實現的動態顯然將必須調整以適應新的人口狀況。這種情況何時發生難以斷定，但多數估計認為約一九八〇年之後全球受薪勞動力大幅增加的情況，到二〇三〇年左右無以為繼之後將很難再來一次。某種程度上這是好事，因為如我們所見，科技變遷傾向產生愈來愈多過剩甚至是可棄的較低技術勞工。[8]高技術勞工不足，失業而且愈來愈難就業的中低技術勞工則非常多，兩者的差距看來正在擴大，而技術的定義則正快速演變。

那麼，資本積累是否可能超越兩個世紀以來的指數型成長階段，過渡至S形軌跡（一如許多國家的人口那樣），達到資本主義經濟體的零成長穩定狀態？這問題的答案是響亮的「不能」，而了解此中的原因非常重要。最簡單的解釋，資本的主旨是在追求利潤。如果所有資本家要獲得利潤，那麼期末的價值必須大於期初。這意味著社會勞動的總產出必須擴大，不擴大就不可能有資本。零成長的資本主義經濟體是一個邏輯上和排他性的矛盾，根本就不能存在。這就是為什麼零成長意味著資本的危機。一九三〇年代世界多數地區普遍的零成長狀態若持續下去，資本主義的喪鐘就會響起。

那麼，資本可以如何以複合成長的方式，無止境地積累和擴張下去？若要這樣，過去四十年來地球上驚人的物質變化看來必須以雙倍甚至是三倍的規模發生，但這又如何辦得到呢？過去四十年來中國戲劇性的工業化和城市化，預示了我們為求資本能繼續累積下去，未來必須完成的任務。過去一個世紀中的大部分時候，世界很大一部分地區是在嘗試模仿美國的成長路徑。未來一個世紀，世界多數地區將必須模仿中國的成長路徑（而且像中國那樣承受可怕的環境後果），但這對美國和歐洲來說是不可能的事，對幾乎所有其他地方也是不可想像的（少數例外包括土耳其、伊朗和非洲部分地區）。我們也應記住，過去四十年間，世界曾發生多次慘痛的危機，通常是地區性的，但也有波及全球的：從一九九七年的東南亞到一九九八年的俄羅斯和二〇〇一年的阿根廷，以致二〇〇八年動搖資本世界根基的全球金融危機。

但正是在這裡，我們應停下來想想馬爾薩斯錯誤的反烏托邦展望的警世意義。我們必須思考以下問題：資本積累可以如何改變它的性質，以求適應看似危急的狀況並自我繁衍下去？事實上，一些關鍵的調整適應已經展開了。資本積累能排除種種困難嗎？如果辦得到，這是可以無限期持續下去的嗎？資本積累的動態可以藉由哪些行為調適（類似馬爾薩斯的「道德制約」，雖然「道德」一詞很難說是恰當的）重塑，同時保存複合成長的必要本質？

資本確實能以一種形式無限積累，那便是貨幣的形式。之所以如此，是因為貨幣如今可以不受任何物質上的限制，例如商品貨幣產生的限制（商品貨幣的例子包括金屬貨幣如黃金和白銀，它們賦予非物質的社會勞動一種物質形態，而且其全球供應是大致固定的）。國家發行的法定貨幣可以無限創造出來。當代貨幣供給的擴張，如今是由某種組合的民間活動和國家行為完成（後者由財政部和中央銀行構成的國家財政金融核心負責）。美國聯準會執行量化寬鬆政策時，就像變戲法那樣，想要多少流動資金就創造多少。央行要替貨幣流通量加幾個零，是完全做得到的。當然，這麼做的危險是通膨可能失控。這種危機並未發生，是因為聯準會基本上是在填補銀行體系出現的大洞；這個洞會出現，是因為二〇〇八年時，民間銀行之間的互信崩潰，銀行體系中創造大量貨幣的銀行同業拆借市場癱瘓了。通膨並未加劇的第二個原因，是勞工組織在這種時候替勞工爭取加薪的力量近乎零（因為就業市場有大量的過剩勞動力），因此不會進而影響物價（雖然中國的階級鬥爭使那裡的勞工成本略微增加）。

但是，如果沒有其他的調適，藉由大量創造貨幣使資本以指數型成長的方式無限積累，幾乎肯定將以災難告終。我們先來看看一些此類調適，再來斷定它們能否造就無止境複合成長下的資本永續再生產。

資本不僅涉及價值的生產與流通，還涉及資本的毀滅或貶值。在資本流通的正常過程中，隨著較便宜的新機器和固定資本出現，某比例的資本被毀滅了。重大危機的特點往往在於創造性破壞；商品、迄今具生產力的廠房和設備、貨幣和勞動力在這種破壞中大幅貶值。因為技術變遷，成本較低的事物取代成本較高者，新設備淘汰仍可使用的舊設備，這必然涉及某種程度的資本貶值。一九七〇和一九八〇年代北美和歐洲老工業區迅速去工業化，便是一個明顯的例子。發生危機、戰爭或天災時，資本貶值的規模可以很大。一九三〇年代和第二次世界大戰期間，資本損失相當大。國際貨幣基金組織（ＩＭＦ）估計，在爆發金融危機的二〇〇八年，全球的淨損失幾乎等同全球一整年的商品與服務產值。但儘管損失如此重大，它們也只是短暫中斷複合成長而已。無論如何，隨著房產價值收復失地，尤其是在危機期間房價重挫的美國和英國，許多資產的價值也回到危機前的水準（只是一如既往，它們如今集中在有錢人手上，因此促進大規模的累退式財富再分配；危機發生時，若無革命性的干預措施，這種再分配往往便會發生）。資本貶值如果要真正產生作用，規模必須遠大於二〇〇八年，持續時間也必須長得多（或許必須接近一九三〇和一九四〇年代的情況）。

貶值情況不均的問題，以及圍繞著貶值代價由誰承受的地緣政治鬥爭均有重要意義，部分原因在於這往往與社會不安和政治動盪的散播有關。因此，雖然貶值作為全球複合成長問題的解藥效果不是很好，其地域上的集中確實與反資本主義情緒和鬥爭的動態有重要關係。拉丁美洲多數地區在發展上的「失落二十年」造就了對抗新自由主義的政治氣候（雖然未必是反資本的），而這對保護該地區在二〇〇八年的全球貶值危機中免受嚴重衝擊有重要作用。一些地方，例如希臘和其他南歐國家，被迫承受特別大的損失，這現象等同貧富之間財富再分配的地域版本。

相反，公共資產私有化、新市場的創建，以及公有資源的進一步圈占（從土地、水到智慧財產權），已擴大了資本可自由運作的領域。供水、社會住宅、教育、醫療，甚至是戰爭任務民營化，碳交易市場的創立，以及遺傳物質專利化，已經使資本得以進入此前無法進入的經濟、社會和政治生活領域。作為複合成長的出口，這些額外的市場機會發揮了重要作用，但一如資本貶值，我不認為它們有足夠的潛力去消化複合成長，尤其是在未來（不過我認為它們在一九八〇和一九九〇年代確實發揮了重要作用）。此外，等待一切都已商品化和貨幣化時，這種擴張過程便將遇到無法超越的極限。我們目前有多接近這種極限難以斷定，但近四十年的新自由主義私有化政策已完成了大量任務，世界許多地區已沒有多少資源可供圈占和私有化。此外，許多跡象顯示，進一步圈占公有資源、和生命形態進一步商品化已遇到政治阻力，而當中一些抗爭（例如，反對基因專利和義大利反對供水民營化的運動）是成功的。

想想最終消費和資本實現可能遇到的極限。資本適應複合成長的方式之一，是根本改變最終消費的性質、形態、類型和質量（這過程當然受助於人口成長）。經濟上的極限取決於有效總合需求（約等於薪資加上資產階級的可支配所得）。近四十年來，私人和公共債務增加大大增強了需求。不過我在這裡集中探討取決於消費品周轉時間的一項重要物質限制：消費品可用多久？它們多快必須替換？

資本有系統地縮短消費品的周轉時間，手段包括生產不耐用的商品，強力推動商品按計畫報廢（有時甚至是即時報廢），快速創造新產品線（例如近代的電子產品），動員時尚和廣告的力量，強調新的價值和舊的寒酸。近兩百年來，資本一直在動用這些手段，過程中造成巨大的浪費。但這趨勢已經加速，過去四十年來明顯地操控和傳播大眾消費習慣，尤其是在先進的資本主義經濟體。中國和印度等國家的中產階層消費主義變化也相當顯著。銷售和廣告如今是美國經濟中最大的產業之一，而它的主要工作是致力加快消費週期。

但是，許多商品（例如手機和時裝）能多快周轉仍有物理上的限制。因此，更重要的是社會走向生產和消費奇觀；這種商品壽命短暫，必須即時消費。一九六七年，德波（Guy Debord）出版了極有先見之明的著作《奇觀社會》（*The Society of the Spectacle*）。[9]資本的代表彷彿是非常仔細地讀了這本書，並以書中的論點作為他們的消費主義策略的基礎。奇觀商品多種多樣，包括電視節目和其他媒體產品、電影、音樂會、展覽、運動賽事和大型文化節目，當然還有旅遊觀光。這些活動如今主導消費主義這領域。更有趣的是資本動員消費者透過YouTube、臉書、推特和其他社群媒體，製造自己的奇觀。這一切皆可即時消費，它們占用了人們大量閒暇。消費者生產資訊，媒體擁有者挪用這些資訊服務自己的目的。公眾因此既是生產者也是消費者，托佛勒（Alvin Toffler）曾稱之為「生產消費者」（prosumer）。[10]此處有個重要推論，觸及一個我們將在別處遇到的主題：在這些領域，資本獲利並不是靠投資在生產上，而是靠占有使用資訊、軟體和它建造的網絡所產生的租金和權利金。這只是指向以下結論的數個當代跡象的其中一個：資本的前途主要掌握在食租者（rentier）階級而不是工業資本家手上。

消費領域的這些轉變，似乎正是哈德（Michael Hardt）與納格利（Antonio Negri）提議資本的運作從物質勞動大幅轉移到非物質勞動時所著眼的。[11]他們認為資本與消費者之間的關係不再是以物質為介體，如今介體是資訊、影像、訊息往來，以及著力於整個族群的政治主體性（political subjectivity）的符號形式的增生和行銷。這相當於資本和國家嘗試參與族群的生命政治操作和新政治主體的生產。當然，我們是什麼類型的人，向來取決於我們所居住的商品世界。例如，郊區居民（suburbanites）是特別的一類人，他們的政治主體性由他們的日常生活經驗塑造出來，一如遭囚禁的義大利共產主義領袖葛蘭西（Antonio Gramsci）曾設想，他所稱的美國主義和福特主義（Fordism）會藉由工廠勞動塑造出一種新類型的人。[12]當代藉由從潛意識廣告到直接宣傳等種種手段製造「新」政治主體的活動，無疑形成了資本投資的一個巨大領域。將這種活動稱為「非物質勞動」有點可惜，因為它們其實涉及大量物質勞動（支撐這類活動的物質基礎設施更是極其重要），即使它們發生在網路空間和主要影響人們的思想和信念也是這樣。製造奇觀涉及大量的物質社會勞動（例如奧運會的開幕典禮，你會發現歷年來日益盛大，它們的操作方式相當符合這裡的論點）。

這些現正流傳的有關資本積累主要形式的內部革命的見解，與有關「資訊社會」興起和「基於知識」的資本體制之發展的許多當代評論類似。許多評論者似乎迫切需要證明資本近來已如何改變了它的性質。假定我們正面對一種全新的資本主義秩序誕生時的陣痛（在這種新秩序中，首要的產品不是物質，而是知識、文化和生命政治（不管它到底是什麼）） ，藉此解釋近來資本運作中的壓力，或許可令人感到欣慰。雖然這種解釋無疑有真實的地方，認為我們可以與過去斷然決裂是錯誤的，而假定新秩序可避開複合成長的矛盾則是錯上加錯。例如，奇觀向來是資本積累的重要工具，而何曾有一種資本秩序是知識和資訊優勢不能產生超額利潤的？此外，什麼時候債務和財源會無關緊要？當前的金融化時期為什麼會與以前發生過的，例如十九世紀末的情況那麼不同？因此，雖然奇觀、影像、資訊和知識的消費性質上異於物質商品，例如：房屋、汽車、麵包和時裝的消費，我們有必要認識這些領域的活動之所以快速擴張，根源在於我們認為有必要掙脫複合成長的物質限制，但這只是一場徒勞（我很快就會解釋原因）。所有這些另類形式，均受制於資本力求承受其必要的永久複合成長的掙扎。

在我看來，貨幣創造因為與黃金和白銀等商品掛鉤而受到的限制一九七〇年代初解除，絕非出於偶然。資本在它的發展史上走到那個時候，指數型擴張對金、銀等金屬實質固定的全球供給的壓力，根本是資本體制無法承受的。這種限制解除後，我們便處於理論上可以無限創造貨幣的世界。一九七〇年代之前，資本的主要出路，是投資在製造、採礦、農業和都市化等領域的價值與剩餘價值的生產上。雖然這類活動大多是靠債務融資，當時的普遍假定是社會勞動應用在房屋、汽車和冰箱等商品的生產上，產生的價值最終可以還清相關債務，而這種假定並沒有錯。即使是基礎設施（例如，道路、公共工程、都市化）的長期融資，人們也合理地假定這種建設可以提升社會勞動的生產力，因此相關債務最終可獲得清償。此外，我們也可以合理地假定這一切將推高人均所得。美國一九六〇年之後三十年間興建的州際公路系統，對總勞工生產力有巨大助益，產生了非常豐厚的報酬。戈登認為這是資本歷史上最強勁的一波創新。[13]

可稱為「虛擬資本」（fictitious capital）的重要圈子一直存在，這些資本投資在房貸、公共債務、城市和國家基礎設施等標的上。這些虛擬資本的流動不時失控，形成投機泡沫，而泡沫最終破滅則造成嚴重的金融和商業危機。以往的例子包括十九世紀著名的鐵路興衰事跡，以及美國一九二〇年代的土地和房地產熱潮。金融業者促進這些投機活動時，經常以扭曲、創新（往往也很可疑）的方式集合、引導資本，以求獲取短期利潤（舉個例子，對沖基金很早便已出現），即使相關的長期投資以失敗告終。各種瘋狂的金融詭計盛行，馬克思因此指信貸系統是「所有瘋狂作法之母」，並形容法國第二帝國時期主要銀行家貝海荷（Emile Pereire）具有「騙子和先知的迷人特質」。[14]這看來是描述華爾街「宇宙主人」的好方式；他們相當自負，例如，高盛執行長貝蘭克梵（Lloyd Blankfein）被美國國會一委員會批評沒有做好人的基本事務時，便宣稱銀行是在做上帝的事。

一九七〇年代初貨幣創造的解放發生在生產活動的利潤前景特別悲觀的時候，當時資本開始受到指數型成長軌跡上的一個轉折點影響。剩餘資金流向何處呢？出路之一是將錢借給開發中國家的政府（這是虛擬資本流通非常特別的一種形式），因為如李世同（Walter Wriston）的名言指出：「國家不會消失，你總是知道去哪裡找到它們。」但國家不會成為具生產力的企業。結果數年後便爆發了一場人們怨聲載道的第三世界債務危機，從一九八二年延續到一九九〇年代初。必須注意的是，這場危機的最終解決方式，是將可能永遠不會獲得償還的實際債權換成所謂的「布雷迪債券」（Brady Bonds）；它們是IMF和美國財政部支持的債券，可以獲得償還。除了少數例外，相關放款機構決定接受新債權，而不是堅持討回虛幻的全額資本。在這個案例中，債權人被迫接受「削髮」，也就是接受他們發放出去的虛擬資本打折償還（損失幅度通常在三〇％至五〇％之間）。[15]

剩餘資本的另一項出路是用來購買資產（包括債權），而不是投資在生產上。資產不過是一種資本化的財產權，資產的價值是基於對它未來可以獲得的收入或它稀罕的程度（例如黃金或畢卡索的作品）的預期。投資資金流入的結果，是資產的價值普遍上升——從土地房產到天然資源（石油當然是特別重要的一項），以致城市債權和藝術品等等。與此同時，金融體系本身也創造出全新的資產市場，例如：貨幣期貨、信用違約交換（CDS）、債務擔保證券（CDO），以及許多其他金融工具；它們理論上應該有助於分散風險，但實際上卻是增強了風險，使得波動的短期交易成為聰明人投機獲利的管道。在這種操作中，虛擬資本衍生了更多虛擬資本，而參與者完全不關心交易的社會價值基礎。這種脫離社會價值的資本操作能盛行，恰恰是因為代表價值的貨幣與它理論上代表的社會勞動的價值愈來愈疏遠。問題不在於虛擬資本的流通（這種流通對資本積累的歷史向來很重要），問題在於虛擬資本流通的新管道是一個各種相互抵銷的權利的迷宮，它的價值幾乎是不可能評估的，要評估只能靠結合對未來的預期、信念，以及在不受規管的市場、長期無望回收的、根本瘋狂的短線押注（著名的安隆破產事件便是這麼回事，雷曼兄弟破產和二〇〇八年的全球金融危機是重蹈覆轍）。

二〇〇八年金融市場崩盤之前實現的複合成長，很大程度上是靠連續的資產泡沫造就的投機所得（一九九〇年代出現網路公司熱潮和崩盤，之後是美國二〇〇〇年代的房市熱潮和崩盤）。不過，這種投機泡沫掩蓋了一九七〇年代之後投資行為方面一些非常重要的實際轉變。人們購買的一些資產，例如土地房產和天然資源，是穩當可靠的，可以長期持有以等待獲利。市場的急升暴跌因此對長線投資人特別有益，他們可以在市場崩盤之後以「跳樓大拍賣」的價格購買資產，有望因此獲得巨額的長線利潤。這正是一九九七至九八年東南亞經濟危機期間許多銀行和外資所做的事，而美國房市崩跌之後，一些投資人也在加州等地買進大量便宜的法拍屋，在等待房市復甦之際將這些房屋出租。對沖基金在虛擬資本市場放空時，也是在做這種事，雖然它的操作環境不太一樣。

不過，這也意味著愈來愈多資本投資在追求租金、利息和權利金的活動上，而不是投資在生產活動上。各種智慧財產權（包括遺傳物質和種子等等）榨取權利金的力量日益強大，助長了資本轉向「食租者」形態的趨勢。難怪美國政府如此熱烈地經由國際體制爭取保護智慧財產權，並致力將相關制度強加在其他國家身上（藉由世界貿易組織架構內的與貿易有關的智慧財產權協定〔TRIPS〕）。

但是，這一切真的足以支撐複合成長嗎？基於大規模轉向非物質生產的理論是在宣傳一個危險的幻覺：我們不必克服任何嚴重的物質困難，就能實現無止境的複合成長。如今愈來愈多資本以虛擬形式流通，而電子貨幣原則上是可以無限創造出來的（它們只是螢幕上的數字）。因此這領域的無限成長並無障礙。奇觀和知識生產經濟作為資本實現的一種形式，顯然降低了對物質商品和資源的需求的擴張速度。但是因為我們還是需要龐大的物質基礎設施，而且必須產生愈來愈多可用的能源，生產活動是否真的能實現非物質形式大有疑問。如果消費僅限於這種非物質形式，金錢的權力將無法釋放給低收入人口（他們需要基本物質商品才能活下去），必須集中在有能力以這種虛擬方式消費的少數人手上。資本可以採用的政治模式很可能只有壓制型寡頭政體。在這方面，二〇〇八年金融危機之後蓬勃發展的新興經濟體有獨特的優勢：中等收入國家產出和所得成長造就的市場，很大程度上是在致力滿足規模日大的人口的物質需求。例如高茲（Andre Gorz）早早指出，轉向非物質生產和奇觀經濟像是資本的最後掙扎多於開創無限積累的新境界。

我們必須維持無止境的經濟複合成長，但又沒有可以支撐這種成長的明確物質基礎，那該如何是好？如我們所見，資本體制正出現各式各樣的調整，但我們愈仔細檢視這些調整，愈清楚看到它們像是根本問題的徵象而不是長遠解決問題的希望。當然，資本可以建造一個虛擬經濟體，以一個基於不可持久的層層虛構事物、迷戀幻想的世界為基礎（這件事某種程度上已經發生）。我們或許將見識到一個使所有其他騙局黯然失色的終極龐茲騙局。諷刺的是，在我們這年代，可茲利用的創新技術往往被輕易用來助長而不是抑制投機活動，奈秒間即可完成的股票高頻交易便是一個例子。這樣的經濟體在最終結局出現前，將不時發生「火山爆發」和崩盤。在這種情況下，資本結束時既不是一聲轟鳴也不是一陣嗚咽，而是在萎靡資本積累的參差地域景觀下，無數資產泡沫破滅的聲音。這種崩潰幾乎肯定將與資本主義社會表面之下沸騰的普遍不滿一併發作。一陣陣的民怨如火山爆發已經在我們眼前上演，例如，二〇一一年的倫敦、二〇一三年的斯德哥爾摩、伊斯坦堡和一百個巴西城市。必須注意的是，這種不滿並非只是聚焦於資本未能兌現創造消費者天堂和充分就業的技術性失敗，而是反映**人們愈來愈強烈反對資本和日趨專橫的資本主義政體，強加在人們身上的非人性化社會規則和規範，因為它們損害所有被迫屈服者的人格**。

複合成長對本書闡述的許多（甚至是全部）其他矛盾很可能具有傳染性的影響，基於這種影響的說法有特別悲觀的一面。例如我們很快將看到，複合成長對環境矛盾的影響很可能非常大。資本重新平衡生產與實現，以及貧與富之間關係的能力已見衰退，而隨著愈來愈多虛擬資本必須在高得多的風險溢價創造出來以求維持複合成長，金錢與它理應代表的社會勞動日趨疏遠。要在避免大幅縮減資本積累領域的情況下，扭轉所有使用價值的商品化、貨幣化和市場化同樣極其困難，甚至是不可能的。不顧後果地促使成長加速，以及隨之而來的貶值（藉由參差的地域發展中愈來愈高的波動性產生作用）將變得較難控制。就是這樣！資本的種種矛盾將不再像以前某些時候那樣彼此約束、避免失控，而是很可能將在必須維持複合成長的壓力日增下，彼此感染、失控爆發。隨著交換價值在投機狂熱中暴增，使用價值勢必將變成更微不足道的因素，而這可能將衍生出一些相當驚人的結果。

例如，有一項威脅的一條線索或許是我的論點的一個小註腳，但它與很久以前政治經濟學家對資本的前途表達的恐懼有奇怪的共鳴。當年李嘉圖表示，一旦土地和天然資源變得非常稀有，以致所有收入都必須用來支付負擔昂貴食物所需要的薪資，或是權勢極大但不事生產的食租者所要求的租金，資本便走到了它的末路。這個不具生產力的階級將嚴重壓榨工業資本，使後者無法維持生產作業。寄生的食租者階級將吸乾工業資本，使得社會勞動無法動員，價值無法生產。無法生產社會價值意味著資本的末日。李嘉圖作此預測時，十分倚賴馬爾薩斯有關土地勞動報酬遞減的錯誤假設。後來的經濟學家因此普遍駁斥利潤率遞減的觀念（雖然馬克思訴諸一種截然不同的機制，嘗試挽救這理論）。例如，生活環境大不相同的凱因斯便樂觀地期望食租者的安樂死，以及國家支持的永續成長體制的建設（這種可能性在一九四五年之後的一段時期內得以局部實現）。

如今特別引人側目的，是不具生產力的寄生食租者權勢日增，不僅是擁有土地和土地中資源的人，還包括資產的擁有者，最強大的債券持有人，獨立金錢權力（本身已成為最重要的生產工具）的擁有人，以及專利和知識產權的所有人（他們有權從社會勞動中索取價值，但完全沒有義務動員社會勞動從事生產）。資本的寄生形態如今正在崛起。我們看到在世界的所有國際大城市（例如：紐約、倫敦、法蘭克福、東京、聖保羅、雪梨等等），寄生資本的代表乘坐豪華大轎車在街上穿梭，光顧各種高級餐廳，住在豪華公寓頂層。在這些所謂的創意城市，創造力的衡量標準在於「宇宙主人」能多成功地從全球經濟中吸取生命力，以支持一個一心擴大自身本已巨大的財勢階級。紐約便是創意人才高度集中的城市，這裡有富創意的會計師和稅務律師，掌握華麗的新金融工具的、富創意的金融業者，富創意的資訊操縱者，富創意的騙子和寶藥黨，富創意的媒體顧問；這裡因此是一個神奇的地方，可以研究資本所能製造的每一種戀物癖。二〇〇九年之後所謂的經濟復甦僅惠及頂層的一%人口，而大眾在不景氣中經濟狀況遠遠落後卻沒有強烈抗議，由此可見這些創意人才和寄生資本多麼成功。寄生階級已贏得戰役。債權人和中央銀行家統治世界。他們的成就必將如鏡花水月，他們不可能贏得資本的生存戰爭，但這事實不曾引起他們的一絲疑慮。如彼得・巴菲特（Peter Buffett，股神巴菲特的小兒子）所說，財勢寡頭與他們的慈善同儕花多天時間「洗滌良心」，**嘗試以他們的右手彌補他們的左手之前造成的損害，然後晚上便能安穩地睡覺**。他們未能看到自己有多接近災難，令人想起法國國王路易十五，他據稱曾講過一句頗有先見之明的話：「在我身後，洪水滔天。」資本終結時，可能不會有洪水。世界銀行喜歡安慰大家說：經濟發展將產生水漲船高的作用，惠及所有人。但是，較真實的比喻可能是：海平面暴漲和暴風雨加劇必將令所有船隻沉沒。

矛盾16 資本與自然界的關係

資本主義因為環境危機將至而面臨一個致命矛盾，這想法在某些圈子中廣為流傳。我認為這論點有一定的道理，但也是有爭議的。其道理主要在於資本的指數型成長累積了一些環境壓力，懷疑它則有四大理由。

首先，資本有成功解決其生態困難的悠久歷史，無論這種困難是關於「自然」資源之使用、承受環境汙染的能力，還是棲息地退化、生物多樣性衰減，空氣、土地和水品質下降的問題。以前有關自然資源稀缺和天災將毀滅文明與資本體制的預測，如今看來相當可笑。縱觀資本的歷史，太多悲觀者太快和太常高呼「狼來了」。如前所述，馬爾薩斯一七九八年便錯誤地預測，隨著人口的指數型成長拋離食物供給增加的能力，社會將發生大災難（饑荒、疾病和戰爭蔓延）。在一九七〇年代，環保運動領袖艾利希（Paul Ehrlich）曾表示，一九八〇年之前將發生大饑荒，但事實不然。他還與經濟學家西蒙（Julian Simon）打賭，認為自然資源的價格很快將因為稀缺而暴升，結果他輸了。[1]當然，歷年來這類預測大量落空不代表未來不會發生災難，但這確實是懷疑這類預測的有力理由。

第二，我們據稱正在剝削和消耗的「自然」（據稱將限制甚至是「報復」我們），實際上在資本的流通和積累中被內化了。例如，一株植物的生長能力被納入了農業企業追求利潤的計畫中，這株植物第二年能繼續生長，是拜利潤再投資所賜。自然事物在資本積累過程中的每一個點都是活躍因素。資金流動是一種生態變量，而經過生態系統的養分轉移也可能構成一種價值流動。

雖然物質是無法創造或毀滅的，物質的形態卻是可以根本改變的。基因工程、新化合物的創造，以及大規模的環境改造（藉由都市化以及農場、礦場和工廠的資本投資，創造出全新的生態系統），如今遠遠超過長久以來人類引起的環境改造。歷年來，這些環境改造努力，已經使地球整體而言變得遠比以前適合人類居住，而近三百年來也使地球變得遠比以前適合從事營利活動。許多生物會積極創造有利於自身繁衍的環境，人類也不例外。資本作為人類活動的一種具體形式，也會做同樣的事，但愈來愈傾向是以資本而非人類的名義。

這項概念架構容不下自啟蒙運動以來（從笛卡兒的著作開始），在科學著作和大眾的想像中有廣泛影響力的「支配自然論」。這對我們深入思考資本與自然的關係造成一些問題。笛卡兒理論錯誤地將資本和自然視為彼此有因果互動的兩個獨立實體，然後錯上加錯地假定資本支配自然或自然「報復」資本。較縝密的版本會納入回饋環路的概念。這裡提出的替代理論起初不容易理解。資本是運作中和演變中的一個生態系統，自然和資本在這系統中不斷被生產和再生產出來。這是思考這問題的正確方式。[2] 那麼，有意思的問題便只剩下：資本是什麼類型的生態系統？它正如何演變？為什麼它可能容易發生危機？

生態系統由資本與自然的矛盾統一構成，一如商品是使用價值（其物質和「自然」形態）與交換價值（其社會評價）之間的一種矛盾統一。此外，如前所述，科技是人類利用自然事物和過程促進生產的手段。由此產生的自然不僅會不可預料地自行演變（拜演化過程中的自主隨機突變和動態互動所賜），還會不斷被資本的行動改造和再造。這便是史密斯（Neil Smith）所稱的「自然的生產」，而這種生產如今已精細到分子生物學和DNA定序的層次。[3] 這種自然生產的方向如何，是一個沒有定論的問題。此外，早就很明顯的一個事實，是這過程中充滿意外後果。冷凍技術方便我們為日益膨脹的城市人口供應生鮮食品，但許多年後我們發現這會釋出大量氟氯碳化物（CFCs），破壞保護我們免受過量太陽輻射傷害的臭氧層！

第三，資本已經將環境問題轉化為大生意。環境技術股如今在許多證交所是重要的類股。在這種情況下，一如科技的普遍情況，這種自然代謝關係工程便成了一種與實際既有需求有關的自主活動。如史密斯所言，自然變成了「一種積累策略」。例如，一種新藥或減少碳排放的新技術發明出來後，我們便必須替它們找到用途。這可能涉及創造需求而非滿足需求。百憂解（Prozac，一種抗憂鬱藥）起初便沒有它可以醫治的病，我們因此必須替它發明一種病，所謂的「百憂解世代」由此而生。科技變遷中盛行的「組合演化」也在此出現。新藥產生的副作用需要以其他藥物控制，新環境技術造成的環境問題則需要其他技術來解決。

為了自身的利益，資本試圖掌握有關我們只能藉由改變世界改變自己（反之亦然）的辯證。所有生態和環境計畫都是社會經濟計畫（反之亦然）。如此一來，一切皆取決於社會經濟和生態計畫的目的——是為了人類福祉還是利潤率？在公共衛生和供水等領域，這種辯證造福人類，有時犧牲了利潤。大眾對大企業投入環保的支持，因此對資本和環境政治均是有益的。令人遺憾的是，部分這類政治運作只是象徵性的。這就是所謂的「漂綠」（greenwashing）——將追逐利潤的計畫偽裝成目的在提升人類的福祉。在環保人士嘗試因應全球暖化做些事時，高爾（Al Gore）送給環保運動的大禮是創造一個碳交易新市場；結果帶給對沖基金大量的投機獲利，對抑制全球碳排放總量卻幾無貢獻。有人因此懷疑，投機獲利根本就是設立碳交易市場的初衷。另一方面，目的在保護魚類資源的新組織形態則涉及一種優待大型金融和企業資本、犧牲小規模漁業的私有化模式。

第四，這也可能是最令人不安的一點：即使是在環境災難中，資本也完全有可能繼續流通和積累。環境災難為「災難資本體制」創造出獲得豐厚利潤的大量機會。不受保護的弱勢族群餓死或他們的居住地遭到大規模摧毀，未必會困擾資本（除非這種情況激起叛亂和革命），而這恰恰是因為世界上很多人口已變得多餘和可棄。資本從來就不畏懼為了逐利而摧毀人類。最近的一個例子，是孟加拉發生的可怕悲劇：成衣工廠大樓失火和倒塌，導致超過一千名工人死亡。有毒廢棄物的棄置場高度集中在貧窮、脆弱的社區（美國最惡劣的一些棄置場設在印地安人保留區）或世界上的貧困地區（有毒的舊電池被運到中國，以損害人類健康的方式處理；

報廢的船隻被送到印度和孟加拉的岸邊拆解，當地人為此付出相當大的人命代價）。中國北方空氣品質愈來愈差，據稱自一九八〇年以來導致當地人口的預期壽命縮短逾五年。這種環境損害方面的分擔不公，可能替環境正義運動注入更多動力。但迄今為止，由此衍生的社會抗爭仍未構成對資本的重大生存威脅。

根本的大問題是：在什麼情況下，這些內部困難對資本的再生產會是危險，甚至是致命的？為了回答這問題，我們必須更充分地了解資本與自然之間的矛盾統一如何運作。檢視資本的七個基本矛盾如何影響物質對此有幫助。在資本眼中，自然無非是潛在使用價值的一個巨大倉庫；這些潛在使用價值是一些過程和事物，可以直接或間接（經由科技）用在商品價值的生產和實現上（我必須強調，資本體制整體而言對自然的看法可能非常不同，實際上目前的看法便非常不同）。自然是「一個巨大的加油站」（馬丁．海德格的說法），自然的使用價值被貨幣化、資本化和商業化，以商品的形式被拿來交易。只有這樣，資本的經濟理性才能加諸世界。自然被分割為國家保障的私有產權。私人財產必然涉及圈占自然的公有資源。雖然某些自然事物很難圈占（例如我們呼吸的空氣和捕魚的海洋），人類可以想出各種替代方法（通常是在國家的協助下）將所有的自然公有資源貨幣化，使它們可以拿來買賣。國家也往往藉由干預糾正市場失靈現象。雖然這些干預可能看似進步，它的作用是促使市場程序和市場評價進一步滲透我們生活的所有面向。碳交易，以及規模日大的汙染權和生態補償市場便是這樣。自然公有資源被私有化時，當中的所有事物和過程便會被標上一個價值（有時是官僚藉由指令任意設定的），無論是否已有任何社會勞動花在它們身上。資本便是這樣創造出自己的獨特生態系統。

在這種情況下，民間個體便可從他們擁有的商品化自然資源中自由榨取社會財富，甚至可以將它資本化為貨幣財富。這為可能十分強大的食租者階級（包括地主）的形成創造了基礎，這階級憑藉其階級壟斷力和它從土地榨取的租金，管理使用價值倉庫的利用情況。這階級「擁有」我們賴以為生的自然，可以藉由獨占所有財富，威脅資本的永存。如前所述，李嘉圖（在馬爾薩斯之後）認為資本必將完蛋，因為隨著租金和食物價格日增，利潤率必將下跌。食租者的力量因為以下事實而放大：許多資源出現在特定地點，受制於壟斷性競爭，食租者因此可榨取壟斷租（monopoly rents）。城市的土地和房產市場，以及所謂的「自然」資源世界，是茁壯成長的食租者階級積聚愈來愈多財富和權力的豐饒所在。食租者的這種權力延伸到在資本的流通中被內化為科技的自然事物上。專利和所有權已在那些以新科技的形式生產自然事物的人指示下建立起來。私人擁有的遺傳物質（例如種子）、新方法，甚至是新的組織系統被私下授權給其他人，換取壟斷租。近數十年來，智慧財產權已成為資本積累的一個關鍵領域。

食租者階級（例如地主，以及礦物、農業和智慧財產權的主人）因為控制了所謂的「自然」資產與資源，得以製造和操控匱乏現象，以及針對他們控制的資產的價值做投機買賣。這種力量早已明顯可見。例如，如今人們普遍認同近兩百年來，幾乎所有饑荒都是人禍而非天災。每次油價上漲引發一波有關「油產見頂」（peak oil）這種自然限制的評論後，人們就會因為認識到是投機客和產油國聯手推高油價而懊惱一段時間。如今世界各地（尤其是非洲）出現的

「搶地」現象，主要是因為各方壟斷食物鏈和資源的競爭加劇（希望藉由壟斷榨取租金），而不是因為害怕食物生產和礦物開採的自然限制將至。近年來引發大規模社會不安（包括北非的革命）的食物價格上升現象，主要可歸因於**資本為了利潤而操控交換價值系統**。

資本將自然視為不過是一種物化的商品，這種設想並非不受質疑。資本構想和利用自然代謝關係建造自身的生態系統的方式，與公民社會以致國家機器中對自然的不同概念和態度，一直處於交戰狀態。不幸的是，資本無法改變它將自然分割為商品和私有產權的方式。質疑這種方式等同質疑資本體制經濟引擎本身的運作，等同否定資本的經濟理性適用於社會生活。這就是為什麼環保運動一旦超越表面工夫或政治改良的層次，必須是反資本的。支撐各種環保哲學的自然觀，與資本為了自身的再生產而必須加諸世界的自然觀，根本是互相矛盾的。環保運動與其他力量聯手，或許能嚴重威脅資本的再生產。但是，因為各種原因，環境政治迄今在這方面未有重大發展。它往往選擇完全忽略資本正在建造的生態，著眼於可以與資本運作核心動力分離的議題。抗議設立某個垃圾場或拯救某個瀕危物種或寶貴的棲身地，不可能對資本的再生產構成致命威脅。

現在我們可以更好地了解兩件事。首先，資本極有必要奪取環保運動的衣缽，作為未來大企業環保運動的正當基礎。如此一來，資本便可以支配生態論述，也就是以自己的方式定義自然（通常是貨幣化的，會藉助成本效益分析），並試圖以符合資本階級廣泛利益的方式處理資本與自然之間的矛盾。第二，資本的經濟引擎在構成資本主義世界的各種社會形態中的支配力愈強，資本與自然的代謝關係的規則愈有必要支配公共論述、政治和政策。

那麼，我可以基於什麼理由，將資本與自然改變中的代謝關係提升為一個危險、甚至可能致命的矛盾？資本以往成功克服這項困難，不代表這一次也必將成功。當然，這裡的「成功」是站在資本的立場而言，意味著能持續賺取利潤。這是一個重要的限定，因為我們仍將面對資本以往的調適累積下來的負面生態影響，包括以前的損害後果。歷史每邁出一步，資本生態系統運作的基準皆大不相同。例如，大面積的熱帶雨林已經消失，大氣中的二氧化碳濃度已上升了一段時間。郊區化和郊區生活方式正在擴張（例如在中國各地）。這種生活方式深植於特定的文化偏好、人類心理和物理景觀中，它們仰賴高能源消費以及揮霍的土地、空氣和水的使用方式來發揮潤滑作用。

這次不同的是，我們如今處於資本活動指數型成長中的一個關鍵轉折點。這種活動的成長正對資本生態中的環境壓力和危難的程度產生巨大影響。首先，它使我們有巨大的壓力去將生活世界中愈來愈多方面（甚至是生物本身）商品化、私有化和納入資本運作的範疇。如今連基因鑑定也有人宣稱是私有財產。它也導致某些方面的壓力加劇，最明顯的是氣候變遷、棲地多樣性受損，以及不穩定的公共衛生（確保食品安全和有足夠能力對付新疾病）能力。我認為有明顯的跡象顯示資本的生態系統正日趨惡性地擴散和退化。這在很大程度上也與快速的城市化和非常劣質的人造環境（有時稱為「第二自然」）的建造有關（亞洲近年的快速城市化正是這樣）。

資本內部圍繞著如何改善自身生態環境的鬥爭正在進行且日趨尖銳。資本主義企業經歷的生態效應，往往是以成本轉移或經濟學家所稱的「外部性」出現；所謂外部性，是指資本不必支付的實際成本（例如，公司造成環境汙染，但後果由其他人承受，公司不必付出代價）。連右翼經濟學家也承認，這方面有市場失靈的問題，政府干預、補償稅和監理行動因此是有正當理由的。但是，一如既往，在這種問題上採取行動或無所作為均涉及不確定性和意外後果。最大的危險在於必要的行動將因為頑固的政治和企業勢力反對而耽擱，而我們可能在辨明（遑論解決）問題之前便越過了不可逆轉的臨界點。例如，加州近海沙丁魚的繁殖週期無人知曉，一九三〇年代歡樂的過度捕撈持續到沙丁魚終止繁殖，此時才有人意識到可能出了問題。這海域此後再也見不到沙丁魚。[4] 在《管制破壞臭氧層物質的蒙特婁議定書》這個例子中，時程相當長，因為平流層中的氟氯碳化物需要很多年才會消散。資本不善於處理這種時程是可以理解的。這是與氣候變遷和生物多樣性衰退的長期後果作戰的一大問題。

在指數型成長持續的壓力下，惡性退化很可能將加速。我不排除這過程中將出現末日般的時刻。例如，極端氣候現象正日趨頻密。但因為掠奪式的「災難資本體制」樂於發揮作用，資本可以輕易適應局部的災難事件。事實上，在局部環境災難造成的波動中，資本茁壯成長和演化。這些災難不僅衍生新商機，還賦予資本掩飾自身缺點的方便口實：雖然這些災難主要是資本製造出來的，資本可以將它們歸咎於不可預測、善變任性的悍婦「自然母親」。相對之下，環境生態長期以來的惡性退化才是資本幾乎毫無準備的大問題，而我們也仍未創造出新的體制和權力去處理這問題。

資本生態系統的時間尺度和地域規模已在改變以因應指數型成長。以前的問題往往是局部的（這裡有一條河遭到汙染，那裡有嚴重的霧霾），如今問題日趨區域性（酸性沉降、臭氧濃度偏低，以及臭氧層破洞）或全球性（氣候變遷、全球城市化、棲息地遭破壞、物種滅絕和生物多樣性衰退，海洋、森林和陸地生態系統退化，以及在副作用和對土地與生物的影響未明之下，不受控制地使用人工化合物如肥料和殺蟲劑）。在許多情況下，地方的環境改善了，但區域或全球的問題則惡化了。因此，資本與自然的矛盾如今已不是傳統的管理和因應手段所能應付。相關問題以往仰賴市場力量與國家權力的某種結合處理，例如，面對一九五二年的倫敦霧霾災難，當局的補救措施之一是建造巴特西發電站，將燒煤產生的含硫汙染物排放到高層大氣（後來導致斯堪的納維亞的酸性沉降區域問題，必須複雜的跨國區域協議來處理）。汙染問題不僅會被轉移到別處，還會被藉由分散或改變尺度的方式處理掉。桑默斯擔任世界銀行首席經濟學家時，便曾提出這種建議。當時他說非洲「汙染偏低」，利用非洲來處理先進國家的廢棄物因此是有道理的。因為許多矛盾近數十年來已「全球化」，可用的閒置空間也就愈來愈少（外太空棄置垃圾除外）。隨著複合成長加速，這可能將成為一個嚴重問題。

全球規模的複雜互動問題如今由誰代表發言，又由誰採取有效行動？討論環境問題的週期性國際會議往往沒有結果。偶爾會有問題能達成跨國協議（例如，酸性沉降和氟氯碳化物的問題），此時便有可能採取有效行動。但是，相對於資本的全球生態系統中逐漸浮現的大問題，這些只是杯水車薪。如果資本未能成功處理這些矛盾，那不會是因為自然界的障礙，而是因為資本本身在經濟、政治、體制和意識形態方面的缺點。例如，就氣候變遷而言，問題不在於我們不知道發生了什麼事或大致該怎麼做（儘管應對方案可能很複雜）。問題在於某些資本勢力（以及某些資本主義國家的政府及其機器）的傲慢和既得利益，他們有能力質疑、破壞和防止威脅其營利能力、競爭地位與經濟權力的行動。

當然，資本的生態系統向來是全球性的。商品國際貿易必然涉及投入要素（水、能源、礦物、生物質和養分，以及人類勞動力的作用）從一地至另一地的實質或虛擬轉移。這種貿易是凝聚資本生態系統的黏著劑，而該生態系統中的活動的擴大和增強，正是靠這種貿易的擴張。虛擬生態轉移的類型很重要。舉個例子，加拿大煉鋁耗用的能源以鋁商品的形式出現在美國（而不是經由電網或輸油管，直接將能源從加拿大轉移到美國），便是一種虛擬轉移。這種轉移不均，正是資本生態系統中充斥著不平等和地域發展不均現象的原因。好處集中在世界某些地區，代價則由其他地區承受。地區之間的生態效益轉移支撐地緣政治張力。這也有助解釋玻利維亞人利用他們的自然資源的方式為何與美國截然不同。玻利維亞人希望將石油留在地下。他們允許這些石油開採出來，供其他國家（如美國）使用，只能獲得微薄的權利金，那為什麼要這麼做呢?為什麼要用我的資源來補助你的生活方式呢?

自然資源獲得的價值評估（用生態經濟學家的說法則是：自然為資本提供的服務所獲得的貨幣價值評估）是任意的。這有時會導致資本濫用自然可提供的使用價值，最終引發生態崩潰。資本經常耗盡、甚至是永久摧毀特定地點的自然資源。當資本可以在地域間流動時，情況尤其如此。美國南部的棉農或巴西的咖啡種植者耗盡他們土壤的肥力時，便遷往更容易營利的肥沃土地。殖民者開採殖民地的資源，不顧當地人（往往是原住民）的福祉。礦物、能源與森林資源的開採遵循類似理念。但是，生態後果由在地社區集中承受，留下滿是廢棄礦鎮、貧瘠土壤、有毒垃圾場和貶值資產的參差地貌。生態效益則由其他地方享受。

在帝國和殖民統治制度之下，這些掠奪資源的作法是加倍地貪婪和暴力。採礦、土壤流失和不受管制的資源開採，在世界的地貌上已留下巨大的瘡疤，有時還不可逆轉地摧毀了人類生存所需要的使用價值。在某些地方，我們有時可以結合健全的環境管理和持續營利原則，建立比較良性的資本主義邏輯。例如，一九三〇年代美國發生黑色風暴（Dust Bowl，嚴重損害生態和農業的連串沙塵暴）後，國家贊助的土地保育作法和較可持續的農業經營方式便開始流傳，儘管這種經營方式類似當代賺錢的農業企業的那一套：資本密集，高耗能，使用大量化肥和殺蟲劑。

某地出現破壞生態系統的作法，不代表其他地方也會出現這種作法（反之亦然）。悲觀者強調破壞生態的貪婪行為，樂觀者則表示別處有維持生態平衡的健全作法。事實上，兩者共存於資本生態系統的動態中。不幸的是，我們的知識和工具不足，無法全面計算地球的得失，無論我們講的是使用價值還是貨幣價值（雖然衛星影像對估算前者有些幫助）。地區間商品貿易所涉及的實質和虛擬生態轉移，也極難計算。英國雪菲爾和美國匹茲堡的鋼廠關門，當地空氣品質在大量勞工失業之際神奇地改善；另一方面，中國增加了許多鋼廠，空氣汙染因此嚴重惡化，縮短了當地人的預期壽命。這又是汙染問題沒有解決而轉移到別處的例子。但是，在得失分配不均之下，受惠的總是有錢有勢者，貧窮弱勢者的景況則大大惡化。畢竟掠取資源的帝國主義向來便是這麼一回事。

因為缺乏有關資本生態系統實際整體運作的可靠知識，我們很難就資本進一步持續擴張造成的環境退化有多致命作出清晰的判斷。這情況本身或許便意味著一大危險：我們不僅沒有準備好必要的手段去妥善管理資本的生態系統，連必須處理哪些社會生態問題也相當不確定。我們確實知道的是，目前正浮現的環保問題的空間與時間規模已根本改變，而應付這種規模的問題之制度架構則顯然未能追上時代的需求。我們也知道，即使爭議各方有採取預防措施的政治意願，我們也未必能及時設計和執行防止災難的必要方案。

面對這些問題，明智的立場看來是這樣：所謂的自然災難一點也不自然，人類的知識大致足以緩和或應付多數（雖然永遠不是全部）環境災難的威脅。但是，資本若要採取必要的行動，估計必須先經過一些鬥爭——資本交戰各派之間的鬥爭，以及受極其方便的成本轉移作法影響的人與資本的鬥爭。問題遲遲無解，原因在政治、體制和意識形態方面，不能歸咎於自然的限制。

如果資本與自然的關係有嚴重問題，這是資本的內部矛盾，而非資本外部的問題。我們不能一方面堅稱資本有能力摧毀它自身的生態系統，一方面任意否認資本有自我清理和解決（或至少適當平衡）它內部矛盾的潛力。在許多案例中，資本已成功處理這類矛盾，通常是在國家權力（在環境政策方面整體而言往往極度不一致）敦促或命令下，或是在資本主義社會產生的普遍壓力影響下。相對於一個世代前，歐洲北部和北美的河流與空氣如今乾淨得多；即使是在中國北部，當地人的預期壽命也正普遍上升而非下跌。限制使用氟氯碳化物的《蒙特婁議定書》藉由國際協議，成功處理了一項嚴重的環境威脅（儘管談不上完美解決）。又例如滴滴涕（DDT）殺蟲劑的有害影響也已受到控制，而類似例子還有很多。在《蒙特婁議定書》這例子中，這項政府間協議之所以成功，有賴保守和擁護自由市場的柴契爾夫人改變想法，成為積極的支持者（部分原因在於她有化學專業背景，了解相關的技術問題）。氣候變遷方面，掌權的「否認者」太多，改善行動因此無法推行，而至今，仍然還沒有出現像柴契爾夫人這樣的人才來拯救大局。我們只能靠一些比較貧窮和立即受威脅的國家，例如，玻利維亞和馬爾地夫，出來呼籲國際社會支持氣候正義。我們因此無法知道資本是否能完成有效處理這問題所需要的巨大調適。

目前大部分證據不支持資本體制因為環境威脅而即將崩潰的說法。即使油產見頂，我們也不會沒有能源可用；即使面對指數型成長，未來許多年土地和水仍足以養活日增的人口。如果某些資源真的即將出現匱乏現象，我們將有足夠的智慧找到替代品。所謂資源，是對自然中使用價值的技術、經濟和文化評價。如果某些自然資源看似不足，我們可以因應情況改變我們的技術、經濟和文化信念。即使是全球暖化、生物多樣性衰退和新疾病的問題（如今我們必須視它們為對人類生命的首要威脅），如果我們能克服我們的短視和政治方面的缺點，它們也是可以適當處理的。當然，這對我們的政治體制是很高的要求。因此，未來無疑將有資源戰爭，某些地方將發生饑荒，有些地方將出現數以百萬計的環境難民，而商業運作將常常受到干擾。但這一切都不是自然界中的限制所能決定的。如果多數人類淪落到赤貧和饑餓的狀態，我們只能怪自己。果真發生這種情況，它最主要是反映人類的愚蠢和腐敗。啊，但大量證據顯示，人類確實有很多愚蠢和腐敗的行為，而資本本身因此興盛，甚至助長這種行為。但這並沒有導致資本的末日。

由此就講到資本與自然的矛盾中，可能真正威脅資本的關鍵所在。我們的兩個答案可能有點出人意表。首先是食租者階級勢力日增，他們占有所有財富和收入，但完全不關心生產。土地私有和商品化及其「自然」稀缺性，令不具生產力的地主階級得以從生產資本身上榨取壟斷租，最終將利潤率降至零（因此也將再投資的誘因降至零）。如前所述，這種描述也適用於廣義的食租者，也就是包括傳統地主以外的各種產權擁有人；這些產權本身不具生產力，但能幫助它的主人占有財富和收入。食租者占有自然的力量和資本生態系統中的關鍵位置，有扼殺生產資本的危險。

資本與自然的矛盾可能變得致命的第二個原因，完全在一個不同的面向上，那就是人類對資本建造的生態系統的疏離反應。這生態系統是功能主義和技術主導型的，是設計和建造出來的。它是私有化、商業化和貨幣化的，傾向藉由製造和占有使用價值，盡可能產生最大的交換價值（特別是租金）。一如資本的所有其他方面，其運作日趨自動化。它是資本密集和高耗能的，涉及很少的勞動力投入。在農業方面，它傾向單一作物和榨取型運作方式，當然也傾向在指數型成長的壓力下不斷擴張。在城市化方面，郊區也傾向單一文化，生活方式強調以驚人揮霍的方式盡可能增加物質商品的消費量，而這會產生孤立和個體化的社會效果。資本支配我們集體甚至是個別與自然產生聯繫的方式。它漠視功能美學價值以外的一切。它以災難性的方式對待自然世界（人類是當中一部分）的純粹美麗與無限多樣性，展現出它自身極其貧瘠的特質。如果說自然是專注於不斷創造新事物的豐饒場所，那麼資本將這種創新特質切成碎塊，重新組合成純粹的技術。資本內部有一種力量，強烈傾向破壞自然世界的豐富多樣性和人類自由發展自身能力的潛力。資本與自然和人性的關係是異化的極致。

資本不得不盡其所能，將自然的各方面私有化、商品化、貨幣化和商業化。唯有如此，它才能吸納愈來愈多自然事物（如今已延伸至人類的DNA），使它們變成一種資本（這是資本的一種積累策略）。這種代謝關係必然因應資本的指數型成長而擴張和深化。它被強加到愈來愈有問題的領域。生命形態、遺傳物質、生物過程、有關自然的知識，以及有關利用自然的性質和力量的智慧（至於相關事物是人造的還是具有獨特人性，則完全不重要），全都被納入商業化的邏輯中。資本正加快它對人類生活世界的殖民。隨著資本日趨盲目地以指數型成長的方式不斷積累，資本的生態也日趨盲目地在我們的生活世界中不斷擴張。

這激起各種反應、強烈的反感和抵抗。觀賞日落的喜悅、雨水的清新味道、風暴的奇觀，甚至是龍捲風的暴行，不能粗暴地化約為某種貨幣價值。波蘭尼控訴將商品形式強加在自然世界不僅「怪異」，本質上還是破壞性的；這控訴遠比以下批評深刻：自然力量被擾亂和破壞，以致變得對資本無用。被摧毀的是違背資本的要求和命令，保存人性的能力。許多人認為這是對「真正」自然的傷害，而這不利於我們實現更好的另一種人性。

人類早就認識到，資本的運作必然涉及摧毀正派、敏感的人性。這種認識早期引發一場以浪漫主義運動為首的美學起義，反對以純科學方式邁向資本主義現代性。在深層生態學中，這衍生了一種並非以人類為中心的視野，應用在人類對自身與周遭世界關係的理解上。在社會與政治生態學中，它衍生了反資本主義分析的嚴厲批判形式。在法蘭克福學派的批判工作中，它促成了一種較為生態敏感、十分重視自然的辯證和「反叛」的馬克思主義。[5]所謂「自然的反叛」不是指憤怒、不舒服的「自然母親」對人類的反撲（如某些原住民所相信，而現在的氣象主播也喜歡這麼說）。這其實是人性的一種反叛，是對我們為了在資本生態系統中生存而必須承受的人性扭曲的反叛。這種反叛是跨政治光譜的——對於自然的各方面被商品化、貨幣化和商業化，農村的保守主義者與城市的自由主義者和無政府主義者一樣憤怒。

人道主義反叛的種子已經播下，它反抗的是將自然和人性化約為純商品形式的不人道本質。疏遠自然等同疏遠人類的潛力。這釋放出一種反叛精神。在這場反叛中，尊嚴、尊重、同情、關懷、愛心等詞語變成了革命口號，求真和求美的價值觀取代了社會勞動的冷酷計算。

矛盾17 人性的反叛：普遍的異化

資本並非完全不可能在付出某種代價後，承受本書迄今檢視的全部矛盾並存活下來。例如，資本可以藉由以下手段做到這件事：資本主義寡頭菁英監督大規模的種族滅絕，消滅世界上大部分過剩和可棄的人口，然後奴役倖存者，並建立設有門禁、大規模的人造環境，保護人類免受變得有毒、荒蕪、桀驁不馴的外部環境蹂躪。目前已有大量反烏托邦故事描述這類世界的種種可能模樣，如果我們認為人性貶損後的人類未來不可能活在這樣的世界，那將是錯誤的。事實上，有些反烏托邦故事有可怕的相似之處，例如柯林斯（Suzanne Collins）的青少年暢銷三部曲《飢餓遊戲》（*The Hunger Games*），以及米契爾（David Mitchell）的未來反人道主義故事《雲圖》（*Cloud Atlas*）中描述的社會秩序。那樣的社會秩序可以存在，顯然只能仰賴法西斯式思想控制、警察日常監視和暴力的持續運作，以及不時的軍事化鎮壓。任何人如果看不到這些反烏托邦世界的要素已出現在我們周遭，他是在以最殘忍的方式欺騙自己。

因此，問題不在於資本無法在它的矛盾中存活下去，問題在於資本存活下去的代價將是多數人類無法接受的。希望在反烏托邦趨勢嚴重惡化之前，也就是遠在各地的局部問題（甲地稀稀落落的無人飛機轟炸，乙地瘋狂的統治者偶爾利用毒氣對付自己的人民，丙地以兇殘和矛盾的政策對付各種反抗，丁地發生環境災難和大規模饑荒）演變成武裝力量災難性不對等的抗爭真正全面湧現，貧與富對立，享有特權的資本家及其怯懦的助手與其餘的人對立之前，社會和政治運動將興起，人們高喊：「夠了！」然後改變我們生活和相愛、生存和繁衍的方式。我們如今應清楚看到，這意味著我們必須換掉資本的經濟引擎和它不合理的經濟理性。但是，在當前的時代思想狀態下，公眾針對這問題的富想像力議論少得可憐，我們應該如何完成上述任務一點也不清楚，而資本的經濟引擎可用什麼東西代替就更不清楚了。分析這問題時，了解資本的矛盾是大有幫助的，因為正如德國劇作家布萊希特（Bertolt Brecht）曾說過：「希望潛伏在矛盾之中。」

發掘這些潛在希望時，我們必須先接受一些基本論點。在《資本之謎》（*The Enigma of Capital*）中，我的結論是：「資本主義永遠不會自行崩潰。它必須受到外力逼迫。資本的積累永遠不會停止。它必須由外力終止。資本家階級永遠不會自願交出權力。他們的權力必須由外力奪取。」[1] 我仍然堅信這觀點，並認為其他人也有此認識極其重要。這項任務顯然需要一場強大的政治運動和許多足以交託的個人來承擔。這樣一場運動如果想發揮作用，必須有一個具說服力的、可以與集體的政治主體性結合的宏願。怎樣的願景才能激勵這樣一場政治運動呢？

我們可以支持矛盾中的一方（例如使用價值）而非另一方（例如交換價值），或是設法削弱並最終消除某些矛盾（例如允許人們利用金錢將社會財富私有化），藉此嘗試一步步地逐漸改變世界。我們可以嘗試改變演變中的矛盾限定的發展軌跡（以非軍事技術和民主自由世界中更大程度的平等為方向）。如我在本書中一再嘗試指出，了解資本的矛盾有助於我們建立有關整體發展方向的長遠願景。一如一九七〇年代起新自由主義崛起，改變了資本的發展方向（私有化和商業化趨勢加劇，交換價值的支配力增強，人們不惜一切瘋狂追逐金錢權力），一場反新自由主義運動可在未來數十年引導我們走向截然不同的策略方向。文學作品和社會運動透露的跡象顯示，人類至少願意嘗試重新設計資本體制，考慮更多生態敏感關係，並大幅提高社會正義和民主治理的水準。[2]

這種逐步來的作法是有優點的。它提議以和平非暴力的方式推動社會變革，一如近年來開羅、雅典和伊斯坦堡的廣場群眾運動初期所要求的——雖然在這三個例子中，國家機器很快便以驚人的暴力回應群眾，大概是因為這些運動越過當局壓迫性包容的邊界之膽量。這種作法試圖以有限的共同議題，策略性地凝聚群眾。當具傳染力的影響從一種矛盾蔓延至另一種矛盾時，這種作法也能產生廣泛的作用。想像一下，如果交換價值的優勢和凱因斯描述的追逐金錢權力的異化行為同時減少，以及民間個體利用社會財富獲利的能力受到充分地約束，世界將會如何。想像一下，如果種種異化現象（工作的異化，永遠無法滿足人的補償消費的異化，空前的貧富差距和與自然的不和諧關係）因為大眾對資本當前種種離譜現象的不滿升高而減少，世界將會如何。果真如此，我們將生活在一個較為人道的世界，社會不平等和衝突、政治的腐敗和壓迫將大大減少。

但是，這並未告訴我們，非常零散但為數眾多的反對運動可以如何凝聚為一場較統一和團結的反資本支配運動。逐步來的作法未能處理資本的各項矛盾如何彼此聯繫、形成一個有機整體的問題。我們迫切需要一些具催化作用的構想來賦予政治行動基礎和活力。如果想要對抗和戰勝資本的勢力，我們必須將集體的政治主體性與一些有關如何建構另一種經濟引擎的基本概念結合起來。如果不這樣做，我們將既無法奪取資本的權力，也無法取代資本的體制。就此而言，我認為最合適的概念是異化（alienation，又譯疏離）。

異化的動詞alienate有多種意思。作為法律用詞，它是指將產權轉讓給別人。例如，當我將一塊土地賣給別人時，便是將它的產權轉讓了出去。在社會關係方面，它是指對某個人或體制或某項政治事業的感情、忠誠和信任變淡，可能轉移至另一標的上（有時可能是在有心人的引導下）。對人或體制（例如法律、銀行、政治制度）的信任異化（也就是喪失），可能極其嚴重地損害社會結構。作為被動的心理現象，異化是指疏遠了某些重要關係，變得孤立。我們為了某些無法說清、無可挽回的損失感到悲痛時，便是體驗到和內化了這種異化。作為主動的心理狀態，異化是指對於自己實際或覺得被壓迫或剝削感到憤怒和充滿敵意，並以行動發洩這種憤怒和敵意，有時會在沒有明確原因或合理目標的情況下，以激烈行為宣洩對世界的不滿。例如，當人們因為生活中缺乏機會或努力追求自由、但結果受人宰制而感到沮喪時，便可能會出現異化的行為。

這種含義的多樣性是有用的。勞工合法地將約定時間內的勞動力轉讓給資本家，以換取薪資。在這段時間內，資本家要求工作者忠誠地服務，而且要相信資本主義是產生財富和造福人類的最佳體制。但是，在勞動合約期間（因為工作辛苦，通常還包括勞動之後的一段時間），工作者疏離了他的產品、其他職工、自然以及社會生活的其他方面。工作者自身的創造本能受挫，感到失落和悲傷，便體驗到和內化了這種剝削與剝奪。最後，這名工作者不再悲傷憂鬱，轉為對他的異化直接來源動怒，可能是對使他過度勞累的老闆，也可能是對不體諒他的疲累而提出食色要求的伴侶。當他處於極度異化的狀態時，這名工作者會破壞他工作場所的機器，或是對家裡的伴侶砸東西。

異化這主題存在於本書已檢視的許多矛盾中。在交換價值的支配下，與商品的有感接觸（其使用價值）喪失了，與自然的感官關係被阻斷了。勞動的社會價值和意義在金錢的代表形式中變得模糊了。以民主方式達成集體決定的能力，在孤立的個人利益與國家權力彼此矛盾的理性的永恆交戰中喪失了。社會財富因為流入私人口袋而消失了（製造出一個財富私有、汙穢公有的世界）。價值的直接生產者與他們生產的價值變得疏離。階級的形成使人與人之間出現了不可弭平的鴻溝。分工盛行之下，我們愈來愈難從日趨零碎的部分看到整體。即使「法律面前人人平等」被大肆吹捧為資產階級的最高美德，社會平等和社會正義的希望已告幻滅。資本實現領域中的剝奪式積累（例如，藉由迫遷或在房貸違約時沒收房屋）衍生的積怨已經沸騰。自由變成了宰制，奴役便是自由。

這一切衍生的具催化作用的政治問題，是設法辨明、正視和克服資產的經濟引擎產生的許多形式的異化，並將壓抑已久的相關能量、憤怒和挫折感導向一股一致的反資本主義力量。對於我們與自然、我們彼此之間、我們與工作的關係以及我們生活和相愛的方式，我們敢盼望一種非異化（或至少較不異化、較可接受）的狀態嗎？要做到這一點，必須了解異化的根源，而學習資本的矛盾正是對此大有幫助。

對於實現社會主義／共產主義的革命性變革，傳統的馬克思主義取向是集中關注生產力（技術）與社會（階級）關係之間的矛盾。在傳統共產主義政黨的理論中，這項變革被視為一個科學和技術問題，而不是一個主觀、心理和政治問題。異化被排除在考慮之外，因為它是一個非科學概念，帶有青年馬克思在《一八四四年經濟學哲學手稿》中闡述的人文主義和烏托邦渴望的意味，未經《資本論》的客觀科學闡釋。儘管共產主義事業的追隨者熱情信奉相關理論，這種科學主義立場未能捕捉到各種可行的替代方案的政治想像。它也未能為在反資本主義的汪洋中動員武力提供任何精神上令人信服和主觀（而非科學上必要和客觀）的理由。它甚至無法對抗流行的經濟和政治理性的瘋狂（部分原因在於科學共產主義信奉這種經濟理性的大部分內容，接受它那為生產而生產的戀物執著）。事實上，它未能完全揭露統治階級為了保護自己免受傷害而鼓吹的拜物主義和虛幻事物。因此，傳統的共產主義運動永遠處於無意中複製這些虛幻事物和拜物主義的危險中。此外，這種運動也受一個全能先鋒黨的領導層停滯和教條式的觀點所害。在反抗階段和受暴力鎮壓的可怕時刻往往運作良好的民主集中制，在運動接近可行使合法權力時卻成了一種災難性的負擔。一場尋求自由的運動結果產生了宰制。

但是，以下見解其實大有道理：生產力革命與互有衝突的相關社會關係之間有個核心矛盾。如我們檢視第8個矛盾時看到，資本的技術演化與工作和社會價值的根本變革有深刻的聯繫。不過，當我們從異化的角度檢視這種矛盾和其他矛盾（例如源自分工的矛盾）時，可以看到更多涵義。高茲（Andre Gorz）是這種分析的先驅，以下我將採用他的說法。

高茲寫道，隨著技術力量的資本主義發展，而出現的「工作的經濟理性化」，產生了「在工作中遭異化的個體，他們在其消費上也必將異化，而他們的需求最終也將異化」。個體可以掌握的錢愈多（而如本書稍早所述，即使只是在個人銀行帳戶中，金錢有無限增加的潛力），他們的需求必須相應增加愈多，如此方能發揮他們作為「理性消費者」的經濟作用（所謂「理性」，當然是站在資本的角度）。對金錢的渴望與在社會秩序中促進需求的經濟結構建立了一種辯證關係（一種互動螺旋）。穩定和簡樸好生活的觀念，被為了不斷增加消費、永不滿足地追求金錢權力的觀念取代了。結果是「自由和存在自主的古老觀念」被徹底壓倒，人們捨棄真正的自由，換取無止境致力參與和打敗市場的有限自由。[3]

以下詳細闡述這說法。高茲寫道：「根本問題在於工作所利用的技術和能力在多大程度上構成一種職業文化，以及職業文化與日常生活文化——工作與生活——在多大程度上是一致的。換句話說，根本問題在於參與工作在多大程度上豐富或犧牲了當事人的個體存在。」工作的技術表面上與此問題完全無關，但如我們所見，技術發展往往被精心設計來剝奪工作者的權力和削弱工作者的力量。這種創新軌跡與豐富工作者的生活有深刻的矛盾。技術並未產生一種超越它本身控制的獨特文化，實際上也沒有這種能力。技術的暴力在於它切斷人與世界感覺互動的方式。高茲指出，這是「否定人類感性的一種壓迫」。它不允許溫柔和同情。如前所述，自然被當作工具對待，「自然、我們自己和其他人的身體」因此遭受「暴力」對待。「日常生活的文化是一種暴力文化（這種矛盾產物有令人不安的模糊性，包含了一種暴力文化），在它的極端狀態是一種系統性的、經深思熟慮的、經過昇華的、加重的野蠻文化。」[4] 當我們想到無人飛機的攻擊和毒氣室時，這種暴力當然至為明顯。但高茲主要是想指出，這種暴力透過我們日常生活中運用的工具，包括我們工作中使用的那些，已經深深滲透到日常生活的核心中。

流行文化中顯然有一種深刻的渴望，希望以某種方式令這種貧瘠技術文化產生的影響人性化。例如，我們看到科幻電影《銀翼殺手》（*Blade Runner*）中的複製人學會感覺；《雲圖》中的複製人Sonmi-451學會一種表達感受的語言；電影《瓦力》（*Wall-E*）中的機器人學會關懷和流淚，而獲得補償性質的消費品、身材臃腫的人類，則生活在機器人試圖清理的毀壞世界上方，人人皆有自己的魔毯，被動地獨自漂浮；《二〇〇一太空漫遊》中的電腦HAL則是一個負面例子：它變成了流氓。令技術人性化是個根本不可能的夢想，但這完全不妨礙人們一再表達該夢想。那麼，我們去哪裡找一種較為人性的方式來重建我們的世界？

高茲堅稱：「工作並非僅是創造經濟財富，它也總是一種自我創造的手段。因此，關於工作的內容，我們也必須考慮以下問題：我們希望人類由工作產生的那種男男女女構成嗎？」

我們知道，許多（甚至是多數）在職人士並不滿意自己的工作。例如，美國最近一項蓋洛普廣泛調查便顯示，約七〇%的全職勞工有些人厭惡去上班，有些人精神上完全不投入，因此實際上變成了到處散播不滿情緒的破壞者，因為效率不彰而造成雇主的顯著損失。至於投入工作的三〇%勞工則主要是高茲所稱的「重新專業化的」勞工（非常複雜的技術系統的設計師、工程師和管理者）。高茲問道，相對於比較傳統的勞工，這類勞工是否「比較接近一種可行的人性理想？分配給他們的複雜任務是否可能滿足他們的生活，賦予它意義，同時不會扭曲它？簡單說，這種工作如何實踐？」我們可以超越技術文化的暴力嗎？

高茲的答案令人沮喪。技術當然可以用來「提升勞動效率，減少辛勞和工時」。但這是有代價的。「它使工作與生活分離，使職業文化與日常生活文化分離；它使人類必須以自身遭受暴虐的宰制，換取自然免受進一步的宰制；它縮減了親身經驗和存在自主的領域；它使生產者與產品分離，以致當事人不再了解自身工作的意義。」如果這不是勞動過程中的徹底異化，那什麼才是呢？

高茲繼續寫道：「技術化必須省事省時，我們為此付出代價才是可以接受的。這是技術化公開宣稱的目標，而它也不能有其他目標。技術化就是要幫助我們以較少的時間和力氣，生產較多、較好的東西。」這裡並無以下雄心：「以工作填滿每個人的生活，而且使工作成為每個人的首要意義來源」。這定義了勞動過程中的矛盾核心。技術使工作省事省時，但也摧毀了工作者的全部意義。「一份工作的作用和目的如果是節省勞動，那麼它不能將勞動美化為個人認同和成就感的根本來源。當前技術革命的意義，不可能是復興工作倫理和個人對自身工作的認同。」技術革命要有意義，必須將勞工從工作中的苦役解放出來，使他們能參與非工作活動，而「所有人，包括新類型的勞工，都可以藉由這些活動發展那些在技術化工作中找不到出口的人性面向」。[5]「工作為本的社會（也就是以經濟意義上的工作為基礎的社會）的危機迫使個體在工作以外尋找認同和社會歸屬感的來源，無論它的形式是失業、邊緣化和缺乏工作保障，或是工時整體縮減。」只有在工作以外，工作者才有可能實現自我，獲得自尊，因而得到「其他人的尊重」。[6]

社會整體而言被迫做一個有關存在的選擇。資本積累的經濟領域必須受到約束，以便人類的能力可以在市場和工作的「暴政」之外自由發展；「又或者經濟理性必須使消費者的需要至少能追上商品（和商品化服務）生產的成長速度。」這恰恰是福特（Martin Ford）辨識出來的問題，只是他完全避談資本主義經濟理性的替代選擇。不過，高茲指出，在後一個選項（社會的實際選擇）中，「消費必須〔加以組織以〕服務生產。生產將不再具有以最有效率的方式滿足既有需要的功能；正相反，需要將日益具有使生產得以保持成長的功能。」結果是弔詭的：

> 資本〔實現上〕的無限最大效率因此要求滿足需要上的無限最大無效率，以及消費上的無限最大浪費。需要（needs）、想要（wishes）和渴望（desires）之間的界限必須打破；對使用價值相同或較差但價格較高的產品的渴望必須製造出來；想要必須堅定地化為迫切的需要。簡單說，需

> 求必須製造出來，最有利可圖的產品的顧客必須創造出來；因此，新形式的匱乏必須在豐盛的中心不斷複製出來，手段包括加速創新和汰舊、在愈來愈高的層次複製不平等……[7]

創造需要比滿足多數人的需要更重要。

「經濟理性必須在不提升滿意度的情況下，不斷提高消費量；必須不斷縮減滿足者的疆域，維持無法滿足所有人的印象。」消費階層化對確保價值的實現變得至關緊要，而領導和控制這現象的是富裕、寄生的有閒階級的消費主義。這正是范伯倫（Thorstein Veblen）在一八九九年出版的《有閒階級論》（*Theory of the Leisure Class*）中精彩揭露的現象。但我們現在知道的是，如果這樣的階級尚未出現，資本體制必須創造一個出來。[8] 抑制薪資導致實際需求疲軟、技術發展導致大量勞工失業，這困境必須靠一種具異化作用的消費主義來解決。廣大勞工泡在炫耀性消費的汪洋中，不惜代價、瘋狂地試圖增加收入，不斷延長工作時間，以求滿足人為增加的需要和避免因為落後於人而顏面受損。

新技術的應用本來應該可以減少勞工的工作時數，但多數人卻發現自己的工作時間變長了。不過，這也有它的社會作用。允許愈來愈多人有空去追求自我實現，對資本而言是一件可怕的事，不利於資本繼續穩當地在職場和市場控制勞工。高茲寫道，資本主義「經濟理性容不下既不生產也不消費商業財富的真正閒暇。它不給受雇者閒暇不是因為客觀上必須如此，而是它的源起邏輯使然；工資的設定，必須以誘使工作者人盡最大努力為原則。」工會提出的工資要求「實際上是唯一不損害經濟體制的理性要求」。理性消費（理性是針對資本的不斷積累而言）變成是資本生存下去的絕對必要條件。「另一方面，與工作時間、工作強度、工作的組織和性質有關的要求則充滿顛覆性的激進主義（radicalism）；它們不能以金錢滿足，它們衝擊經濟理性本身，進而挑戰資本的權力。一旦人們發現不是所有價值皆可量化，不是所有東西都能用錢買到，而且錢買不到的還是必要、甚至是唯一必要的東西，『基於市場的秩序』便受到可能動搖根基的挑戰。」[9]如那個「無價」廣告所言：「有些東西錢永遠買不到，除此之外，萬事達卡為你達成。」

「使個體相信，他們獲得供應的消費品和服務，足夠補償他們為獲得這些商品而必須作出的犧牲，相信消費構成個人幸福的港灣並使他們與眾不同，往往是商業廣告這一行的工作。」在這領域，「廣告狂人」（廣告如今占美國經濟活動相當大一部分）成為主角，對社會秩序造成巨大破壞。他們的關注焦點是民間的企業和個人。他們的任務是說服人們消費「並非必要、甚至毫無用處」的商品。商品「總是被描述為含有奢華、豐盛和夢幻的元素；這些商品替它的購買者貼上『幸福和優越人士』的標籤，藉此保護他們免受理性化世界的壓力，不必承擔做個有用的人的義務。」高茲將這些商品定義為「補償型商品」，「人們渴望得到它們，可能主要是看中它無用的特質而非它的使用價值，因為正是這種無用的特質（例如，一些非必要的小玩意和裝飾品）象徵著購買者逃離集體世界，進入個人可以完全自主的港灣。」[10]廣告狂人已證實精通推銷的，恰恰是這種過度的消費主義和無用特質。這種過度的消費主義與滿足人類的需要和渴望是有深刻矛盾的。這觀念連現任教宗也認同。他在最近一次宗座勸諭中抱怨：「當代社會提供的無限消費和消遣可能，導致所有層面皆出現某種異化，因為當社會的組織、生產和消費形式使人較難奉獻自己和建立人與人之間的團結關係時，社會便異化了。」[11]

但是，如高茲指出：「因為覺得工作帶來的消費機會是足夠的補償、因此接受工作異化的功能性工作者，必須同時成為社會化的消費者，才能以這種狀態存在。但是，只有一個市場經濟領域和與之相隨的商業廣告，才能製造出這些社會化的消費者。」[12] 一九六八年的革命運動雖然自誇追求個人自由和自主權以及社會正義，但結局恰恰如此——迷失在異化消費主義的世界，沉沒在豐富的補償型商品中；擁有這些商品被視為人類慾望市場中自由選擇的標誌。

異化或補償型消費主義的發展有它自身的內部毀壞動力。它需要放縱熊彼得所稱的「創造性破壞」發生在土地上。城市中的日常生活，已穩定下來的生活、聯繫和社交方式，一次又一次遭破壞以遷就一時的風尚或奇想。仕紳化或迪士尼化發展必然涉及拆毀和迫遷行動，粗暴地破壞本已形成的城市生活紋理，只為插入浮誇俗豔、瞬間過時的事物。隨著金主和食租者、開發商、地主和富企業家精神的地方首長，從暗處走到資本積累邏輯的前線，剝奪和毀壞、迫遷和建設成了有力和投機的資本積累的工具。資本流通和積累的經濟引擎將一座又一座的城市整個吞噬，吐出新的都市形態，儘管遭受許多人抵制；抵制者覺得自己與這種過程徹底疏離，這種發展不僅完全改變了他們居住的環境，還重新定義了他們必須成為怎樣的人才能生存下去。社會再生產的過程被資本從外部重新設計塑造。日常生活被扭曲為資本的流通。不願接受這種人性強制重新定義的人變成一群疏離的人，他們的不滿不時以騷亂和潛在革命的形式爆發，從開羅到伊斯坦堡、布宜諾斯艾利斯到聖保羅、斯德哥爾摩到玻利維亞的埃爾阿爾托都曾發生這類事件。

但這一切均仰賴擁有足夠的金錢。對金錢的迫切需要誘使「以前未受薪的社會階層尋找受薪工作」，而這進一步增加了「補償型消費的需要」。結果「獲得酬勞變成活動的首要目的，以致任何沒有金錢報酬的活動不再是可接受的。金錢取代了其他價值，成為唯一的價值標準。」隨之出現的是「退縮至私人領域、優先追逐『個人』利益的誘因」。這進而「協助瓦解團結和互助網絡、社會和家族凝聚力，以及我們的歸屬感。由（異化）消費主義社會化的個體不再是融入社會的個體，而是被鼓勵藉由與其他人區分以便『做自己』的個體；他們與其他人唯一相似之處，在於他們拒絕藉由採取共同行動，為共同的境況承擔責任（這種拒絕在社會中被導向消費）。」[13] 對特定地方和文化形態的的鍾愛和忠誠被視為不合時宜。新自由主義倫理的傳播不正是以此為目標，而且最終達成了任務嗎？

但是，生產方面節省的時間愈多，資本愈迫切需要將這些時間吸收到消費和消費主義中，因為如我們稍早指出，資本主義「經濟理性容不下既不生產也不消費商業財富的真正閒暇」。對資本來說，揮之不去的一項威脅，是自由往來和自我創造的個體因為從生產的苦役中獲得解放，而且在消費方面獲得種種省時省事的技術協助（例如：微波爐、洗衣乾衣機、吸塵器，以及網路銀行、信用卡和汽車等等），可能開始建立一個替代資本體制的非資本主義世界。例如，他們可能變得傾向抵制支配世界的資本主義經濟理性，開始規避它壓倒性但往往殘酷的時間紀律。為避免這種情況，資本不但必須藉由它的實現吸收愈來愈多商品和服務，還必須設法占據新技術釋放出來的自由時間。資本在這方面大獲成功。許多人發現，在生產和消費方面的省時技術均廣為普及之際，他們可以用在自由創造活動上的時間卻愈來愈少。

這種矛盾是如何發生的？管理、操作和維護整套省時的家庭工具當然耗費我們很多時間，而工具愈多，我們耗費在這上面的時間便愈多。這些複雜的工具使我們不斷必須透過電話或電子郵件與客服中心、信用卡、電話和保險公司等等聯繫。我們的文化習慣充滿對科技玩意的癡迷，而這種習慣無疑俘虜了我們的創造力中愛玩的一面，使我們常常無益地連續多個小時看情境喜劇、在網路上閒逛或是玩電腦遊戲。我們無處不被「大規模分心武器」包圍。

但是，這一切都解釋不了為什麼時間以當前這種方式從我們手上溜走。我認為更深層的原因，在於資本將消費時間問題當作資本積累潛在障礙處理的結構化方式。資本生產和行銷不耐用或容易過時的商品，並且製造即時消費的事件和奇觀，而如本書稍早所述，這種發展的高潮是一種驚人的明確反轉：消費者在臉書等社群媒體上製造自己的奇觀。資本從這類社群媒體身上獲得的租金極為重要，而人們消耗在這些消費形式上的時間也非常驚人。溝通技術是一把雙刃劍。它們可能被受過教育的疏離青年應用在政治以致革命活動上，也可能透過閒聊、八卦和分散注意力的人際戲謔，消耗人們的時間（同時穩定地替其他人，如Google和臉書的股東，產生價值）。

當現今生產活動中常見的假忙碌、或異化消費主義方面的追求，完全占據人們的生活、心智歷程和政治取向時，資本主義經濟理性是很難、甚至不可能駁斥的。迷失在電子郵件或臉書中談不上是積極參與政治。高茲說得對：「如果節省工作時間無助於解放時間，如果獲得解放的時間並不是用於『個體自由的自我實現』，這些省下來的工作時間是完全沒有意義的。」[14]社會可能正邁向一種理想情況：「工作時間按計畫分階段縮減，實質所得不會因此受損，而且當局推行配套政策，使這些獲得解放的時間成為所有人自由自我實現的時間。」但這種解放對資本家階級的權力構成極大的威脅，因此也就遇到很強的阻力和障礙。「生產力發展本身可能會減少生產所需要的勞動力，但它本身無法創造出使這種時間解放成為所有人的解放之必要條件。歷史可能賦予我們獲得更大自由的機會，但我們還是必須主動去把握這些機會並從中獲得好處。我們的解放不會是物質決定論的結果。一個過程中即使有解放的潛力，也必須有人把握機會自我解放，潛力才得以實現。」號召人們集體對抗資本產生的多種異化，是動員人們對抗資本主義經濟引擎的一種有力方式；這引擎不顧後果地推動資本體制從一種危機滑向另一種危機，可能災難性地損害我們與自然和我們彼此之間的關係。普遍的異化需要強而有力的政治反應。那麼，這種反應可以是怎樣的？

我在此重申，針對矛盾的反應是沒有不矛盾的。檢視普遍異化現象引發的當代政治反應，我們看到令人極其不安的景象。法西斯黨在歐洲崛起（希臘、匈牙利和法國的情況尤其惡劣和顯著），美國共和黨中出現一心只想斷絕政府財源和關閉政府的茶黨派系，是強烈異化的部分人嘗試尋找政治解決方案的表現。他們不怕動用暴力，確信必須追求徹底控制一切的政治，才可保護他們受威脅的自由。這種政治趨勢受當局對社會運動日趨暴力的軍事化反應支持，某程度上也與這種鎮壓交融。這種軍事化反應針對所有可能衝破壓迫性包容的高牆的社會運動，這些高牆對自由主義治理性的永存至關緊要。想想以下例子：在美國，警察動用過度暴力鎮壓占領運動；在土耳其，當局鎮壓始於塔克辛廣場的和平抗議，手段比美國更暴力；在希臘，警方在雅典憲法廣場的行動令人想起金色黎明黨的法西斯手段；在智利，警方持續以暴力打擊抗爭學生；在孟加拉，政府組織暴徒攻擊抗議危險工作環境的人；在埃及，當局對阿拉伯之春運動的反應軍事化；在柬埔寨，工會領袖遭謀殺。這一切事件的背景，是國家機器迅速擴大監控的天羅地網，並積極立法，決心打一場反恐戰，很容易將任何積極和有組織的反資本主義抗爭視同恐怖行為。

美國政治光譜中的極左翼和極右翼均普遍認為國家體制已過度擴權，而這是必須反抗的。這顯示人們對國家體制普遍疏離，該體制歷來承擔起創造跨派系（以致跨階級）共識和社會凝聚力的任務（通常是訴諸建構出來的有關國家認同和團結的幻象）。傅柯有關治理性（governmentality）的分析在此能派上用場。歐洲在十六和十七世紀經過一段時期的財政軍國主義（fiscal militarism）之後，留給世界的專制、絕對和集權的國家體制，必須調整以適應資產階級的原則與作法，也就是堅持不可能實行的自由放任的烏托邦政治。英國以自由作為創造治理性的手段，成功完成這種調整（後來沈恩〔Amartya Sen〕倡導的開發中國家的作法，與此很像）。這意味著資本主義國家必須內化它的專制權力的局限，並將產生共識的任務交給自由發揮功能的個體；這些個體圍繞著民族國家，內化了社會凝聚力的概念。最重要的是，他們必須同意藉由市場程序規管活動。集中的權力受到明確的限制。美國的茶黨、自治論者和無政府主義者的共同政治主張，是設法限制國家或甚至摧毀國家，雖然右翼作此主張的名義是個人主義，左翼則是基於尊重個體的結社主義（associationism）。特別有趣的是，現行的生產方式和政治表述界定了它主要反對力量的空間和形態。新自由主義在經濟和政治領域的霸道作法，衍生了分散和網絡化的反對力量形態。

面對普遍異化的現象，明確的右翼反應是可以理解的，但它的涵義也是可怕的。畢竟在歷史上，右翼對這類問題的反應曾造成極嚴重的後果。我們能不吸取歷史教訓，將反資本主義運動塑造為處理時代矛盾的進步方案嗎？

結論
幸福但有爭議的未來：革命人道主義的希望

遠古以來便有人相信，他們可以獨自或集體替自己建造一個更美好的世界，而非只是繼承既有的世界。當中很多人也相信，他們可以在這過程中改造自己，有希望成為更好的人。我認為自己是以上兩者皆相信的人。例如，在《叛逆的城市》（*Rebel Cities*）中，我表示：「我們想要怎樣的城市，這問題與我們想做怎樣的人，追求怎樣的社會關係，珍惜怎樣的人與自然關係，渴望怎樣的生活方式，抱持怎樣的美學價值是分不開的。」我寫道，人的城市權利「遠非只是個人或群體使用城市包含的資源之權利，它還包括改變和再造城市、使其更接近我們內心渴望的權利……塑造和再造我們自己和我們的城市之自由，是人類最寶貴但最受忽略的權利之一。」[1]或許正因為這個直觀理由，城市在其歷史上一直是大量烏托邦渴望的焦點目標；人們渴望城市能帶給人類較美好、較不異化的未來。

相信我們可以藉由自覺的思想和行動，令世界和我們自己變得更美好，這信念界定了一種人道主義（或人文主義）傳統。這傳統的世俗版本與有關尊嚴、寬容、憐憫、愛和尊重他人的宗教教義部分重疊，也往往受後者啟發。宗教和世俗的人道主義，均是一種以人類潛力、能力和力量之解放衡量自身成就的世界觀。它贊同亞里士多德有關個體自由發展和建構「美好人生」的看法。用當代「文藝復興人」彼得・巴菲特的話來說，人道主義追求的世界保證個體「能真正解放天性，或是有機會度過愉悅和滿足的人生」[2]

這種思想和行動傳統興衰有時，各地的流行程度也各有不同，但它似乎從不曾死去。它當然必須與較正統的學說競爭，後者認為我們的命運取決於諸神、某個造物主、自然的盲目力量、藉由遺傳和突變實踐的社會演化法則、決定技術演化方向的經濟鐵律，或是受世界精神支配的某種隱蔽的目的論。人道主義也有它離譜的地方和黑暗面。文藝復興時期的人文主義有某程度的放蕩性質，其主要倡導者伊拉斯謨（Erasmus）當年因此擔心這種猶太與基督教傳統正走向放縱感官享受。人文主義有時也會誤入歧途，以普羅米修斯和以人類為宇宙中心的觀點去看人類相對於萬物（包括自然）的能力和力量；一些迷惑的人甚至相信我們僅次於上帝，是擁有宇宙主權的超人。當某些族群被視為不值得被當作人時，這種人文主義便特別致命。美洲許多原住民部落面對殖民者時，便遭遇這種命運。他們被貼上「野蠻人」的標籤，被視為自然的一部分而非人類的成員。這種傾向在某些圈子中仍然很強，這促使激進的女權主義者麥金儂（Catharine MacKinnon）就此問題寫了《女性是人嗎？》（*Are Women Human?*）這本書。[3]在許多人眼中，這種排斥在現代社會中具有系統性和普遍的特質；彰顯這一點的是阿岡本（Giorgio Agamben）提出的「例外狀態」如今相當普遍，許多人活在這種狀態中（被關在關達那摩灣的人是最佳例子）。[4]

當代大量跡象顯示，開明的人道主義傳統保持強健，甚至可能正東山再起。這種精神顯然正激勵世界各地非政府組織（NGO）和慈善團體的大批員工，他們的使命是幫助弱勢者把握機會改善生活和前景。甚至有人做一些無益的嘗試，替資本本身披上人道主義外衣，部分企業領袖稱之為「自覺資本主義」（Conscious Capitalism）——這是一套企業家倫理，當中有些明智的建議，例如，藉由看似善待員工來提升員工的效率，但整體而言令人懷疑是一種「良心漂白」的嘗試。[5]資本運作衍生的一切惡劣事物，都被當作是經濟體制在良好道德意圖推動下產生的間接傷害。人道主義精神可貴得多，它激勵無數個體慷慨地自我奉獻，往往在並無物質報酬的情況下無私地造福他人。基督教、猶太教、伊斯蘭教和佛教人道主義衍生了大量宗教和慈善組織，也產生了標竿人物如甘地、馬丁路德金恩、德蕾莎修女和屠圖主教。世俗傳統中也有多種人道主義思想和實踐，包括：世界主義、自由主義、社會主義和馬克思主義中明確的人道主義精神。當然，多個世紀以來，道德和政治哲學家根據有關正義、世界主義理性和解放自由的各種理想，設計出互有矛盾的道德思想體系，而那些理想也不時提供革命口號。自由、平等、博愛是法國大革命的口號。美國《獨立宣言》、美國憲法以及可能更重要且激動人心的《權利法案》，全都激勵了隨後的政治運動和制憲或修憲努力。玻利維亞和厄瓜多最近通過的憲法均不同凡響，顯示撰寫進步的憲法作為規範人類生活的基礎之技藝絕未失傳。此外，此一傳統衍生的大量文獻，也仍然在追求更有意義生活的人之間流傳。想想潘恩（Thomas Paine）的《人的權利》（*Rights of Man*）或伍史東考夫特（Mary Wollstonecraft）的《女權辯護》（*A Vindication of the Rights of Woman*）曾在英語世界產生的影響力，你便能明白我的意思（世界上幾乎每一個傳統都有可歌頌的類似著作）。

這一切涉及兩個眾所周知的陰暗面，兩者均是我們已經談過的。第一個問題，是無論人道主義的普世關懷起初表達得多麼高尚，事實一再證明，我們很難阻止有心人扭曲這種普世關懷以圖利特定利益集團、派系和階級。彼得・巴菲特有力控訴的「慈善殖民主義」，正是這麼產生的。這種操作扭曲了康德高貴的世界主義和永久和平追求，使其變成帝國主義和殖民文化的統治工具，國際新聞網絡（CNN）和商務艙常客的「希爾頓飯店世界主義」正是當前的代表。這問題困擾聯合國宣言中的人權理念，該宣言偏重自由主義理論中的個人權利和私有產權觀念，犧牲了集體關係和文化權利。自由的理想和實踐因此變成一種治理工具，替資本家階級的財富和權力之再生產和永存服務。第二個問題在於任何信念和權利體系之實踐總是涉及一些規訓權力，而行使這些權力的通常是國家或以武力為後盾的某種體制化權力。此處的困難很明顯：聯合國的宣言暗示個人人權實踐由國家負責，但現實中國家往往是侵犯人權的禍首。

簡單說，人道主義傳統的困難，在於對人道主義無法迴避的內部矛盾之充分認識，並未內化在這傳統中，當中以自由與宰制之間的矛盾最為明顯。結果是如今人道主義傾向和感情之表達往往有點隨便和尷尬，除非它的立場安全地獲得宗教教義和權威支持。因此當代無人為世俗人道主義的理念和前景提出有力的辯護，即使有無數的個別作品鬆散地支持人道主義傳統或維護其明顯的美德（非政府組織圈內便有此現象）。人們迴避人道主義的危險陷阱和基本矛盾，尤其是強迫、暴力和宰制的問題，因為面對這些問題太令人尷尬了。結果便出現法農（Frantz Fanon）所稱的「無力的人道主義」。大量證據顯示，人道主義最近的復興中出現很多這種無力跡象。世俗人道主義的資產階級和自由主義傳統，為大致無效的有關世界可悲狀態的說教，以及針對長期貧困和環境退化問題發起同樣無效的運動，提供了一種感傷的道德基礎。法國哲學家阿圖塞（Louis Althusser）於一九六〇年代發起激烈且富影響力的運動，致力將有關社會主義人道主義和異化的所有論述從馬克思主義傳統中剔除，很可能正是因為這原因。阿圖塞表示，青年馬克思在《一八四四年經濟學哲學手稿》中表達的人道主義，與《資本論》中的科學馬克思有「認識論上的斷裂」，而我們忽視此一斷裂是很危險的。他寫道，馬克思人道主義是純粹的意識形態，理論空洞，政治上可能誤導人，甚至可能產生危險的後果。在阿圖塞看來，虔誠的馬克思主義者如遭長期監禁的葛蘭西，獻身於「人類歷史的絕對人道主義」，完全搞錯了奉獻標的。[6]

近數十年來，人道主義非政府組織同謀性質的活動大量增加，這現象和這類活動的性質似乎支持阿圖塞的批判。慈善工業複合體的成長主要反映世界寡頭集團「良心漂白」的需求增加；在經濟停滯的時候，這些寡頭的財富和權力每數年便倍增。整體而言，慈善組織工作幾乎完全無助於處理人類墮落和被剝奪的問題，對於環境退化問題擴散也基本無能為力。這當中的結構原因，在於反貧困組織的金主要求這些組織永遠不要妨礙金主進一步累積財富。如果在反貧困組織工作的人忽然全部改信一套反財富政治理念，我們的世界將變得截然不同。很少慈善捐款人會捐助這樣的組織，我懷疑連彼得・巴菲特也不會。而如今處於問題核心的非政府組織其實也不願意看到這種情況（雖然非政府組織世界中很多個別人士樂意看到這種情況，但他們根本無法使這種情況出現）。

那麼，為了藉由反資本主義努力逐漸改變世界，使它變成不同類型的人居住的另一種地方，我們需要怎樣的人道主義？

在我看來，為了反抗各種形式的異化和根本改變受資本支配的世界，我們迫切需要明確有力地提出一種可以與基於宗教的人道主義結合的、世俗的革命人道主義（基於宗教的人道主義以新教和天主教解放神學表達得最清楚，在印度教、伊斯蘭教、猶太教和一些本土宗教文化的同源運動中也能看到）。世俗的革命人道主義在理論和政治實踐上均有一個強而有力（儘管也有問題）的傳統。這是阿圖塞徹底否定的一種人道主義。但儘管阿圖塞的介入產生頗大影響，這種人道主義在馬克思主義和激進傳統（以及其他領域）均有明確有力的表述。它與資產階級自由人道主義大不相同。它不接受有關人類有某種不變或既定「本質」的說法，迫使我們努力思考如何成為一種新人類。它將《資本論》和《一八四四年經濟學哲學手稿》中的馬克思統一起來，而且擊中核心矛盾——這些矛盾是想要改變世界的人道主義計畫必須願意承受的。它清楚認識到，多數人的幸福未來有個令人遺憾的地方：少數人將無可避免地感到不滿。在較平等的世界，失去驚人財富的金融寡頭將無法在巴哈馬遊艇上享用魚子醬和香檳午餐，他們無疑將抱怨自己生活大不如前。善良的自由人道主義者甚至可能因此替他們感到有點難過。革命人道主義者則會硬起心腸，不抱這種想法。雖然我們可能不贊成以這種無情的方式處理這類矛盾，我們必須體認到實踐者這種基本的誠實和自覺。

我們來看一個例子：法農的革命人道主義。法農當年是在醫院工作的精神科醫師，遇上一場殘酷和激烈的反殖民戰爭（這場戰爭因為龐泰科法〔Gillo Pontecorvo〕的電影《阿爾及爾戰役》〔*The Battle of Algiers*〕而特別令人難忘，而這部電影如今是美國軍方的反叛亂教材）。法農的著作深入探討被殖民者為了自由而與殖民者展開的鬥爭。他的分析雖然是特別針對阿爾及利亞的情況，但說明了所有解放鬥爭中均會出現的議題，包括資本與勞工之間的議題。但他的闡述極其戲劇性也十分清楚，而這正是因為它涵蓋種族、文化、殖民壓迫和墮落等額外面向；這些問題導致極其激烈的革命形勢，和平看似完全無望。法農的基本問題是：如何在殖民宰制的非人化實踐和經驗上恢復一種人性意識？他在《大地上的受苦者》（*The Wretched of the Earth*）中寫道：「一旦你和你的同胞被當作狗那樣虐待，你別無他法，只能以一切可行手段重建你作為一個人的分量。然後你必須利用你的分量，盡可能重壓在虐待者身上，以便使心神出竅的他終於能夠恢復人性。」法農稱，人便是以這種方式「要求並索得他無限的人性」。人總是有「眼淚要擦去，不人道的態度要對抗，高傲的講話方式要排除，也總是有人必須恢復人性」。對法農來說，革命並非權力從社會某部分轉移至另一部分那麼簡單。革命必須重建人性（就法農而言是一種獨特的後殖民人性），並且根本改變作為一個人的涵義。「非殖民地化是真正創造新的人。但我們不能將這種創造歸於一種超自然力量。被殖民的『東西』正是藉由解放的過程變成一個人。」法農認為，殖民處境下的解放鬥爭因此無可避免必須藉由民族主義建構。但是，「如果我們不解釋、豐富和深化民族主義，如果民族主義不迅速轉化為一種社會和政治意識，不轉化為人道主義，它將走入死胡同。」[7]

法農坦然接受鬥爭涉及必要的暴力，而且否定妥協，這當然震撼了許多自由人道主義者。他問道：在殖民者施行系統性暴力的情況下，怎麼可能不以暴力反抗？讓絕食抗爭的人挨餓有什麼意義？如赫伯特·馬庫色問道：我們為什麼要相信忍受不可忍受的事物是美德？殖民者將被殖民者定義為一種本質上不如人類的邪惡存在，被殖民者在這種分裂的世界中是不可能妥協的。錢尼擔任美國副總統時便曾有此名言：「我們不與邪惡談判。」法農對此有現成的答覆：「殖民者的工作是令被殖民者連夢想自由也不可能。被殖民者的工作是想像殲滅殖民者的一切可能方法……『殖民者絕對邪惡』的說法，是回應『土著絕對邪惡』的說法。」這樣的分裂世界中並無談判或妥協的希望。這正是伊朗革命之後，美國與伊朗極其疏遠的原因。法農指出，殖民城市中的「本地人部分與歐洲人的部分不是互補的……整個城市由一種純粹的亞里士多德邏輯管理」，遵循「互相排斥的命令」。因為兩者之間並無辯證關係，動用暴力是消除差異的唯一方法。「毀掉殖民世界等同摧毀殖民者的區域，將它深埋地下或驅逐出境。」[8]這種計畫一點也不軟弱感傷。如法農清楚看到：

> 對被殖民者來說，這種暴力充滿正面和建設性特質，因為它構成他們唯一的工作。這種暴力實踐是累加的，因為每個個體代表一條大鏈中暴力的一環；他們構成一個全能的暴力體，站起來回應殖民者的根本暴力……在個體層面，暴力是一股淨化的力量。它去除被殖民者的自卑情結，去除他們被動和絕望的態度。它賦予他們勇氣，恢復他們的自信。即使武裝鬥爭是象徵性的，即使其力量因為迅速的非殖民地化而遭解散，人們會有時間去認識到他們的解放是每一個人的成就……[9]

但是，《大地上的受苦者》之所以震撼人心、充滿灼熱的人性，細讀之下令人熱淚盈眶，是因為作者在該書後半部分，有力地描述暴力鬥爭中雙方所受的精神創傷；他們均是受環境所迫，投入到暴力的解放鬥爭中。我們對這種精神傷害的認識如今已大有長進，例如多少明白參與越南、阿富汗和伊拉克戰爭的美國和其他國家的軍人所受的心理創傷，以及創傷後壓力症候群如何嚴重損害他們的生活。在阿爾及利亞的反殖民革命鬥爭中，法農滿懷同情書寫的正是這種精神創傷。去殖民之後還有大量工作必須完成，不僅必須修復受損的靈魂，還必須減輕法農清楚看到的危險：殖民式思想和存在繼續產生影響（甚至是獲得複製）。「被殖民者為了不再被宰制而戰。但他也必須確保自己能清除壓迫者植入其腦中的所有謊言和歪理。在像阿爾及利亞這樣的殖民政體中，殖民主義宣揚的觀念不僅影響歐洲少數族群，也影響阿爾及利亞人。徹底解放涉及人格每一方面……獨立不是一個神奇儀式，而是男性和女性活在真正解放的狀態的必要條件，也就是掌握根本改變社會所需要的全部物質資源的必要條件。」[10]

一如法農，我在這裡提出暴力的問題，不是因為我或他支持暴力。他強調暴力，是因為人類的處境往往惡化到根本沒有其他選擇。甚至甘地也承認這一點。但動用暴力可能有危險的後果。革命人道主義必須為此難題提供某種哲學答案，為面臨初期悲劇的人提供一些慰藉。人道主義者的終極任務或許便是埃斯庫羅斯（Aeschylus）約兩千五百年前所說的：「馴服人的野性，使這個世界的生活變得溫和宜人。」但是，要做到這件事，我們就必須正視和對付支撐殖民和新殖民秩序的巨大暴力。這是毛澤東和胡志明必須對抗的，切格瓦拉致力克服的，也是許多後殖民鬥爭中的政治領袖和思想家坐言起行、堅定對抗的，他們包括幾內亞比索的卡布拉（Amilcar Cabral），坦尚尼亞的尼雷爾（Julius Nyerere），迦納的恩克魯瑪（Kwame Nkrumah），以及塞澤爾（Aimé Césaire）、羅德尼（Walter Rodney）和詹姆士（C. L. R. James）等等。

但是，資本的社會秩序與它的殖民地化身本質上有任何不同嗎？資本在本國無疑想方設法與殖民暴力的冷酷計算畫清界線（將殖民暴力講成是為了「那邊」未開化族群的福祉，必須施加在他們身上的手段）。它必須在本國掩飾它在海外展現的過度赤裸的暴行。「那邊」的事可以掩蓋起來，使人看不見聽不到。例如，英國殖民統治肯亞期間，一九五〇年代鎮壓當地茅茅起義所動用的惡質暴力，到今天才獲當局充分承認。資本的運作在本國走向這種暴行時，通常會引發類似反殖民抗爭的反應。當它在本國支持種族化暴力時（例如當年美國的情況），它便會引起像美國黑豹黨和伊斯蘭國度（Nation of Islam）這種運動，產生麥爾坎X（Malcolm X）和馬丁路德金恩這樣的領袖；金恩後期看到了種族與階級之間的關聯，承受了因此產生的後果。但資本吸取了教訓。種族與階級問題愈是緊密相連，革命的導火線燒得愈快。但是，馬克思在《資本論》中清楚闡述的，是資本在市場、生產過程以致日常生活領域宰制勞工所涉及的日常暴力。我們隨便拿一些描述當代勞工處境的文字（例如：深圳電子工廠、孟加拉成衣廠，或是洛杉磯血汗工廠的情況），比較《資本論》中描述「工作日」的經典章節，很可能會發現兩者並無不同。同樣令人震驚的是，我們拿里斯本、聖保羅和雅加達勞工階級、邊緣族群和失業者的生活條件，與恩格斯一八四四年經典著作《英格蘭勞工階級的情況》（*The Condition of the Working Class in England*）相比，會發現兩者沒有什麼實質差別。[11]

幾乎在所有地方，寡頭資本家階級的特權與權力正引導世界走往類似方向。在不斷加強的監控技術、警力和軍事化暴力支持下，政治權力正被用來侵害被視為可犧牲和可遺棄的族群的整體福祉。我們每天都在目擊可棄族群的系統性非人化。殘忍的寡頭權力正透過極權式民主體制施展出來，設法立即破壞、拆散和壓制任何一致的反財富政治運動（例如占領運動）。值得注意的是，有錢人看運氣不如他們的人時，滿心傲慢和不屑，即使（特別是）他們在幕後競爭成為慈善之王時也是這樣。寡頭階級與其他人的「同理心差距」十分巨大，而且正在擴大。寡頭誤以為所得較高者作為人的價值也較高，誤以為他們的經濟成就證明他們對世界的認識高人一等（而不是因為他們的會計伎倆高人一等，而且擅長鑽法律漏洞）。他們不懂得聆聽別人述說世界的困境，因為他們不能正視他們在這種困境的形成過程中所扮演的角色，而且他們蓄意不去正視這問題。他們看不到也無法看到他們自身的矛盾。億萬富翁科氏（Koch）兄弟慷慨捐款給麻省理工等大學，甚至會替值得幫助的教職員蓋起漂亮的托兒中心，但同時耗費巨資支持美國國會中的一項政治運動（由茶黨派系領導），推動削減食物券預算，同時拒絕為赤貧或接近赤貧的數以百萬計的人提供救濟、營養補給和托兒服務。

正是在這樣的政治氣候下，世界各地偶爾發生的猛烈和不可預測的民怨爆發（光是二〇一三年便出現在土耳其、埃及、巴西和瑞典），愈來愈像是一場即將來臨的大地震之前的震動，而這場地震將使一九六〇年代的後殖民革命鬥爭顯得很小兒科。如果資本有壽終正寢的一天，那麼這場地震無疑將敲響資本的喪鐘，但即使後果很可能不是任何人所樂見的。這是法農明確告誡我們的事。

唯一的希望是多數人類能在世界過度腐敗、人類和環境所受的傷害大得無法修復之前，看清眼前的危險。面對教宗方濟各正確稱為「冷漠全球化」的現象，全球大眾必須做一件法農利落概括的事：「首先決定醒過來，開動腦筋，停止玩不負責任的睡美人遊戲。」[12] 如果睡美人能及時醒過來，我們或許能迎來較為童話般的結局。葛蘭西寫道：「人類歷史的絕對人道主義並不是以和平解決歷史和社會的現有矛盾為目的，它正是這些矛盾的理論。」布萊希特說，希望潛伏在矛盾中。如我們所見，資本的領土中有很多迫切的矛盾，足夠賦予我們許多抱持希望的理由。

後記

政治實踐構想

我們對資本矛盾的這番透徹審視，對反資本主義政治實踐有何啟示？它當然無法告訴我們，在圍繞著各種具體議題的激烈和總是複雜的鬥爭中，確切應該怎麼做。不過，它確實有助於我們制定反資本主義鬥爭的整體方向，而它同時也為反資本主義政治提供論據和強化理由。民意調查機構問它們喜歡的問題「你是否認為國家正朝正確的方向前進？」時，它們假定人們對何謂正確的方向有一定的概念。那麼，對我們這些相信資本正朝錯誤的方向前進的人來說，什麼是正確的方向？我們可以如何評估我們在實現相關目標上的進展？我們可以如何基於這些目標，提出謹慎和明智的建議（相對於那些藉由加深資本的勢力以回應人類的迫切需要之荒謬理論，它們確實是謹慎和明智的建議）？以下是從資本的十七個矛盾中推出來的一些建議，可提供政治實踐的方向，希望也能賦予它活力。我們應當以這樣的世界為目標而努力奮鬥：

1. 優先為所有人直接提供足夠的使用價值（房屋、教育和食物安全等等），而不是藉由追求利潤極大化的市場體系提供這些價值；這種市場體系將交換價值集中在少數私人手上，並以支付能力作為分配商品的基礎。

2. 創造一種交易工具，它必須能促進商品和服務的流通，但同時限制或排除私人累積金錢作為一種社會權力的能力。

3. 私有財產與國家權力的對立盡可能以共同權利制度代替（特別重視最關鍵的兩類公有資源：人類知識和土地），由公民大會和公民社團負責創建、管理和保護此類制度。

4. 私人占有社會權力的情況不僅受經濟和社會障礙約束，還成為人們普遍厭惡的病態異常現象。

5. 資本與勞工之間的階級對立由聯合起來的生產者化解，他們與致力滿足共同社會需要的其他社團協調合作，自由決定生產什麼、如何生產和何時生產。

6. 日常生活慢下來（移動、行走應當是悠閒和緩慢的），盡可能增加自由活動的時間，同時為自由活動提供穩定和維護良好的環境，不受戲劇性的創造性破壞影響。

7. 聯合起來的群體評估大家的共同社會需求並彼此告知，藉此為生產決定提供基礎（短期而言，有關實現的考量主導生產決定）。

8. 創造新的技術和組織形態，以求減輕所有形式的社會勞動的負擔，消除技術分工中不必要的區別，為自由的個人和集體活動釋出時間，並減少人類活動的生態足跡。

9. 藉由自動化、機器人和人工智慧的應用，減少技術分工。剩餘的必要技術分工盡可能與社會分工分開。行政、領導和治安職務由族群中的個體輪替。我們獲得解放，不再受專家統治。

10. 賦予公民社團壟斷使用生產工具的集中權力，藉由公民社團動員個體和社群的分散競爭能力，產生技術、社會、文化和生活方式創新方面的差異化。

11. 多元化潛力最大的是區域社團、公社和共同體中的生活與生存方式、社會關係與自然的關係，以及文化習慣和信念。區域之中和公社之間，個體自由、不受約束但有序的跨地移動獲得保障。社團代表定期聚會，評估、規畫和承擔共同任務，並處理各種規模（生物區、洲和全球）的共同問題。

12. 除遵循各盡所能、各取所需的原則所涉及的不平等情況之外，消除物質供應上的所有不平等。

13. 逐漸消除為遠方的他人所做的必要勞動與自身、家庭和公社再生產中的勞動的差別，使社會勞動融入家庭和公社工作中，而家庭和公社工作成為非異化和非貨幣化社會勞動的首要形式。

14. 每一個人都應該享有教育、醫療、居住、食物安全、基本商品和交通運輸方面的平等福利，以保障免於匱乏的自由、行動自由和遷徙自由的物質基礎。

15. 經濟向零成長狀態靠攏（但保留地域發展不一致的空間），追求人類（個人與集體）能力的最大發展和不斷創新成為社會規範，取代對無止境複合成長的狂熱追求。

16. 利用自然力量滿足人類需要的工作應快速進行，但必須盡可能保護生態系統，維護一個地方的養分、能量和物質，重新學會欣賞自然之美，認識到人類是自然界的一部分，而我們確實可以藉由努力為自然作出貢獻。

17. 非異化人類和非異化創造性角色將出現，他們具有一種新的、自信的自我與集體存在意識。自由締結親近社會關係的經驗，以及對各種生活和生產方式的同理心，將產生一個這樣的世界：人們仍將激烈爭論何謂美好生活，但人人皆同樣值得享有尊嚴和尊重已是社會共識。人類能力的永恆和持續革命將推動社會持續演化。人類將繼續不斷求新。

不言而喻的是，投入戰爭、對抗資本體制中所有其他形式的歧視、壓迫和暴力壓制同樣重要；上述建議不能取代這些其他鬥爭，反之亦然。我們顯然必須聯合各方利益。

注釋

緒論

1. Bertell Ollman, *The Dance of the Dialectic: Steps in Marx's Method, Champagne, IL, University of Illinois Press*, 2003.

第一部

矛盾1

1. 簡要的綜述請參見David Harvey, *Rebel Cities: From the Right to the City to the Urban Revolution*, London, Verso, 2013.
2. Michael Lewis, *The Big Short: Inside the Doomsday Machine,* New York, Norton, 2010, p. 34.

矛盾2

1. 這個有趣的故事，請參見Paul Seabright (ed.), *The Vanishing Rouble: Barter Networks and Non-Monetary Transactions in Post-Soviet Societies,* London, Cambridge University Press, 2000.
2. John Maynard Keynes, Essays in Persuasion, New York, Classic House Books, 2009, p. 199.
3. Silvio Gesell, (1916); http:www.archive.org/details/ TheNaturalEconomicOrder, p. 121. 關於對格塞爾想法進一步的討論，可參見John Maynard Keynes, *The General Theory of Employment, Interest, and Money*, New York, Harcourt Brace, 1964, p. 363, and Charles Eisenstein, *Sacred Economics: Money, Gift and Society in the Age of Transition*, Berkeley, CA, Evolver Editions, 2011.

矛盾3

1. Silvio Gesell, *The Natural Economic Order* (1916); http:www.archive. org/details/ TheNaturalEconomicOrder, p. 81.
2. David Harvey, *The Enigma of Capital,* London, Profile Books, 2010, pp. 55–7.
3. Thomas Greco, *The End of Money and the Future of Civilization*, White River Junction, VT, Chelsea Green Publishing, 2009.
4. Ibid.

矛盾4

1. Karl Marx, *Grundrisse,* Harmondsworth, Penguin, 1973, p. 223.
2. Karl Polanyi, *The Great Transformation: The Political and Economic Origins of Our Time,* Boston, Beacon Press, 1957, p. 72.
3. Ibid., p. 73.
4. Ibid., p. 178.
5. Martin Heidegger, *Discourse on Thinking,* New York, Harper Press, 1966, p. 50.

矛盾5

1. Karl Marx, *Capital,* Volume 1, Harmondsworth, Penguin, 1973, p. 344.
2. Andrew Glyn and Robert Sutcliffe, *British Capitalism: Workers and the Profit Squeeze,* Harmondsworth, Penguin, 1972.

矛盾6

1. John Maynard Keynes, *The General Theory of Employment, Interest and Money,* New York, Harcourt Brace, 1964, p. 376.

矛盾7

1. Karl Marx, *Capital,* Volume 2, Harmondsworth, Pelican Books, 1978, p. 391. 在第一卷與之呼應的段落，參見 p. 799 of the Penguin edition.

第二部

1. W. Brian Arthur, *The Nature of Technology: What It Is and How It Evolves,* New York, Free Press, 2009, p. 202.

矛盾8

1. W. Brian Arthur, *The Nature of Technology: What It Is and How It Evolves,* New York, Free Press, 2009, pp. 22 et seq.
2. Jane Jacobs, *The Economy of Cities,* New York, Vintage, 1969.
3. Arthur, *The Nature of Technology,* p. 211.
4. Alfred NorthWhitehead, *Process and Reality,* New York, Free Press, 1969, p. 33.
5. Arthur, *The Nature of Technology,* p. 213; Karl Marx, *Grundrisse,* Harmondsworth, Penguin, 1973.
6. Arthur, *The Nature of Technology,* p 191.
7. Joseph Schumpeter, *Capitalism, Socialism and Democracy,* London, Routledge, 1942, pp. 82–3.
8. Arthur, *The Nature of Technology,* p. 186.
9. Andre Gorz, *Critique of Economic Reason,* London, Verso, 1989, p. 200.
10. Martin Ford, *The Lights in the Tunnel: Automation, Acclerating Publishing,* 2009, p. 62.
11. Martin Ford, *The Lights in the Tunnel: Automation, Acclerating Technology and the Economy of the Future,* USA, AcculantTM Publishing, 2009, p. 62.
12. Gorz, *Critique of Economic Reason,* p. 92.
13. Melissa Wright, *Disposable Women and Other Myths of Global Capitalism,* New York, Routledge, 2006.

矛盾9

1. Harry Braverman, *Labor and Monopoly Capital,* New York, Monthly Review Press, 1974.
2. Timothy Mitchell, *The Rule of Experts: Egypt, Techno-Politics, Modernity,* Berkeley, University of California Press, 2002.
3. Robert Reich, *The Work of Nations: Preparing Ourselves for 21st Century Capitalism,* New York, Vintage, 1992.
4. Karl Marx, *Capital,* Volume 1, Harmondsworth, Penguin, 1973, p. 618.

矛盾10

1. Joseph Stiglitz, *The Price of Inequality,* New York, Norton, 2013, p. 44.
2. Ibid.
3. Paul Baran and Paul Sweezy, *Monopoly Capitalism,* New York, Monthly Review Press, 1966.
4. Giovanni Arrighi, 'Towards a Theory of Capitalist Crisis', *New Left Review,* September 1978.
5. Elisee Reclus, *Anarchy, Geography, Modernity,* edited by John P. Clark and Camille Martin, Oxford, Lexington Books, 2004, p. 124.
6. David Harvey, 'The Art of Rent', in *Spaces of Capital,* Edinburgh, Edinburgh University Press, 2002.
7. Alfred Chandler, *The Visible Hand: The Managerial Revolution in American Business,* Cambridge, MA, Harvard University Press, 1993.
8. Giovanni Arrighi, *Adam Smith in Beijing,* London, Verso, 2010.
9. Karl Marx, *Capital,* Volume 3, Harmondsworth, Penguin, 1981, p. 490.

矛盾11

1. Gunnar Myrdal, *Economic Theory and Underdeveloped Regions,* London, Duckworth, 1957.
2. David Harvey, *Spaces of Capital,* Edinburgh, Edinburgh University Press, 2002.
3. Henri Lefebvre, *The Production of Space,* Oxford, Basil Blackwell, 1989.

矛盾12

1. Michael Norton and Dan Ariely, 'Building a Better America – One Wealth Quintile at a Time', *Perspectives on Psychological Science,* Vol. 6, 2011, p. 9.
2. Oxfam, 'The Cost of Inequality: How Wealth and Income Extremes Hurt Us All', *Oxfam Media Briefing,* 18 January 2013.
3. Branko Milanovic, *Worlds Apart: Measuring International and Global Inequality,* Princeton, Princeton University Press, 2005, p. 149.
4. Craig Calhoun, 'What Threatens Capitalism Now?', in Immanuel Wallerstein, Randall Collins, Michael Mann, Georgi Derluguian and Craig Calhoun, *Does Capitalism Have a Future?,* Oxford, Oxford University Press, 2013.

矛盾13

1. 引述自Samuel Bowles and Herbert Gintis, 'The Problem with Human Capital Theory: A Marxian Critique', *American Economic Review,* Vol. 65, No. 2, 1975, pp. 74–82.
2. Karl Marx, *Capital,* Volume 3, Harmondsworth, Penguin, 1981, pp. 503–5.
3. Gary Becker, *Human Capital: A Theoretical and Empirical Analysis, with Special Reference to Education,* Chicago, University of Chicago Press, 1994.
4. Pierre Bourdieu, 'The Forms of Capital', in J. Richardson (ed.), *Handbook of Theory and Research for the Sociology of Education,* New York, Greenwood, 1986.
5. Robert Reich, *The Work of Nations: Preparing Ourselves for 21st Century Capitalism,* New York, Vintage, 1992.
6. Cindi Katz, 'Vagabond Capitalism and the Necessity of Social Reproduction', *Antipode,* Vol. 33, No. 4, 2001, pp. 709–28.
7. Jürgen Habermas, *The Theory of Communicative Action. Volume 2: Lifeworld and System: A Critique of Functionalist Reason,* Boston, Beacon Press, 1985; Henri Lefebvre, *Critique of Everyday Life,* London, Verso, 1991.
8. Fernand Braudel, *Capitalism and Material Life, 1400–1800,* London, Weidenfeld & Nicolson, 1973.
9. Randy Martin, *Financialization of Daily Life,* Philadelphia, Temple University Press, 2002.
10. Katz, 'Vagabond Capitalism and the Necessity of Social Reproduction', pp. 709–28.
11. Lefebvre, *Critique of Everyday Life.*

矛盾14

1. Christopher Hill, *The World Turned Upside Down: Radical Ideas During the English Revolution,* Harmondsworth, Penguin, 1984.
2. Terry Eagleton, *Why Marx Was Right,* New Haven, Yale University Press, 2011, p. 87.
3. 關於小布希總統所有演說的概要，見我的著作：David Harvey, *Cosmopolitanism and the Geographies of Freedom,* New York, Columbia University Press, 2009, pp. 1–14.
4. Michel Foucault, *The Birth of Biopolitics: Lectures at the College de France, 1978–1979,* New York, Picador, 2008.
5. Robert Wolff, Barrington Moore and Herbert Marcuse, *A Critique of Pure Tolerance: Beyond Tolerance, Tolerance and the Scientific Outlook, Repressive Tolerance,* Boston, Beacon Press, 1969.
6. Karl Polanyi, *The Great Transformation: The Political and Economic Origins of Our Time,* Boston, Beacon Press, 1957, pp. 256–7.
7. Ibid., p. 257.
8. Ibid., p. 258.
9. Amartya Sen, *Development as Freedom,* New York, Anchor Books, 2000, pp. 297–8.
10. Peter Buffett, 'The Charitable-Industrial Complex', *New York Times,* 26 July 2013.

11. Karl Marx, *Grundrisse,* Harmondsworth, Penguin, 1973, p. 488.

12. Karl Marx, 'On the Jewish Question', in *Karl Marx: Early Texts,* edited by David McLellan, Oxford, Basil Blackwell, 1972.

13. Jean-Jacques Rousseau, *The Social Contract,* Oxford, Oxford University Press, 2008.

14. Eagleton, *Why Marx Was Right,* pp. 75–6.

第三部

矛盾15

1. Michael Hudson, *The Bubble and Beyond, Dresden*, islet, 2012. 嚴肅看待複合成長問題的經濟學著作寥寥無幾，這是我所知道的其中一本。我在接下來的篇幅中用了他的一些資料。2011年，我曾向某全球大報的兩名資深經濟編輯提出複合成長的問題，其中一人認為這問題十分瑣碎，甚至是可笑的；另一人則說我們還有很多科技新領域可以探索，因此何必擔憂呢。

2. Robert Gordon, 'Is U.S. Economic Growth Over? Faltering innovation Confronts the Six Headwinds', *Working Paper 18315*, Cambridge, Ma, National Bureau of Economic research, 2012. 戈登的說法引發的公眾反應見Thomas Edsall, 'No More Industrial Revolutions', *New York Times*, 15 October 2012。輿論一般認為戈登的說法很可能有些道理，但他對創新未來的作用太悲觀了。不過，《金融時報》富影響力的經濟專欄作家沃夫（Martin Wolf）大致認同戈登的觀點，並表示高所得世界中的經濟菁英會歡迎戈登描述的未來，但所有其他人就遠遠沒有那麼高興了。沃夫並說：「請習慣這一切，這是不會改變的。」相關論述還有Tyler Cowen, *The Great Stagnation: How America Ate all the Low-Hanging Fruit of Modern History, Got Sick and Will (Eventually) Feel Better*, E-special from Dutton, 2011。不過，這些論點全都是以美國為焦點。

3. 德魯森的案例可參考Hudson, *The Bubble and Beyond*。

4. 馬克思在《資本論》中引用了這段話，見Karl Marx, Capital, volume 3, Harmondsworth, Penguin, p.519。

5. Angus Maddison, *Phases of Capitalist Development,* Oxford, Oxford University Press, 1982; *Contours of the World Economy, 1–2030 AD,* Oxford, Oxford University Press, 2007.

6. Bradford DeLong, 'Estimating World GDP, One Million B.C.–Present'. 估計數見維基百科Gross World Product詞條。

7. Thomas Malthus, *An Essay on the Principle of Population*, Cambridge, Cambridge University Press, 1992.

8. McKinsey Global institute, 'The World at Work: Jobs, Pay and Skills for 3.5 Billion People', *Report of the McKinsey Global Institute,* 2012.

9. Guy Debord, *The Society of the Spectacle,* Kalamazoo, Black & Red, 2000.

10. Alvin Toffler, *The Third Wave: The Classic Study of Tomorrow,* New York, Bantam, 1980.

11. Michael Hardt and Antonio Negri, *Commonwealth*, Cambridge, Ma, Harvard University Press, 2009.

12. Antonio Gramsci, *The Prison Notebooks,* London, NLR Books, 1971.

13. Gordon, 'Is U.S. Economic Growth Over? Faltering Innovation Confronts the Six Headwinds'.

14. Marx, *Capital,* Volume 3, p..573.

15. 此事的概述可參考本書作者的以下著作：David Harvey, *A Brief History of Neoliberalism,* Oxford, Oxford University Press, 2005.

矛盾16

1. Paul Sabin, *The Bet: Paul Ehrlich, Julian Simon, and Our Gamble over Earth's Future, New Haven,* Yale University Press, 2013.

2. 我在以下著作中對此有詳細的議論：David Harvey, *Justice, Nature and the Geography of Difference,* Oxford, Basil Blackwell, 1996。

3. Neil Smith, 'Nature as Accumulation Strategy', *Socialist Register,* 2007, pp..19–41.

4. Arthur McEvoy, *The Fisherman's Problem: Ecology and Law in the California Fisheries, 1850–1980,* Cambridge, Cambridge University Press, 1990.

5. Arne Naess, *Ecology, Community and Lifestyle,* Cambridge, Cambridge University Press, 1989; William Leiss, *The Domination of Nature,* Boston, Ma, Beacon Press, 1974; Martin Jay, *The Dialectical Imagination: A History of the Frankfurt School and the Institute of Social Research, 1923–50,* Boston, Ma, Beacon Press, 1973; Murray Bookchin, *The Philosophy of Social Ecology: Essays on Dialectical Naturalism,* Montreal, Black rose Books, 1990; Richard Peet, Paul Robbins and Michael Watts, *Global Political Ecology*, New York, Routledge, 2011; John Bellamy Foster, *Marx's Ecology: Materialism and Nature,* New York, Monthly Review Press, 2000.

矛盾17

1. David Harvey, *The Enigma of Capital,* London, Profile Books, 2010, p. 260.

2. 請參考以下著作中的辯論：Immanuel Wallerstein, Randall Collins, Michael Mann, Georgi Derluguian and Craig Calhoun, *Does Capitalism Have a Future?,* Oxford, Oxford University Press, 2013。

3. Andre Gorz, *Critique of Economic Reason,* London, Verso, 1989, p. 22.

4. 同上，p. 86。

5. 同上，pp. 87–8。

6. 同上，p. 100。

7. 同上，p. 114。

8. Thorstein Veblen, *The Theory of the Leisure Class,* New York, Oxford University Press, 2009 edition.

9. Gorz, *Critique of Economic Reason,* p. 116.

10. 同上，pp. 45–6。

11. Pope Francis, 'Apostolic Exhortation Evangelii Gaudium of the Holy Father Francis to the Bishops, Clergy, Consecrated Persons and the Lay Faithful on the Proclamation of the Gospel in Today's World', *National Catholic Register,* 15 December 2013, paragraph 192.
12. Gorz, *Critique of Economic Reason,* p. 46.
13. 同上，pp. 46–7。
14. 同上，p. 184。

結論

1. David Harvey, *Rebel Cities: From the Right to the City to the Urban Revolution,* London, Verso, 2013, p. 4.
2. Peter Buffett, 'The Charitable-industrial Complex', *New York Times,* 26 July 2013.
3. Catharine MacKinnon, *Are Women Human?: And Other International Dialogues,* Cambridge, Ma, Harvard University Press, 2007.
4. Giorgio Agamben, *State of Exception,* Chicago, Chicago University Press, 2005.
5. John Mackey, Rajendra Sisodia and Bill George, *Conscious Capitalism: Liberating the Heroic Spirit of Business,* Cambridge, Ma, Harvard Business Review Press, 2013.
6. Louis Althusser, *The Humanist Controversy and Other Writings,* London, Verso, 2003; Peter Thomas, *The Gramscian Moment: Philosophy, Hegemony and Marxism,* Chicago, Haymarket Books, 2010.
7. Frantz Fanon, *The Wretched of the Earth, New York,* Grove Press, 2005, p. 144.
8. 同上，p. 6。
9. 同上，p. 51。
10. 同上，p. 144。
11. Frederick Engels, *The Condition of the Working Class in England,* London, Cambridge University Press, 1962.
12. Fanon, *The Wretched of the Earth,* p. 62.

Big Ideas 06

資本社會的17個矛盾

2014年10月初版　　定價：新臺幣360元

有著作權・翻印必究.
Printed in Taiwan

著者	David Harvey
譯者	李隆生
	張逸安
	許瑞宋
發行人	林載爵

出版者	聯經出版事業股份有限公司	叢書主編	鄒恆月
地址	台北市基隆路一段180號4樓	校對	吳永豐
編輯部地址	台北市基隆路一段180號4樓	美術設計	空白地區
叢書主編電話	(02)87876242轉223	內文排版	林婕瀅
台北聯經書房：	台北市新生南路三段94號		
電話：	(02)23620308		
台中分公司：	台中市北區崇德路一段198號		
暨門市電話：	(04)22312023		
台中電子信箱	e-mail：linking2@ms42.hinet.net		
郵政劃撥帳戶第0100559-3號			
郵撥電話：	(02)23620308		
印刷者	世和印製企業有限公司		
總經銷	聯合發行股份有限公司		
發行所：	新北市新店區寶橋路235巷6弄6號2樓		
電話：	(02)29178022		

行政院新聞局出版事業登記證局版臺業字第0130號

本書如有缺頁，破損，倒裝請寄回聯經忠孝門市更換。　ISBN 978-957-08-4471-9 (平裝)
聯經網址：www.linkingbooks.com.tw
電子信箱：linking@udngroup.com

Seventeen Contradictions and the End of Capitalism
© David Harvey 2014
Complex Chinese translation copyright © 2014
by Linking Publishing Company
This edition is published by arrangement with Profile Books Limited
through Andrew Nurnberg Associates International Ltd.
All Right Reserved

國家圖書館出版品預行編目資料

資本社會的17個矛盾/David Harvey著．李隆生、張逸安、許瑞宋譯．初版．臺北市．聯經．2014年10月（民103年）．312面．14.8×21公分（Big Ideas 06）
譯自：Seventeen contradictions and the end of capitalism
ISBN 978-957-08-4471-9（平裝）

1.資本主義 2.金融危機

550.187　　103019185